Antonio Annino/Marcela Ternavasio (coords.)
El laboratorio constitucional iberoamericano: 1807/1808–1830

AHILA

Estudios AHILA de Historia Latinoamericana N.º 9

Editor General de AHILA:

Manuel Chust

Estudios AHILA de Historia Latinoamericana es la continuación
de Cuadernos de Historia Latinoamericana

Asociación de Historiadores Latinoamericanistas Europeos

EL LABORATORIO
CONSTITUCIONAL
IBEROAMERICANO: 1807/1808-1830

Antonio Annino y Marcela Ternavasio (coords.)

AHILA - IBEROAMERICANA - VERVUERT 2012

ÍNDICE

PRESENTACIÓN

Antonio Annino
Universidad de Florencia
Marcela Ternavasio
Universidad Nacional de Rosario-CONICET

A diferencia de las crisis que afectaron a las monarquías francesa e inglesa, las dos crisis ibéricas ocurridas en 1807-1808 tuvieron una marcada naturaleza constitucional. Las renuncias de Bayona, por una parte, y el traslado de los Braganza a Brasil, por la otra, supusieron problemas totalmente inéditos, no sólo para las tradiciones de ambas monarquías, sino para el regalismo europeo *tout court*. Las crisis fueron tan profundas y prolongadas que moldearon tanto los procesos políticos que hundieron a los dos imperios como las bases de las nuevas unidades soberanas nacidas de dichas crisis. Todo el orbe ibérico, desde las capitales hasta los últimos pueblos perdidos en las sierras americanas, se vio involucrado en una experiencia tormentosa que, además de transformar los cimientos sociales y políticos de aquellos dos grandes conglomerados territoriales bioceánicos, lo convirtieron en un gran laboratorio de experimentación constitucional. Por supuesto que también las demás revoluciones atlánticas vivieron la experimentación de algo tan nuevo como el tránsito de constituciones descriptivas a constituciones prescriptitas, y a veces de manera muy dramática como sucedió en Francia. Sin embargo, el caso ibérico fue más "vasto" por dos razones: por su dimensión espacial y por el cruce de varios proyectos políticos en lucha, desplegados en un contexto de guerras y de hondos procesos de fragmentación territorial, especialmente en el área hispanoamericana, aunque siempre latentes en la luso-brasileña.

El propósito de este volumen es presentar una reflexión de conjunto sobre ese gran campo de experimentación, cuyos límites temporales se ubican, de manera flexible según los casos, alrededor de las tres primeras décadas del siglo XIX. Tal periodización presupone, en primer lugar, señalar la interacción que se dio –a veces voluntariamente y otras no– entre los constitucionalismos históricos ibéricos y los nuevos constitucionalismos escritos. Este fenómeno, que fue mucho menos conflictivo de lo que interpretó la historiografía tradicional, ha sido objeto –como asimismo el tema constitucional en general– de numerosos estudios que han cambiado notablemente nuestro panorama en las últimas dos décadas. Ya no sólo se rescatan las evidentes y significativas transformaciones ocurridas en los idiomas políticos y constitucionales sino también las posibles asimilaciones, superposiciones y tensiones entre conceptos y principios nuevos y viejos. Hoy es más difícil identificar lo radicalmente nuevo cuando se someten a una relectura más ajustada tanto los textos como los mecanismos institucionales que permitieron darles vida en las sociedades. Entre otras cosas porque el "nuevo constitucionalismo" no derogó el orden jurídico del pasado; un dato que instala una serie compleja de interrogantes que todavía esperan respuestas y reflexión.

En segundo lugar, cualquier periodización de estas experiencias implica, precisamente, tomar como base los solapamientos recién señalados y dejar de lado el viejo criterio utilitarista fundado sobre el dualismo "proyectos/resultados". En este punto es preciso distinguir con determinación entre el gran debate acerca del constitucionalismo desplegado en el mundo ibérico a lo largo del siglo XVIII y el viraje brutal producido a partir de las crisis de 1807-1808. Muchos de los protagonistas intelectuales fueron los mismos, pero los términos del problema cambiaron radicalmente y de una manera imprevista. Desde esa coyuntura se puede hablar de una *nueva* cuestión constitucional y de un campo de estudio igualmente nuevo, definido por las crisis sin precedentes de las monarquías y por las respuestas que, un conjunto muy amplio de actores sociales y políticos, buscaron ensayar para enfrentar primero el gravísimo problema de cómo gobernar la monarquía y luego el no menos complicado problema de cómo gobernar las nuevas repúblicas.

Las contribuciones de este volumen procuran hacer una historia del *trabajo* efectuado por los diversos grupos que habitaron los también diversos y compósitos territorios de ambas monarquías para elaborar aquellas respuestas. No se trata, pues, de una "historia constitucional del primer constitucio-

nalismo", sino más bien de una historia política de las disputas que provocaron respuestas constitucionales y de los conflictos que tales respuestas también desataron. Colocados en este registro, los ensayos aquí incluidos no
toman como punto de partida las "independencias" declaradas respecto de
sus antiguas metrópolis –como habitualmente lo hizo la historiografía tradicional–, sino periodizaciones más amplias que revelan un punto importante:
la cuestión constitucional y las independencias fueron dos procesos que,
aunque íntimamente vinculados, presentan una autonomía histórica e historiográfica que es preciso rescatar.

Desde estos presupuestos, y como coordinadores de este volumen, les
propusimos inicialmente a los autores convocados contemplar –en la medida
de sus posibilidades– tres nudos del problema. El primero es soberanía y
constitucionalismo, dado que *ambas* crisis –la lusitana y la hispánica– pusieron a la orden del día –y de forma inédita– la cuestión de la soberanía. En un
contexto en el que nadie tenía la legitimidad para sustituir la antigua, se
demostró muy difícil imputar la soberanía a un nuevo sujeto. El segundo
nudo es la representación política y el constitucionalismo. Un tema que fue
dramáticamente central también en Francia, y que en el mundo ibérico
–particularmente en el hispánico– se complicó por los dilemas desencadena-
dos por el primer nudo recién señalado. Si por una parte fue relativamente
fácil organizar diversas formas de representación, en vilo entre lo antiguo y
lo nuevo, su eficacia dependió mucho de su naturaleza territorial, de su per-
fil corporativo, y de su carácter imperativo. Factores todos que dificultaron la
autonomía de las nuevas asambleas. El tercer nudo, llegados a este punto, no
podía ser sino el de los territorios y el constitucionalismo; es decir, el de la
mayor o menor coincidencia de las nuevas jurisdicciones constitucionales
frente a la fuerza de las antiguas jurisdicciones.

Como el lector podrá imaginar, sobre estas bases nos resultó muy difícil
definir las "áreas" que habrían de estar aquí representadas, precisamente por
la compleja articulación que los tres nudos presentan en la coyuntura tratada.
Por otra parte, es bien sabido que los Estados naciones que hoy conocemos y
sobre cuyos moldes se construyeron las clásicas historias políticas y constitucionales, fueron construcciones tardías que no se corresponden con las situaciones presentadas en las siguientes páginas. Por el contrario, se trata de áreas
muy cambiantes en las que se advierten múltiples superposiciones.

Tales variaciones no sólo dificultaron la "selección" de los "casos" (en la
que cabe aclarar no están todas las regiones que podrían haber sido parte de
una reflexión en este volumen), sino también el ordenamiento de los ensa-

yos. Respecto de la primera dificultad, cualquier criterio general que intentáramos adoptar se resiste a la posibilidad de una taxonomía segura. Una primera distinción entre el área lusitana e hispánica dejaría de lado los múltiples cruces entre ellas, como bien demuestran los artículos de Márcia Berbel y Ana Frega. Por otro lado, la clásica clasificación adoptada en los últimos años entre áreas gaditanas y no gaditanas (o dicho en otros términos, entre áreas leales e insurgentes) no sólo excluye al mundo luso-brasileño sino que no contempla las vertiginosas variaciones producidas dentro de ellas, con ciudades que perteneciendo a una misma jurisdicción toman por alguno de estos rumbos, sin contar las disputas entre gaditanos y antigaditanos al interior de ciudades, pueblos e incluso familias. Los posibles "mapas taxonómicos" podrían continuar, exhibiendo cada uno de ellos cuántos procesos y experiencias dejan fuera. Por tal razón, decidimos incluir lo que consideramos "casos significativos" que, sin agotar ni exponer todas las modulaciones que adoptaron los primeros constitucionalismos ibéricos, revelan los nudos problemáticos más acuciantes.

Respetando entonces la pluralidad de superposiciones, intentamos salvar la segunda dificultad señalada, ordenando los ensayos según un criterio "cronológico" que también admite sus problemas y solapamientos. Un criterio cronológico del que escapa el primer ensayo de nuestra autoría. En él procuramos poner en diálogo los problemas –políticos y constitucionales– que debieron enfrentar las monarquías portuguesa y española entre 1807 y 1823, con el objeto de ofrecer una imagen muy general que le permita al lector ubicar tanto los "casos" analizados como las categorías conceptuales en las que se inscriben. Desde esta perspectiva, los tres artículos que le continúan representan los primeros "ensayos constitucionales" escritos de toda el área. Clement Thibaud analiza el caso neogranadino; Inés Quintero y Ángel Rafael Almarza, el venezolano y Federica Morelli, el del reino de Quito. Tal como estas contribuciones demuestran, se trata de ensayos que marcan situaciones diferentes tanto respecto de cómo redefinieron los vínculos con la Corona, como de sus alcances territoriales e incluso de su posibilidad de ser aplicados. De hecho, el Pacto Solemne promulgado en febrero de 1812 en Quito –considerada la primera Constitución de lo que habrá de ser luego Ecuador, según indica Morelli– nunca pudo ser aplicado por la entrada de las tropas realistas. Una situación que se repetirá en múltiples oportunidades y regiones en todo el período, pero que no oscurece el hecho de ser en estas tres áreas donde se elaboraron documentos constitucionales antes de la sanción de la Constitución de Cádiz.

El artículo de Manuel Chust analiza los debates y realizaciones del congreso constituyente que culminó con la promulgación de la Constitución gaditana de 1812 y le continúan los ensayos de Ivana Frasquet sobre el caso novohispano; de Gabriella Chiaramonti, sobre Perú y de Marta Irurozqui, sobre el Alto Perú. Áreas todas donde se aplicó la Constitución de Cádiz con resultados comunes en algunos aspectos y diversos en otros. Entre tales diferencias no se pueden soslayar la experiencia insurgente y sus ensayos constitucionales en México, ni la coexistencia de un constitucionalismo con sede en Cádiz y otro con sede en Buenos Aires para el caso altoperuano, ni tampoco el posterior derrotero peruano, una vez arribados los ejércitos de San Martín y declarada la independencia. Los solapamientos ya señalados son aquí tan evidentes como en las así llamadas áreas bolivarianas.

Chile, a cargo de Ana María Stuven, y el Río de la Plata, analizado por Noemí Goldman, se ubican en el área sanmartiniana y representan dos derroteros constitucionales muy distintos. Excluyéndose ambos del orbe gaditano, Chile plantea una articulación entre constitucionalismo, territorio y soberanía que, más allá de ciertos puntos en común, difiere del caso rioplatense, cuya deriva constitucional estuvo atada a la imposibilidad de definir, durante toda la primera mitad del siglo XIX, un nuevo sujeto de imputación soberana.

El libro se cierra con el ensayo de Márcia Berbel sobre Brasil y con el de Ana Frega sobre Uruguay. Si ambas contribuciones están ubicadas al final no es sólo por el criterio cronológico adoptado, sino también porque expresan las confluencias de todos los posibles "mapas taxonómicos" mencionados: muestran el entrelazamiento entre el constitucionalismo gaditano y el lusitano —analizado por Berbel— y el de ambos con el rioplatense —según el estudio de Frega—.

En todos los casos, sin embargo, es posible advertir el formidable dinamismo que asumió el primer constitucionalismo en el mundo ibérico. Un dinamismo que no dejó de sorprender a los propios contemporáneos y que, es preciso recordar, se desplegó en un escenario de guerra permanente. Si bien el gran tema de la guerra no es el objeto de este volumen, el lector podrá advertir su presencia en las siguientes páginas. Y esto es así porque seguramente todos estamos de acuerdo en aceptar que sería imposible hacer la historia del *trabajo* que enfrentaron los actores del temprano siglo XIX para dar respuesta a los nuevos desafíos de la gobernabilidad si no recordamos que ese trabajo lo realizaron a fuerza de constituciones pero también de bayonetas.

CRISIS IBÉRICAS Y DERROTEROS CONSTITUCIONALES

Antonio Annino
Universidad de Florencia
Marcela Ternavasio
Universidad Nacional de Rosario-CONICET

Giovanni Sartori afirmó hace ya varios años que, "históricamente, el término 'Constitución' era un vocablo 'vacante' del que se apropió el constitucionalismo en el siglo XVIII para dar la idea de un gobierno de las leyes (no de los hombres) y limitado por las leyes"[1]. Como sabemos, esta perspectiva expone un enfoque que, al proceder de la Teoría Política, busca definir categorías y marcar una frontera entre aquello que puede ser o no considerado dentro del constitucionalismo moderno. Una frontera que los historiadores −del derecho, de la política y de los conceptos− se han ocupado en los últimos años de problematizar, al estudiar las múltiples modulaciones y solapamientos de "antiguas" y "modernas" constituciones en los procesos históricos concretos.

No es nuestro propósito analizar aquí tales solapamientos, ni los presupuestos −descriptivos y prescriptivos− que subtienden a las diversas interpretaciones, ni menos aún intentar definir qué tipo de constituciones se dieron los nuevos países iberoamericanos nacidos de la crisis de comienzos del siglo XIX. El objetivo es otro: reflexionar sobre dicha crisis para establecer ciertos parámetros de comparación entre los derroteros constitucionales del orbe hispánico y lusitano respectivamente.

---

[1] Sartori (1992: 19).

En esta dirección, la idea de "vacancia" conceptual a la que alude Sartori en la cita inicial nos es útil para establecer una suerte de paráfrasis con otras "vacancias" que definieron aquellos derroteros. A la reflexión, pues, sobre los conflictivos procesos vividos por las dos monarquías ibéricas entre 1807 y 1823 y a la de sus consecuencias en el plano constitucional producidas a ambos lados del Atlántico están destinadas las siguientes páginas[2].

LA CUESTIÓN NAPOLEÓNICA

La crisis ibérica de 1807-1808 ha sido objeto recientemente de significativas revisiones historiográficas y de importantes debates y polémicas. La naturaleza de dicha crisis, su genealogía en el corto y mediano plazo y su impacto en las revoluciones e independencias americanas son algunos de los temas más transitados. En esta ocasión nos detendremos en ella no para hacer un estado de la cuestión sobre tales debates sino para trazar un horizonte general que permita poner de relieve ciertas cuestiones respecto del tema que nos ocupa.

Para comenzar ese trazado es oportuno recuperar un señalamiento que hiciera hace ya muchos años Jaques Godechot y recientemente recordado por Andrea Slemian y João Paulo Pimenta: los eventos ocurridos en la Península Ibérica durante aquella coyuntura crucial fueron un parte aguas en la lógica de expansión imperial napoleónica en la medida en que marcó una gran transformación en el enfrentamiento de Francia con Europa[3]. Tal transformación no se produjo sólo porque aquellos acontecimientos implicaron un repentino y profundo viraje de las alianzas internacionales —y por consiguiente un realineamiento de las relaciones de fuerzas al interior de cada una de las unidades soberanas enfrentadas— sino también por las consecuencias que tuvo en el plano constitucional. Lo ocurrido en la Península Ibérica a partir de la ocupación de los ejércitos franceses sugiere que existe una "cuestión napoleónica" que, a los efectos de nuestro análisis, se podría definir como la de las relaciones que Napoleón Bonaparte instituyó entre imperio y Constitución.

---

[2] Este artículo se nutre de innumerables aportes historiográficos producidos en los últimos años. Lamentablemente no podemos hacer justicia a todas las deudas contraídas en las citas bibliográficas. Las que se explicitan en este ensayo son sólo una mínima parte de tales producciones.

[3] Godechot (1969); Slemian/Pimenta (2008: 53-54).

Como es bien sabido, la expansión imperial bonapartista se apoyó en bayonetas como, asimismo, en nuevas cartas constitucionales concedidas u otorgadas a los países vencidos. El constitucionalista Pedro Cruz Villalón ha definido las características comunes del llamado "constitucionalismo napoleónico" plasmado en las naciones satélites como "el 'noqueo' de la sociedad estamental, la voluntad de un mismo derecho para todos, la absoluta desconfianza respecto de las libertades individuales y públicas, el principio monárquico apoyado en el Consejo de Estado y en fin, una soberanía tutelada por Francia"[4].

El binomio expansión imperial y constitucionalismo se quebró, sin embargo, en 1807-1808 por dos situaciones inéditas: por el traslado de la familia real y de toda la corte lusitana a Río de Janeiro y por la inesperada resistencia de los españoles frente a las abdicaciones borbónicas producidas en Bayona. La primera situación reactualizó en Portugal el viejo debate ilustrado sobre la reforma de la monarquía a la vez que desató disputas al interior del *establishment* en torno a diversas alternativas. Contar con una carta constitucional otorgada por Napoleón, resistir la invasión francesa —tal como lo hicieron las juntas creadas entre junio y julio de 1808 , o aceptar la intervención de las tropas inglesas mientras el príncipe regente João VI y sus ministros intentaban salvar la unidad monárquica a miles de kilómetros de distancia de Lisboa, fueron algunas de tales alternativas. La segunda situación también reactualizó el debate ilustrado pero con una variante diferente: la carta otorgada por Bonaparte en Bayona no sólo no logró frenar la revolución nacida en España frente a las abdicaciones sino que impulsó la salida constitucional concretada en Cádiz en 1812.

En perspectiva europea, la crisis ibérica de 1808 constituyó una inédita experiencia en las crisis de los antiguos regímenes del viejo continente. Mientras que en España se pasó de una crisis dinástica a una crisis de la monarquía que derivó en una crisis constitucional, en Portugal, el traslado de la corte desató una crisis política y una redefinición de los centros de decisiones de la Corona. Si bien esta crisis política no siguió en un primer momento las huellas de España, las diversas cronologías de los dos casos ibéricos permiten reubicar la cuestión napoleónica y la cuestión constitucional en un tablero que, como en el del ajedrez, se despliegan distintas estrategias dentro de un mismo juego.

La primera variable a considerar es, por supuesto, la internacional. Las disputas inter-imperiales exhibidas durante todo el siglo XVIII y que encon-

---

[4] Cruz Villalón (2007).

traron en la Guerra de los Siete Años, como es bien sabido, un *turning point*, se intensificaron con la Revolución Francesa. El ciclo de guerra total y el entrelazamiento de las rivalidades ya no podían tolerar testigos inocentes. Mientras en un principio, Madrid y Lisboa buscaron sustraerse de lo que parecía ser un conflicto esencialmente anglo-francés, la expansión napoleónica obligó a ambas cortes a posicionarse cada vez más en ese nuevo escenario. Posicionamientos que implicaron disputas, en cada caso, entre facciones proinglesas y profrancesas, cuyas consecuencias no se limitaron a redefinir las alianzas entre potencias, sino que incidieron en el futuro derrotero constitucional del mundo ibérico. En ese contexto, el Tratado de Fontainebleau, celebrado en octubre de 1807 entre Francia y España, marcó la apoteosis de la facción profrancesa liderada por el ministro Godoy en España y el fin de la secular "neutralidad portuguesa" que selló la definitiva mediatización británica en el área lusitana. Una neutralidad que a lo largo del siglo XVIII no dejó de exhibir diversas oscilaciones y que fue formalmente abandonada recién el 1 de mayo de 1808, cuando se declaró la guerra a Francia[5].

El Tratado aceleró, pues, la concreción de un viejo proyecto de la Corona portuguesa. El traslado de la corte hacia América no fue un plan improvisado —como ha venido a destacar la reciente historiografía luso-brasileña—, sino todo lo contrario. Aventado en diversas ocasiones y por diferentes motivos desde la independencia de Portugal respecto de España en 1640, la idea del traslado revela la conciencia de la Corona lusitana acerca de su debilidad en el escenario europeo y, su contracara, la centralidad que tuvo América desde muy temprano para el imperio portugués. Así lo entendió el secretario de Estado de João VI de Portugal —Rodrigo de Souza Coutinho, conde de Linhares—, cuando afirmó en 1803 que "Portugal no era la mejor ni la parte más esencial de la monarquía" y cuando se abocó en 1807 a organizar el largo viaje por el Atlántico bajo la protección de la escuadra británica. Si el traslado de la corte evitó, entonces, la *vacatio regis* ocurrida en España poco después, no pudo eludir sus consecuencias en la redefinición que habría de sufrir la monarquía y el imperio portugués en el mediano y largo plazo.

Por otro lado, mientras la alianza forjada en Fontainebleau permitió concretar la "americanización" de la Corona lusitana, contribuyó a su vez a acelerar la crisis dinástica de los Borbones y la estrategia de Bonaparte respecto del futuro de la Corona española. Seguramente que la reciente experiencia portuguesa colaboró a que dicha estrategia asumiera los rasgos que adoptó;

---

[5] Adelman (2007, 2008); Slemian/Pimenta (2008).

esto es, "forzar" las abdicaciones y otorgar una carta constitucional en Bayona. Cabe recordar, en este sentido, que el gobierno francés instalado en Lisboa, apenas João VI abandonó sus costas en noviembre de 1807, planteó el problema de la Constitución de la monarquía. La idea de Junot de convertirse en rey apoyándose en "las antiguas instituciones y en la legislación de Portugal" encontró calurosa adhesión entre muchos reformistas ilustrados y afrancesados herederos de Pombal, pero también resistencias en personajes de la primera nobleza del reino que solicitaron a Napoleón "una Constitución y un rey constitucional, que sea príncipe de sangre" de la familia Bonaparte[6]. Tal solicitud se vehiculizó en abril de 1808, poco después del motín de Aranjuez –que en el mes marzo forzó la renuncia de Godoy y la abdicación de Carlos IV en favor de su hijo Fernando– y poco antes de las famosas abdicaciones de mayo. Una opción constitucional que Napoleón buscó concretar en España despejando el tablero de la jugada llevada a cabo por la casa de Braganza. Esta jugada había creado un escenario muy complicado para que el emperador francés pudiera ejercer en Portugal la misma estrategia que venía desarrollando hasta esa fecha en los territorios que caían bajo su dominio. La carta constitucional otorgada a los españoles en el mes de junio en Bayona, en cambio, estuvo precedida por las inéditas abdicaciones, las cuales garantizaban una salida –a la "napoleónica"– que los Braganza habían impedido con su también inédito desplazamiento al Nuevo Mundo. Situaciones inéditas en ambos casos que expresan la diversa naturaleza de las crisis ibéricas y a la vez la confluencia de problemas comunes respecto de la cuestión constitucional.

Como es bien sabido, la ilegitimidad de las abdicaciones (que residía en el hecho de que no podía ser un acto unilateral, ya que un rey no podía deshacerse voluntariamente de su propio reino sino con el acuerdo de éste) y las resistencias que desató a través del movimiento juntista español, provocaron el viraje de la cuestión napoleónica señalado al comienzo y el gran debate sobre la Constitución de la monarquía que culminó con la reunión de las Cortes y la sanción de la Constitución de Cádiz. El movimiento juntista portugués, en cambio, no sólo fue más efímero, sino que no se consumó en una revolución constitucional. El carácter "restaurador" y "conservador" del mismo no deja, sin embargo, de expresar una reacción antifrancesa común, en la que si bien el juntismo español desempeñó un significativo papel en el desencadenado en Portugal, pone al mismo tiempo de relieve el rol de las

---

[6] Ramos (2008).

ciudades y pueblos de ambas monarquías frente a las respectivas crisis. Las disputas entre las diversas juntas, su frágil legitimidad por no estar reconocidas por las leyes de la monarquía, las dificultades por unificar un comando centralizado y la continuidad de la figura del monarca como referencia fundamental son, sin dudas, rasgos compartidos en ambos procesos en esos meses[7]. Pero lo que marcaba una diferencia crucial era que si la figura del monarca podía fungir como referencia de la unidad soberana y de la obligación política en el caso lusitano, en el español fungía como referente de unidad frente al invasor francés pero en un contexto de fragmentación de la soberanía en el que la obligación política requería de una nueva invención para garantizarla. La "revolución de nación" en España −como la denominó José M. Portillo Valdés− fue justamente la respuesta a esa situación[8].

Así, pues, la diversa naturaleza de las "ausencias monárquicas" en la Península explican en gran parte las diferentes derivas constitucionales ibéricas. Una ausencia, la lusitana, que aun cuando garantizó en el corto plazo la legitimidad y unidad de la soberanía monárquica, no dejó de provocar tensiones en el mediano plazo; y otra ausencia, la española, que en su ilegitimidad de origen, no pudo sino provocar en el corto plazo una federalización de la monarquía y una deriva constitucional que no pudo resolver aquella federalización. Ahora bien, si se nos permite por un momento continuar la línea comparativa de las "ausencias", es oportuno agregar que la huida de Luis XVI disfrazado de siervo en la noche de Varennes no puede asimilarse a la tradicionalmente llamada *fugida* de João VI, por ser ésta un traslado de la sede imperial que, aunque no pudo evitar las acusaciones de "abandono" del reino por parte de algunos sectores peninsulares, mantuvo la unidad monárquica de un imperio bioceánico. La de Varennes puede asimilarse más a la situación española, porque Luis XVI, al huir, se deshizo voluntaria y unilateralmente del reino, minando los fundamentos de la institución monárquica. Pero en este caso, la Asamblea Nacional había podido reivindicar exitosamente la soberanía de la nación en 1789, mientras que en el orbe hispánico de 1808 no existía ninguna asamblea que pudiera rescatar legítimamente la soberanía de una Corona abandonada voluntariamente. En todo caso, había que crearla *ex-post* y a ello se abocaron los españoles en Cádiz, luego de más de dos años de un trono vacante[9].

---

[7] Ramos (2008), Hocquellet (2011), Moliner Prada (2007).

[8] Portillo Valdés (2000).

[9] Annino (2008).

En este sentido, y regresando a la cuestión napoleónica, se ha afirmado muchas veces que sin la Constitución de Bayona no habría habido Constitución de Cádiz[10]. Y en la misma dirección se podría afirmar también que sin la americanización de la monarquía lusitana provocada por la invasión francesa no habría habido en Portugal un debate sobre su Constitución en los primeros momentos ni una crisis constitucional en 1820. El debate producido en 1808 a ambos lados del Atlántico portugués estuvo marcado por la inflexión provocada por Bonaparte: mientras se desplegaban las disputas ya señaladas dentro del *establishment* lusitano en la Península, la corte de Braganza discutía en Río de Janeiro sobre el potencial subversivo de las juntas. Dos alternativas se plantearon en ese momento: o reconocer el gobierno provisional de Porto o seguir un sistema acorde con la antigua Constitución monárquica. La primera estaba apoyada por el conde de Linhares, fiel representante de la facción probritánica dentro del gabinete, quien se proponía liquidar así el "partido francés" que predominaba en el Consejo de Regencia de Lisboa. La segunda contó con más adhesiones entre los ministros y consejeros del príncipe, quienes sostuvieron que las juntas fomentaban el "gobierno federativo" y la desunión del reino. El éxito de esta última estrategia no derivó, sin embargo, de la lógica política sino de las armas. Lo ocurrido de allí en más en Portugal fue producto del desembarco del ejército inglés en agosto de 1808, cuyo alto mando dio por tierra con las juntas, restableció el Consejo de Regencia y dominó la situación hasta la derrota final de Napoleón[11]. El gobierno instalado en Río de Janeiro experimentó así una "mediatización" británica de su monarquía, como había experimentado la Corona española la mediatización napoleónica entre 1807 y 1808.

El fin de la era napoleónica y el proceso de Restauración en Europa afectaron de manera muy diferente a las Coronas ibéricas. En España, como sabemos, finalizaba la larga ausencia del rey y con ella la experiencia constitucional gaditana; en Portugal, en cambio, la ausencia del monarca se prolongó y fue a partir de allí cuando la crisis política de la monarquía derivó gradualmente en una crisis constitucional. El creciente resentimiento de los peninsulares lusitanos frente a la americanización del imperio culminó en la reacción de 1820, cuando juntas revolucionarias y liberales exigieron la convocatoria a Cortes y el regreso del monarca. En una suerte de contraste que no deja de señalar consecuencias en el largo plazo, la representación que

---

[10] Martiré (2008).
[11] Ramos (2008: 273-275).

tuvieron lusos e hispanos respecto de América definió en gran parte la suerte de ambos imperios. La importancia ya señalada que para los primeros tuvieron sus dominios en el nuevo mundo se institucionalizó a partir de 1808. Esa "parte esencial" a la que hacía referencia el conde de Linhares dejó a los portugueses peninsulares en una situación de debilidad frente a sus colonias, elevadas en 1815 a la condición de reino (hasta ese entonces Brasil era un virreinato) y por lo tanto en el mismo estatus jurídico –reconocido por el Congreso de Viena– de Portugal y los Algarves. En España, por el contrario, los peninsulares, aun cuando declararon a las Indias como "parte esencial e integrante de la monarquía española" en enero de 1809, no abandonaron nunca la percepción de su superioridad metropolitana frente a América. Una percepción que dejaron plenamente demostrada en las Cortes de Cádiz y por cierto en el período de la Restauración monárquica.

De esta manera, si bien el trienio liberal de comienzos de los años 20 unificó, por un lado, los destinos de las dos monarquías ibéricas alrededor de un mismo constitucionalismo, y por el otro, los destinos de sus colonias americanas completándose las independencias en ambas áreas, las derivas constitucionales en el nuevo mundo fueron, como sabemos, diversas. El constitucionalismo republicano en el área hispana –salvo la efímera experiencia iturbidista– y el constitucionalismo monárquico imperial en Brasil marcaron rumbos diferentes. No obstante, como ha destacado la historiografía brasileña en los últimos años, la distinción entre ambos constitucionalismos no debe conducirnos a plantear la idea de un "caso excepcional" para Brasil ni debe ocultar los estrechos vínculos entre ambos procesos de independencia ni los problemas comunes que debieron enfrentar a lo largo del siglo XIX.

NACIONES E IMPERIOS

¿Cuáles fueron esos problemas comunes que compartieron las áreas lusitanas e hispánicas en el campo político-constitucional? Para comenzar se podría afirmar que la cuestión más acuciante luego de 1808 fue, para las respectivas metrópolis, compatibilizar imperio y nación. El trienio liberal de los años 20 reveló, a su vez, el fracaso de ese intento y los rumbos diversos –aunque también entrelazados– que adoptaron ambas áreas.

Las relaciones entre imperio y nación han sido recientemente abordadas por Jeremy Adelman, quien cuestionando las visiones teleológicas afirma que el Estado-nación no debe ser considerado como el sucesor automático y natural del imperio y que lo que emergió de las revoluciones atlánticas no fue la antítesis de éste, sino su revitalización. Su tesis acerca de que las naciones surgieron como producto de las tensiones causadas por los esfuerzos por redefinir el marco institucional imperial se ajusta, en gran parte, al argumento que intentamos desplegar aquí[12]. En primer lugar, porque si regresamos a la "cuestión napoleónica", es evidente que Bonaparte creó el imperio para consolidar la nación −en Francia−, obligando a nuevos equilibrios en las unidades soberanas del continente europeo y provocando profundas crisis en Portugal y España, en pleno proceso de reformas y adaptación de sus monarquías al escenario imperial dieciochesco. En segundo lugar, porque el experimento gaditano de 1812 fue un intento de constitucionalizar el imperio, para salvarlo, creando una nación que abarcara los dominios del orbe hispánico en ambos hemisferios. En tercer lugar, porque Portugal fue el ensayo más novedoso de redefinición imperial luego de 1808. El traslado de la corte bragantina salvó la monarquía y el imperio en el corto plazo para luego dar lugar a un nuevo intento de adaptación imperial, pero esta vez siguiendo las huellas de Cádiz: esto es, creando una nación portuguesa en ambos hemisferios con instrumentos constitucionales.

El fracaso, entonces, en constitucionalizar naciones bioceánicas por parte de los liberales lusos y españoles abrió el tortuoso camino de creación de naciones a ambos lados del Atlántico. Las de Portugal y España siguieron un rumbo común pero a la vez marginal si se las mira en la perspectiva europea del siglo XIX, dominada por el binomio imperio-nación. En la Europa posnapoleónica, los imperios no sólo mostraron una excelente capacidad de convivir con la nación, sino que fueron hijos de la nación nacidos para consolidarlas. Así lo entendía Lord Rosebery (1899) cuando afirmaba que el imperialismo era "un patriotismo más grande" y así lo mostraron los casos de Napoleón III en Francia, el Imperio Austrohúngaro, el Imperio Alemán o la reina Victoria en Inglaterra[13]. España y Portugal, en cambio, luego de las pérdidas de sus respectivas posesiones americanas, no mostraron una articulación similar de aquel binomio, más allá de que la primera mantuvo su condición imperial hasta 1898 y la segunda se expandió en territorio africano en la segunda mitad del XIX. Si se las mira, por otro lado, en perspectiva americana, también exhiben un rumbo común y a la vez diverso respecto del binomio nación-Constitución. Mientras que en el Nuevo Mundo recién

[12] Adelamn (2007, 2008).
[13] Romanelli (2010).

emancipado, las diputas en torno a "qué" tipo de Constitución establecer (monárquica constitucional, republicana, centralista, federal, confederal, liberal, conservadora, etc.) fue foco de grandes conflictos que en muchos casos llevaron a enfrentamientos armados, en las naciones ibéricas peninsulares luego de las independencias americanas las disputas se desplegaron entre absolutistas y liberales-constitucionalistas, quienes también llevaron sus querellas al plano de las armas.

No obstante, respecto del tema que aquí nos ocupa, es oportuno destacar que ningún imperio había tenido Constitución alguna, mientras que las naciones sí[14]. En este sentido, las nuevas naciones americanas buscaron en las Constituciones un recurso para estabilizar el nuevo orden nacido de la crisis. Hispanoamérica se convirtió, así, en el laboratorio de experimentación constitucional republicana más formidable, y Brasil procuró por varias décadas lograr aquello que no pudieron las antiguas metrópolis ibéricas: compatibilizar imperio y nación bajo un régimen de monarquía constitucional.

Como sabemos, la vocación de "reconquista imperial" por parte de las Cortes de Lisboa –frente al sentimiento de "ser colonia de una colonia"–[15] consumó la independencia de Brasil y no sólo eso: tal como afirma Pimenta, "terminó creando una idea política propia de Brasil, hasta entonces inexistente"[16]. A contrapelo del modelo europeo, se podría afirmar que Brasil proclamó el imperio para crear la nación, capitalizando de esta manera la herencia que había dejado el traslado de la familia real a Río de Janeiro en 1808. Como hemos señalado, la americanización de la Corona lusitana provocó crecientes descontentos en la antigua sede de la monarquía y condujo a la revolución liberal de Porto en agosto de 1820. La exigencia de los revolucionarios peninsulares fue el inmediato regreso del monarca y la reunión de una asamblea constituyente. Dicha asamblea se reunió en enero de 1821 en Lisboa bajo el nombre de "Cortes Constituyentes de la Nación Portuguesa" y asumieron la autoridad soberana de la nación. Como muestra muy bien el ensayo de Márcia Berbel incluido en este volumen, dichas Cortes siguieron el camino gaditano al prever la representación de diputados provenientes de las provincias de Brasil y al adoptar temporalmente la Constitución de Cádiz de 1812 para el área portuguesa[17]. Pero de la misma manera que los liberales

---

[14] Annino (2008).
[15] Según los términos utilizados por Márcia Berbel (2005: 402).
[16] Pimenta (2006-b: 363).
[17] Véase también Berbel (2005).

españoles se negaron −tanto en la primera como en la segunda experiencia constitucional− a negociar con los americanos un estatus de autonomía para sus provincias, los diputados liberales portugueses hicieron lo propio al rechazar −entre otras− la propuesta de los diputados americanos de mantener la condición de reino para Brasil con la permanencia de Pedro como príncipe regente con sede en Río de Janeiro, según lo estipuló su padre João VI antes de embarcarse hacia Lisboa en abril de 1821. Tal negativa y las tensiones generadas a ambos lados del Atlántico continuaron con un decreto de convocatoria a Cortes en Brasil promulgado por el príncipe Pedro en junio de 1822 y culminaron con la independencia en septiembre, la cual se formalizó con un proyecto de imperio con sede en Río de Janeiro[18].

Sin duda que el linaje de los Braganza dotaba al príncipe de una legitimidad y, por lo tanto, de una gran capacidad de maniobra para consumar tal gesto. Pero cabe destacar que la proclamación de Pedro como emperador en octubre de 1822 −y por lo tanto, la instauración del Imperio de Brasil− precedieron a la creación de la monarquía constitucional como forma de régimen para la nueva unidad soberana. La asamblea constituyente comenzó a sesionar en 1823 y seis meses después fue clausurada por el mismo emperador, quien otorgó la Carta Constitucional de 1824. Dicha carta, según el estudio de Andrea Slemian, era muy próxima al proyecto elaborado por la Asamblea de 1823 y al espíritu de las monarquías restauradas en Europa, aunque −como señala la misma autora− si bien se le transfería al emperador un papel clave en el ordenamiento político, éste no acumulaba tantos poderes como los atribuidos al Ejecutivo encarnado por la figura del monarca en la Carta francesa de 1814[19].

Cabe preguntarse, entonces, por las razones que condujeron a proclamar un imperio en Brasil, más allá de reconocer las ambigüedades que el binomio imperio-monarquía mantuvo a lo largo de la historia[20]. A diferencia de Iturbide en México, cuyo título de emperador revelaba −entre otras razones− la ausencia de linaje para ser considerado un "rey" de pleno derecho, la expe-

---

[18] Por cierto que en este ensayo estamos simplificando al máximo los complicados acontecimientos y posicionamientos discutidos y asumidos en las Cortes portuguesas y españolas respectivamente, analizados en profundidad en la bibliografía citada y en tantas otras obras que, como dijimos, no hemos podido citar aquí. Nuestra intención es, como podrá fácilmente advertir el lector, esbozar ciertos argumentos en pos de dejar planteadas algunas comparaciones en torno a ciertas cuestiones problemáticas.

[19] Slemian (2009a).

[20] Annino (2008).

riencia brasileña parece exhibir un intento sui géneris de constitucionalizar un imperio para crear una nación bajo el régimen de monarquía constitucional en cuya cúspide se ubicaba el monarca-emperador, legítimo heredero de la casa de Braganza. En el tablero político lusitano, la jugada de Brasil parecía redoblar la apuesta frente a la negativa de las Cortes de Lisboa de reconocer su condición de reino obtenida en 1815. La transformación de reino en imperio pudo consumarse con el apoyo de varias provincias, aunque como veremos luego "la unidad en las regiones que habían salido de la colonización portuguesa, prevista en la propuesta imperial, estaba lejos de ser asegurada"[21].

Ahora bien, aun cuando quedan abiertos muchos interrogantes en torno a las cuestiones recién señaladas, lo cierto es que el rumbo constitucional adoptado por Brasil difiere del hispanoamericano, más tortuoso. Los ensayos incluidos en este volumen nos eximen de un análisis detallado sobre las diversas rutas y vicisitudes ocurridas en la historia del primer constitucionalismo en el orbe hispánico[22]. No obstante es oportuno destacar algunas cuestiones. En primer lugar, ya hemos señalado que la experiencia gaditana fue un intento de constitucionalizar el imperio creando una nación bioceánica. Manuel Chust muestra muy bien en su ensayo aquí incluido que la Constitución de 1812 le arrebató a la Corona su soberanía para instalarla en la categoría de "nación española" y que, de esta manera, constitucionalizó el estado del Antiguo Régimen de la mayor parte de la monarquía borbónica, tanto metropolitana como colonial. A su vez, muestra también los acalorados debates desplegados dentro de las Cortes reunidas entre 1810 y 1812 sobre "el número de soberanías que ese nuevo Estado-nación estaba dispuesto a admitir".

Como sabemos, éste es un punto crucial para entender el derrotero del primer constitucionalismo hispánico. Por un lado, porque la revolución constitucional que se expresó en la Carta gaditana se realizó –según la expresión de Portillo Valdés– "contra" el "fideicomiso" de la soberanía provocado por la crisis monárquica. La "revolución de nación" –y el nuevo sujeto político que surgió de ella– estuvo dirigida no sólo a crear un gobierno limitado y contener así el poder absoluto del monarca, sino también para contener el poder adquirido por los cuerpos territoriales expresado en los movimientos juntistas, tanto peninsulares como americanos, desatados en 1808[23]. Como

---

[21] Slemian (2009-b: 101).

[22] Véanse además Chust (1999), Chust/Frasquet (2004), Garriga/Lorente Sariñena (2007), Garriga (2010), Lorente Sariñena (2010).

[23] Portillo Valdés (2000; 2006).

ha demostrado el mismo autor, esa revolución de nación de dos hemisferios exhibió sus mayores dificultades para imponerse en América —aunque también en la Península— al no articularse a las demandas de autogobierno de los cuerpos territoriales, acostumbrados a manejarse con fuertes dosis de autonomía, más allá de los intentos borbónicos de reducirlas a través de sus reformas dieciochescas.

Así, la Constitución de Cádiz, aun cuando intentó conciliar la demanda de autogobierno al otorgar un estatuto electivo a las diputaciones provinciales y ayuntamientos, no logró frenar la tendencia federativa que, de hecho, se había desplegado en la primera fase de la crisis. Lejos de resolverla, la Carta de 1812 dejó al desnudo los dilemas derivados de esa nueva nación que escondía mal su vocación imperial. Una vocación que volvió a ponerse en evidencia en el Trienio Liberal y que culminó —tal como analiza aquí Ivana Frasquet— con la definitiva independencia de México[24].

En este punto es oportuno poner en diálogo, nuevamente, los casos lusitano e hispánico. En primer lugar, para trazar un arco entre la crisis de 1807-1808 y el trienio de los años 20 respecto de una alternativa que no llegó a concretarse pero que se discutió en ambas coyunturas: la de reconstituir una "unidad ibérica". Esta posibilidad fue aventada por algunos sectores de la corte bragantina instalada en Río de Janeiro luego de las abdicaciones de Bayona. El proyecto de instalar una regencia encarnada por la infanta Carlota Joaquina de Borbón —esposa de João VI de Portugal y hermana mayor de Fernando VII— o por del infante D. Pedro Carlos de Borbón y de Beira (hijo del hermano de Carlos IV, Gabriel, y de la princesa de Beira, Mariana Victoria) y de unir así las dos Coronas ibéricas fue, en aquel momento, una alternativa más entre otras que buscaba salvar el "legitimismo monárquico" en medio de la tormenta provocada por el avance napoleónico[25]. La unidad ibérica del trienio, en cambio, fue promovida por los sectores liberales en los momentos en que no se sabía qué actitud habría de adoptar João VI frente a las Cortes y a la Constitución que éstas se disponían a sancionar en Portugal[26]. Si tal actitud se definía por el rechazo a regresar y a aceptar la centralidad de la nueva soberanía nacional con sede en Lisboa, los liberales estaban dispuestos a sacrificar la unidad del imperio y a concertar una unión liberal con España; es decir, una unión de las dos monarquías ibéricas, pero ahora constitucionalizadas.

---

[24] Véase también Frasquet (2008).
[25] Ternavasio (en prensa).
[26] Berbel (2005: 403).

La segunda cuestión que queremos dejar trazada es que si bien ambas metrópolis no fueron capaces de salvar sus imperios bioceánicos al negarse a reconocer a los americanos el estatus de sujetos políticos con derecho al autogobierno pleno dentro de las nuevas naciones –portuguesa y española–, la herencia que en términos constitucionales legaron a sus ex colonias difieren. Tal diferencia no reside tanto en el pasado colonial ni en los procesos constituyentes llevados a cabo en la Península sino en la naturaleza de las crisis experimentadas a partir de 1808. Si regresamos a los problemas planteados al comienzo de este ensayo, queda en evidencia que la crisis portuguesa, aun con las agudas consecuencias que tuvo, evitó con el traslado de la familia real la devastadora crisis monárquica española que –derivada de las ilegítimas abdicaciones– implicó la inmediata federalización de la soberanía. Si, como dijimos, el Trienio Liberal unió los destinos de las dos metrópolis alrededor de un mismo constitucionalismo y de un mismo fracaso en pos de mantener sus posesiones americanas, la constitucionalización de las nuevas naciones, ahora independientes, reveló problemas que en gran parte fueron hijos de las distintas respuestas dadas a la crisis desatada por la "cuestión napoleónica".

LOS DILEMAS AMERICANOS

Resultaría redundante detenernos aquí en los sinuosos caminos constitucionales experimentados por las nuevas unidades soberanas nacidas de los procesos de emancipación americanos, a los que están abocados los ensayos que continúan a éste. Por tal razón, sólo queremos dejar planteadas, para cerrar esta reflexión, algunas cuestiones cruciales de ese primer constitucionalismo iberoamericano. La primera está en sintonía con el argumento expuesto más arriba. La peculiar naturaleza que adoptó la crisis de la monarquía española desató dos procesos de independencia: uno de carácter *vertical* que gradualmente fue quebrando los lazos atlánticos con la metrópoli, y otro de carácter *horizontal*, que también de manera gradual –aunque con derroteros mucho más tortuosos– fue quebrando las estructuras territoriales americanas[27]. Tales estructuras –que iban desde los pueblos más pequeños, pasando por ciudades y provincias hasta llegar a proyectadas naciones con contornos muy cambiantes– reclamaron derechos soberanos en diferentes dosis y formatos. Dichos reclamos derivaron muchas veces en guerras, pero también en

[27] Annino (2010).

iniciativas constitucionales. Los autores de este volumen analizan en profundidad estas últimas iniciativas y revelan el dilema compartido en todas ellas en torno a cómo definir el nuevo sujeto de imputación de la soberanía y, derivado de éste, cómo organizar política y territorialmente a esos nuevos sujetos. El primer problema estuvo íntimamente ligado al "enigma" del poder constituyente –según la gráfica expresión utilizada por Noemí Goldman para titular su ensayo– y el segundo, a las disputas en torno a tendencias centralistas, unitarias, federales o confederales.

Detengámonos por un momento en el primero de estos problemas. ¿Por qué el poder constituyente era un enigma? Elías Palti, al analizar algunos de los problemas que debieron enfrentar los diputados de las Cortes de Cádiz, destaca que entre ellos hubo uno "que no se deja nombrar, que aparece simplemente como imposible de definir" y que se trata, precisamente, de "la idea de un *poder constituyente*"[28]. El autor sostiene que esta laguna conceptual no se debía solamente a la persistencia de imaginarios tradicionales, sino a las paradojas que encerraba la novedosa premisa de que existía ahora un acto instituyente que no reconocía ninguna legalidad preexistente, sino que actuaba a través de un congreso que hablaba en nombre de una voluntad nacional que decía representar pero a la cual el mismo congreso le tocaba instituir. Tales paradojas, que aquellas Cortes no pudieron despejar, se hicieron más acuciantes en los procesos constituyentes hispanoamericanos, porque al enigma de aquello que parecía imposible de definir se sumó el enigma sobre qué era lo que se debía representar. Aun cuando el nuevo sujeto de la "nación" gaditana fue objeto de duras controversias y resistencias –comenzando por los propios cuerpos territoriales de la Península–, los cuerpos con vocación soberana del Nuevo Mundo hicieron todavía más problemático el reconocimiento de esa invención llamada "poder constituyente".

Y he aquí un punto fundamental para entender el derrotero que intentamos trazar en este volumen: como se ha repetido muchas veces en la historiografía reciente, el no reconocimiento que, en distintas regiones y momentos, expresaron los cuerpos territoriales hispanos respecto de las "naciones" que intentaban constituirse, derivaban del irresuelto problema de la soberanía nacido de la crisis monárquica[29]. Así, pues, el poder constituyente se convirtió en un escenario de disputa y a la vez en un enigma en la medida en que no se acordaba en torno a "qué sujeto" de soberanía estaba imputado. La

---

[28] Palti (2007: 92).
[29] Annino (1994), Chiaramonte (2004).

consecuencia fue la paradoja de crear poderes constituyentes que se negaban a sí mismos al delegar muchas veces las soberanas decisiones de los congresos al "reconocimiento" de los cuerpos territoriales allí representados. En este nuevo contexto, la cuestión del "reconocimiento" fue crucial porque definía la legitimidad, trazándose así una frontera entre "antigua Constitución" y constitucionalismo moderno. Dicha frontera se hizo aún más visible en las experiencias hispanoamericanas que volcaron el nuevo idioma constitucional en molde republicano; un molde que, por otro lado, no contribuía a resolver los dilemas nacidos de los nuevos poderes constituyentes.

Tales dilemas, aunque no estuvieron ausentes en los debates suscitados en Brasil, encontraron una vía capaz de canalizarlos. La legitimidad del príncipe convertido en emperador fue por cierto crucial en este sentido, pues se anclaba, por un lado, en las pautas tradicionales de la monarquía y, por el otro, en la capacidad de inscribir al imperio en el nuevo idioma constitucional. En este caso, la cuestión del "reconocimiento" estuvo presente, pero con valencias diferentes. Mientras que en el orbe hispánico la noción de pacto constitucional se disputó en gran medida entre el preexistente "derecho de los pueblos" y el de una "nación indivisible" que se instituía con el poder constituyente, en Brasil el binomio se dirimió entre una posición que privilegiaba a los representantes de la asamblea constituyente en la elaboración del nuevo pacto y otra que reconocía la autoridad del emperador por haber sido admitida de antemano por la "nación"[30]. Si bien en este último caso se discutió también sobre la posibilidad de que las provincias tuvieran el derecho de negarse al pacto constitucional que se pretendía crear –encontrando esta posición defensores y detractores– el desenlace de los acontecimientos –que culminaron con la constitución *octroyée* en marzo de 1824– clausuró tales dilemas.

Esta clausura, sin embargo, no debe ocultar el segundo problema señalado previamente en torno a cómo organizar territorialmente los nuevos sujetos de soberanía. Si la segunda independencia de naturaleza horizontal a la que hicimos referencia para el orbe hispánico mostró las serias dificultades que experimentaron las élites criollas –y también peninsulares– para constituirse y definir las atribuciones de los cuerpos territoriales en regímenes más o menos centralistas, federales o confederales, la temprana y más duradera "unidad" del Imperio brasileño no dejó de sufrir embates significativos por parte de diversas regiones y provincias. La reacción de Pernambuco en 1824 creando la "Confederación de Ecuador", aunque rápidamente reprimida por las

---

[30] Slemian (2009a: 94).

fuerzas imperiales, es sólo una muestra de ello. El Imperio de Brasil enfrentó, pues, diversas manifestaciones separatistas que, como afirma Márcia Berbel, "consiguió contenerlas por medio del 'arte de la política' y, también, por la fuerza de las armas"[31].

Ahora bien, en función de todo lo dicho, es preciso concluir con una reflexión que reubique las jerarquías conceptuales de los problemas aquí tratados. Trazar una historia del primer constitucionalismo iberoamericano implica distinguir, en principio, los puntos de partida de las dos áreas involucradas. En nuestra hipótesis, en el mundo hispánico es preciso privilegiar más la crisis constitucional de la monarquía que la crisis del orden imperial, porque sólo a partir de la primera es posible advertir un fenómeno que la perspectiva imperial no permite detectar en toda su dimensión: esto es, la existencia de los dos procesos de independencia ya señalados y el impacto que el segundo –consistente en la emancipación de los territorios frente a los antiguos centros de poder colonial– tuvo en los procesos constituyentes. En el área lusitana, en cambio, la noción de crisis imperial se ajusta mejor, no sólo porque allí no hubo una crisis constitucional de la monarquía sino porque ésta se emancipó a sí misma al trasladarse a un nuevo centro de poder, redefiniendo así nuevos equilibrios en la disputa inter-imperial y dentro mismo del imperio portugués.

Las consecuencias constitucionales de este punto de partida diverso ya han sido destacadas a lo largo de estas páginas. No obstante es oportuno señalar que, más allá de adoptarse el modelo republicano o el monárquico-imperial en cada una de las áreas aquí trabajadas, el binomio nación-Constitución encontró en Iberoamérica un escenario formidable de experimentación, tal como ponen en evidencia los siguientes ensayos.

BIBLIOGRAFÍA

ADELMAN, Jeremy (2007): *Sovereignty and Revolution in the Iberian Atlantic*. Princeton, N.J.: Princeton University Press.
— (2008): "An age of Imperial Revolutions", en *American Historical Review*, n° 2, vol. 13.
ANNINO, Antonio (1994): "Soberanías en Lucha", en Annino, A.; Castro Leiva, L.; Guerra, F. (eds.): *De los Imperios a las Naciones. Iberoamérica*. Zaragoza: IberCaja.

---

[31] Berbel (2005: 423).

— (1995): "Cádiz y la revolución territorial de los pueblos mexicanos, 1812-1821", en Annino, A. (coord.): *Historia de las elecciones en Iberoamérica, siglo XIX*. Buenos Aires: Fondo de Cultura Económica.

— (2008): "Imperio, constitución y diversidad en la América hispana", en *Historia Mexicana*, LVIII: 1.

— (coord.) (2010): *La revolución novohispana, 1808-1821*. México: Fondo de Cultura Económica.

BERBEL, Márcia (1999): *A Nação como Artefato. Deputados do Brasil nas Cortes Portuguesas 1821-1822*. São Paulo: Hucitec.

— (2005): "Nación portuguesa, Reino de Brasil y autonomía provincia", en Rodríguez O., J. (coord.): *Revolución, independencia y las nuevas naciones de América*. Madrid: Mapfre.

CHIARAMONTE, José Carlos (2004): *Nación y Estado en Iberoamérica. El lenguaje político en tiempos de las independencias*. Buenos Aires: Sudamericana.

CHUST, Manuel (1999): *La cuestión nacional americana en las Cortes de Cádiz*. Valencia/México: Fundación Instituto Historia Social/Universidad Nacional Autónoma de México.

CHUST, Manuel y FRASQUET, Ivana (2004): *La trascendencia del liberalismo doceañista en España y América*. Valencia: Generalitat Valenciana.

CRUZ VILLALÓN, Pedro (2007): "Una nota sobre bayona en perspectiva comparada", ponencia presentada en el Seminario sobre la Constitución de Bayona, Departamento de Derecho Político de la Universidad Rey Juan Carlos, Madrid.

FRASQUET, Ivana (2008): *Las caras del águila. Del liberalismo gaditano a la república federal mexicana*. Castellón: Universitat Jaume I.

GARRIGA, Carlos y LORENTE SARIÑENA, Marta (2007): *Cádiz, 1812. La constitución jurisdiccional*. Madrid: Centro de Estudios Políticos y Constitucionales.

GARRIGA, Carlos (dir.) (2010): *Historia y constitución: trayectos del constitucionalismo hispano*. México: Centro de Investigación y de Docencia Económica.

GODECHOT, Jaques (1969): *Europa y América en la época napoleónica (1800-1815)*. Barcelona: Labor.

HOCQUELLET, Richard (2011): *La revolución, la política moderna y el individuo. Miradas sobre el proceso revolucionario en España (1808-1835)*. Cádiz: Universidad de Cádiz.

LORENTE SARIÑENA, Marta (2010): *La Nación y las Españas. Representación y territorio en el constitucionalismo gaditano*. Madrid: Universidad Autónoma de Madrid.

MARTIRÉ, Eduardo (2008): "La importancia institucional de la Constitución de Bayona en el constitucionalismo hispanoamericano", en *Historia Constitucional (revista electrónica)*, n° 9, <http://hc.rediris.es/09/articulos/pdf/08.pdf>.

MOLINER PRADA, Antonio (2007): "El movimiento juntero en la España de 1808", en Chust, M. (coord): *1808. La eclosión juntera en el mundo hispano*. México: Fondo de Cultura Económica/El Colegio de México.

PALTI, Elías (2007): *El tiempo de la política. El siglo XIX reconsiderado*. Buenos Aires: Siglo XXI Editores.

PIMENTA, João Paulo (2006): *Estado e Nação no fim dos impérios ibéricos no Prata (1808-1828)*. São Paulo: Editora Hucitec.

— (2006): "Brasil y las revoluciones de Hispanoamérica", en Calderón, M. T. y Thibaud, C. (coords.): *Las revoluciones en el mundo Atlántico*. Bogotá: Taurus.

PORTILLO VALDÉS, José María (2000): *Revolución de nación. Orígenes de la cultura constitucional en España, 1780-1812*. Madrid: Centro de Estudios Políticos y Constitucionales.

— (2006): *Crisis Atlántica. Autonomía e independencia en la crisis de la monarquía hispana*. Madrid: Marcial Pons.

RAMOS, Rui (2008): "La 'revolución' de 1808 y los orígenes del liberalismo en Portugal: una reinterpretación", en Ávila, A. y Pérez Herrero, P. (comps.): *Las experiencias de 1808 en Iberoamérica*. Alcalá de Henares/México: Universidad de Alcalá/Universidad Autónoma de México.

ROMANELLI, Raffaele (2010): "Gli imperi nell'età degli statu", en Romanelli, R (coord): *Impero, Imperi. Una conversazione*. Roma: L'ancora.

SARTORI, Giovanni (1992): *Elementos de Teoría Política*. Buenos Aires: Alianza.

SLEMIAN, Andréa y PIMENTA, João Paulo (2008): *A corte e o mundo. Uma história do ano em que a família real portuguesa chegou ao Brasil*. São Paulo: Palameda.

SLEMIAN, Andréa (2009): *Sob o Império das Leis. Constituição e unidade nacional na formação do Brasil (1822-1834)*. São Paulo: Editora Hucitec.

— (2009): "Instituciones, legitimidad y [des]orden: crisis de la Monarquía portuguesa y construcción del Imperio de Brasil (1808-1841)", en Frasquet, I. y Slemian, A. (eds): *De las independencias iberoamericanas a los Estados nacionales (1810-1850). 200 años de historia*. Madrid/Frankfurt: /Iberoamericana/Vervuert/AHILA.

TERNAVASIO, Marcela (en prensa): "Una princesa para América: la alternativa carlotista frente a la crisis monárquica de 1808", en Landavazo, M. y Guzmán Pérez, M. (coords): *Guerra, política y cultura: las independencias hispanoamericanas*. Morelia: Universidad Michoacana de San Nicolás de Hidalgo.

EN BUSCA DE LA REPÚBLICA FEDERAL: EL PRIMER CONSTITUCIONALISMO EN LA NUEVA GRANADA

Clément Thibaud
CNRS-CRALMI/Université de Nantes

La Nueva Granada representa tal vez con Venezuela el espacio donde las independencias tomaron un giro más radical en toda la América española. Fue en Mompox y Cartagena donde, a partir de 1811, se declararon las primeras emancipaciones explícitas de España, y también allí donde se promulgaron las primeras Constituciones escritas del mundo hispánico, algunos meses antes de que las Cortes de Cádiz proclamaran la suya en marzo de 1812[1]. Fuera de esta región, hay que esperar hasta el año de 1818 para que un texto de carácter constitucional, la "Constitución provisoria para el Estado de Chile", sea adoptado con el fin de sentar las bases de una república independiente. Fue a su vez en ciudades como Tunja, Santafé (Bogotá), Santafé de Antioquia o Cartagena de Indias donde se instituyeron las primeras repúblicas modernas del mundo hispánico. Éstas con más frecuencia se limitaban al área jurisdiccional de algunos municipios y provincias, pero se confederaron, no sin dificultad, en Provincias Unidas que recordaban a la vez a los Países Bajos que lucharon por su independencia en el Siglo de Oro, y a la

---

[1] Los primeros textos con valor constitucional aparecen durante el proceso juntista, como en El Socorro (15.VIII.1810) o en Timaná (6.IX.1810). Nos inclinamos a pensar que la primera verdadera Constitución fue la de Cundinamarca en marzo de 1811. Véase Vanegas (2011).

estructura institucional de los Estados Unidos que había roto el vínculo con la madre patria y fundado la primera república libre e independiente en el continente americano. Se puede añadir también que este primer constitucionalismo tuvo, entre los años de 1811 a 1816, un dinamismo prodigioso. Daniel Gutiérrez Ardila elaboró la lista de las dieciocho asambleas constituyentes que se reunieron en Nueva Granada en el curso de este período, llegando el conjunto al extraordinario número de veintitrés si incluimos a Venezuela[2]. Éstas no sólo adoptaron un conjunto abigarrado de Constituciones, sino que las revisaron y enmendaron para adaptarlas mejor a la situación política, social y cultural de los territorios[3].

Este proceso constituyente de Tierra Firme no es solamente singular por su precocidad, sino también por su originalidad. La historiografía hispanoamericana, desde los trabajos de François-Xavier Guerra, demostró que había que inscribir la emancipación de la América española en el marco imperial, y atlántico, al insistir con justa razón en lo fundamental de la revolución liberal española y en la adopción de la Constitución de Cádiz en 1812[4]. Aunque es bien evidente que los constituyentes neogranadinos siguieron con atención el trabajo de las Cortes españolas, como se puede ver a diario en la prensa de la época, no es menos cierto que el resultado de sus trabajos no se debía en su totalidad a la labor de los diputados reunidos en el puerto andaluz. La mayor parte de las cartas de Tierra Firme contenían, en efecto, una declaración de derechos, cuyos artículos traducían de manera a menudo literal o adaptaban los textos estadounidenses (de Virginia, Pennsylvania y Massachusetts), y las tres Declaraciones francesas de 1789, 1793 y, especialmente, la de 1795[5].

Quisiéramos eludir el dilema estéril de la continuidad o de la ruptura, de la copia o de la originalidad, interpretando el primer constitucionalismo neogranadino como uno de los elementos fundamentales de una cultura política que afirma un conjunto de valores nuevos tales como los Derechos del Hombre, el republicanismo y el federalismo. En este sentido, el proceso constitucional de Tierra Firme se inscribe bajo la perspectiva de una *experiencia revolucionaria atlántica*, formada por los precedentes estadounidenses,

---

[2] Gutiérrez Ardila (2010: 17-37).

[3] De manera sorprendente, el primer constitucionalismo neogranadino no ha despertado el interés de los historiadores y las obras más importantes al respecto se deben a especialistas de Derecho Constitucional. Véase Restrepo Piedrahita (1979) y las compilaciones de Pombo y Guerra (1986), Uribe Vargas (1977), y Marquardt (2009).

[4] Guerra (1992).

[5] Thibaud (2010a).

franceses (y europeos en general, italianos en particular[6]), haitianos y también, fundamentalmente, gaditanos. Los constituyentes criollos quisieron, de manera consciente, perfeccionar la revolución de los derechos naturales que había comenzado en las Trece Colonias de América del Norte. Reconocieron en los precedentes estadounidense y francés los orígenes culturales de la revolución constitucional (si aceptamos considerar el término original según Roger Chartier[7] suprimiendo su carga teleológica). Más allá del contexto de las revoluciones atlánticas, el florecimiento constitucional recogió el aporte de un debate ilustrado que se desarrolló en el espacio público que se estaba formando durante el último decenio del siglo XVIII a propósito de la regeneración de la monarquía católica gracias a los nuevos conocimientos brindados por las ciencias naturales, la economía política, la filosofía sensualista, etc.[8]. Queda, sin embargo, por explicar las singularidades de la precocidad, radicalismo y pujanza del proceso constitucional en la Nueva Granada, rasgo que comparte el reino con la vecina capitanía general de Venezuela. Proponemos a continuación algunas hipótesis.

EL HORIZONTE FEDERATIVO DEL PRIMER CONSTITUCIONALISMO AMERICANO

Es necesario insistir, primero, en el matiz que tomó la crisis monárquica en la región a partir de 1808. Fuera de la angustia por la vacancia real, se dio el temor de un desplome del orden social. Según las autoridades reales, y amplios sectores de las élites, la confusión de las condiciones y de los estatutos, nacida del mestizaje, impedía asir una jerarquía viable en la sociedad, originando un peligro de disolución. Este temor refleja las características demográficas y jurídicas de la Nueva Granada. El ordenamiento del espacio social se basaba en la institución de la esclavitud, la presencia de una importante población indígena y la jerarquía de castas basadas en el principio de la pureza de sangre. La desaparición del rey, fundamento de este orden, representaba pues una amenaza mortal. La angustia de la disolución también apuntaba al

---

[6] La carta de la República partenopea de Nápoles (1799) inspiró a Bolívar. Véase Urueña (2004).

[7] Chartier (1992).

[8] Silva (2002); Nieto Olarte (2007). Sobre los antecedentes de la reflexión constitucional en España, Portillo Valdés (2000). Véase el sugerente artículo que nos facilitó Francisco Ortega (en prensa).

impacto profundo de la Revolución Francesa y a su secuela antillana en la región, sobre todo en la costa caribe[9]. Los recuerdos de la revuelta de los Comuneros, y su llamada a la "Constitución no escrita" de la monarquía, estaban todavía muy presentes[10]. La imagen pavorosa de Haití encarnó, en la costa de Caracas, como se llamaba entonces la costa caribe de América del Sur, la posibilidad de una subversión radical de los estatutos y los colores y de una inversión escandalosa de las jerarquías raciales[11].

La complejísima trama social se proyectaba en la estructura territorial del reino[12]. El temor a la disolución de los pactos sociales aparecía tanto más posible cuanto que, a partir de 1810, el proceso de reversión de la soberanía había desarticulado los espacios jurisdiccionales de la región y planteaba el grave problema de su rearticulación. En la práctica, fue el poder municipal el que recuperó el depósito de la soberanía real, al dispersar el poder donde quiera existieran cuerpos municipales. En la Península, la unidad se restituyó gracias a la formación de una Junta Central, que representaba al reino a razón de dos diputados por provincia. Surgió así un "poder federaticio" que permitía la creación de un gobierno y de una representación "nacional"[13]. Pero la formación de un gobierno unificado en el nivel de las grandes jurisdicciones coloniales, como los virreinatos y las capitanías generales, presentó grandes dificultades en la Nueva Granada. La compleja articulación de las jurisdicciones se impuso como el problema fundamental que determinó la temprana emergencia del constitucionalismo en Tierra Firme. La creación de una soberanía del pueblo, más allá del horizonte de los pueblos, suponía un profundo cuestionamiento del ordenamiento territorial tal como existía. Tanto más que la crisis de 1808 reforzó, en un primer momento, la fuerza de las localidades y los fueros, es decir, la estructura corporativa de la sociedad monárquica. La lectura neoescolástica de la crisis de 1808, como vuelta al pacto originario entre el rey y el reino, implicaba que las comunidades que recibían el depósito de la soberanía real tenían un carácter natural[14]. Las ciu-

---

[9] Gómez Pernía (2004).
[10] Phelan (2011).
[11] Gómez Pernía (2010).
[12] Herrera (2002).
[13] Portillo Valdés (2006).
[14] Este problema es sumamente complejo y remite a la naturaleza del *pactum societatis* que presupone la idea de un *pactum subiectionis* (véase Halperín Donghi 1961: cap. 1). Véase, en el caso neogranadino, Martínez Garnica (2007: 286-288) y la obra más antigua de Gómez Hoyos (1962 y 1982).

dades, pueblos y villas eran unidades de convivencia orgánica, a la vez base y horizonte de todo poder legítimo. En forma evidente, eran los gobiernos municipales los que debían salvaguardar los derechos del monarca, tal como lo afirmaban las actas de fundación de las juntas de 1810.

De este proceso, se derivaba una enorme dificultad: las capitales de las capitanías o de los virreinatos que recuperaban su gobierno interior no podían hacerlo en nombre de las ciudades en su área de influencia. Estas últimas se volvían tan "libres e independientes" como sus matrices y tenían la tendencia de conservar los derechos monárquicos tanto como las demás ciudades. Las capitales debían limitarse a solicitarle a las otras ciudades que se unieran a una liga federativa para rehacer los espacios jurisdiccionales de las audiencias y fundar la moderna soberanía *del Pueblo*. Lo que era cierto para Bogotá, lo era también para las capitales provinciales: ¿cómo podía un cabildo de segunda fila pretender tener preeminencia sobre los cuerpos municipales en su jurisdicción siendo que las jerarquías antiguas se habían vuelto relativas debido a la acefalía real y a la destitución de las autoridades coloniales? Esta dificultad era doble en la Nueva Granada debido al modesto tamaño de la capital virreinal, Santafé, y sobre todo, a la coyuntura: la ciudad andina había formado su junta después de la mayor parte de las ciudades secundarias como Cartagena, Mompox o El Socorro. En estas condiciones, Santafé no podía preservar su preeminencia salvo si le solicitaba cortésmente a las otras juntas el reconocimiento de su carácter supremo (lo que se apresuró a hacer con relativo éxito). La dinámica de la disgregación territorial estaba además reforzada por los valores claves del momento de la eclosión juntista: la independencia y la libertad. Frente al poder político de los municipios y su arraigo jurisdiccional, ¿qué peso tenían las demás circunscripciones administrativas, las provincias, la capitanía general o incluso el virreinato, en la ausencia de las autoridades que les daban vida?[15].

El imperativo de la seguridad colectiva imponía sin embargo la unidad en aquellos tiempos de confrontación. Los pueblos y provincias eran conscientes de la necesidad de una defensa colectiva que fue la primera figura concreta de la "nación" en la región. Ahora bien, la creación de un gobierno unificado sólo podía recibir una solución federativa; era la única forma de Estado que podía conciliar la creación de un "gobierno nacional" con la independencia y la libertad de cada provincia. Aquellos Estados defensivos, creados para responder a la crisis provocada por las abdicaciones de Bayona,

---

[15] Calderón y Thibaud (2010: cap. 3) y Thibaud (2009: 130-140).

serían por definición de naturaleza compuesta, puesto que asociaban provincias y ciudades que se habían vuelto soberanas en el momento de los procesos juntistas. En Venezuela, donde Caracas dominaba en buena parte a los demás pueblos en todos los niveles, las Provincias Unidas, formadas en 1811, tuvieron un carácter más concentrado que en la Nueva Granada, donde se produjo una guerra civil entre centralistas bogotanos y federalistas provinciales. Allí, a causa del rechazo de Santafé de integrar el pacto federativo, las Provincias Unidas fueron una confederación muy laxa de Estados provinciales independientes. Sin embargo, la república así compuesta se concentró con el tiempo para enfrentarse a los imperativos de la guerra y ganar su combate contra la antigua capital del virreinato[16].

La articulación de los territorios y pueblos se presentó entonces como el problema más importante de los gobiernos surgidos de la eclosión juntista de 1810. Las rivalidades entre las localidades llevaron en efecto a la guerra civil entre municipios vecinos, y lo que eran meras aldeas a reivindicar el autogobierno como la localidad de Sogamoso, poblada por indios y mestizos, frente a Tunja, la capital provincial[17]. De suerte que la precocidad de un proceso constitucional respondió a la necesidad de "fabricar" una unidad mientras las jerarquías territoriales que estructuraban los espacios jurisdiccionales se habían derrumbado, llegando así al enfrentamiento de los pueblos emancipados. Pero tres obstáculos cerraban la vía hacia la unificación de la Nueva Granada. Se trataba primero de determinar el sujeto de la soberanía, a la vez filosófico, territorial y demográfico. En seguida había que precisar la naturaleza de la unidad federativa, que debía a la vez preservar la integridad de las partes y garantizar la solidez y la viabilidad del gobierno general. Convenía, en fin, delimitar las competencias administrativas y políticas de los diferentes niveles de gobiernos, municipal, provincial y nacional, en el seno de ese Estado compuesto por provincias-Estados. Estos complejos problemas eran tanto más difíciles de resolver cuanto que el legado institucional hispánico, basado en la fuerza de las corporaciones, entorpecía la articulación política de los territorios y de las poblaciones fuera de la presencia de un punto fijo indiscutible como era el rey.

Estas dificultades abrieron el camino para la invención política mediante constitucionalización. Era, en efecto, imposible atribuir la soberanía a los

---

[16] Gutiérrez Ardila (2010).
[17] Sobre la admisión en el Congreso del Representante de Sogamoso, Santafé de Bogotá, 1811.

municipios para luego vincularlos mediante pactos. Por una parte, las ciudades solas no podían, materialmente, formar Estados viables, y por otra parte, la fragmentación de los poderes tendría como resultado, en el peor de los casos, una guerra civil, y en el mejor, la formación de gobiernos impotentes. Fue entonces al nivel provincial donde se atribuyó la soberanía anteriormente real. La Constitución de los Estados provinciales soberanos permitió encontrar un término medio entre la autonomía de los municipios y la necesidad de unidad "nacional". Ciertamente, estas pequeñas repúblicas eran meras construcciones políticas cuya existencia reposaba *in fine* sobre un conjunto de pactos entre los ayuntamientos de las ciudades principales. Las instituciones del Estado de Antioquia se basaban, por ejemplo, en un conjunto sutil de compromisos entre las élites de los cuatro cabildos de la provincia: Santafé de Antioquia, Medellín, Rionegro y Marinilla. Estas ciudades se repartieron las instituciones "nacionales" –las asambleas representativas, el gobierno, el tribunal supremo, la administración de correos, etc.– con el fin de evitar los celos entre ellas. Las asambleas representativas de Antioquia representaban el peso de los municipios y el conjunto de los ciudadanos, en una imagen a la vez corporativa y democrática de la provincia[18].

El año de 1811 fue crucial para la formación de una unidad federativa. Ésta pasó por la creación de una doble escala constitucional, a la vez provincial y nacional: la creación de los "pactos sociales" se basaba en la redacción de una ley escrita común, y garantizaba las libertades y deberes individuales y colectivos. Esta compleja trama constitucional debía reemplazar la figura monárquica en su función vinculante. La adopción de un acta de federación en la Nueva Granada y de una Constitución federal en Venezuela le dieron así vida a dos Estados compuestos. La Unión neogranadina nació por medio de un tratado entre los diferentes Estados y no tenía una Constitución *stricto sensu*, aunque el Acta de Federación de 1811 hacía en cierto modo el papel de tal. Los enviados de las diferentes provincias que integraban la Unión formaron el congreso: más que una cámara deliberativa, era el lugar donde los diferentes gobiernos provinciales hacían compromisos "diplomáticos" a ejemplo de los Estados Unidos antes de la promulgación de la Constitución federal de 1787. Era, en verdad, una confederación en sentido pleno, que había creado un ejecutivo colegiado y rotatorio. La soberanía confederal estaba destinada a representar y defender los derechos de los pueblos entre las naciones y, por lo tanto, a declarar la guerra, establecer relaciones diplo-

---

[18] Gutiérrez Ardila (2010, 17-37).

máticas y organizar el comercio internacional. Existían pues en estas repúblicas confederales tres niveles de soberanía. El primero, informal, era el de los
municipios; el segundo, fuerte en la Nueva Granada pero débil en Venezuela,
era el de los Estados provinciales; el tercero, en fin, era el de la Unión, enfo-
cada ante todo hacia lo exterior, los asuntos internacionales y la guerra. La
construcción piramidal de estas soberanías encajonadas sustituyó el legado
agregativo de la monarquía católica.

LA ECLOSIÓN CONSTITUCIONAL

La eclosión constitucional obedeció entonces a la necesidad, más urgente
aquí que en otras partes, de establecer "pactos sociales" entre las ciudades y
provincias con el fin de organizar un Estado compuesto[19]. Otro elemento
debe ser mencionado aquí para comprender la floración de las cartas en Tierra Firme: la rivalidad con el proceso constitucional gaditano. Éste despierta
un gran interés en la región, así como en el resto de la monarquía, y algunas
sesiones de las Cortes, atinentes a América, fueron publicadas por la prensa
patriótica. Los debates andaluces fueron examinados con lupa, a veces con
cierta empatía, como en Cartagena, pero más frecuentemente con suma desconfianza. A principios de 1811, cuando se volvió evidente que los constituyentes de Cádiz negaban de hecho una representación igualitaria de América en la representación nacional española, es un escenario bien trajinado que
se repite. El terco rechazo de la asamblea peninsular de reconocer la igualdad
entre los dos pilares de la Corona enciende la mecha: a pesar de las lecciones
de un pasado reciente, los "españoles europeos" persistieron en negar la
igualdad de América. Este divorcio refuerza el campo de los radicales que
pedían la formación de Constituciones propias. Hay que decir, sin embargo,
que las Cortes de Cádiz inspiraron continuamente la reflexión constitucional de los patriotas americanos como en las disposiciones sobre la libertad de
prensa, entre otros mil ejemplos.

En el decenio de 1810, la reflexión colectiva se inscribió en el marco de
una ciencia política que, siguiendo la cultura clásica, se preguntaba sobre la
mejor forma de gobierno y de régimen posibles. Se enfrentaron varias sensibilidades políticas, pero el marco de la discusión era la corriente liberal de las
Luces y de la historia de las revoluciones de Estados Unidos y de Francia.

---

[19] Gutiérrez Ardila (2009).

Así, en mayo de 1811, una carta anónima publicada por el *Argos Americano*, hace el catálogo de las referencias intelectuales que invocaban públicamente los constituyentes criollos:

> El antiguo gobierno tan interesado en que no se propagasen en ella, habia hecho prohibir las obras de los grandes maestros de estas ciencias, como Grocio, Puffendorf, Barberiac, y Watel, cuyo texto es en el dia la ley de las naciones; y otros escritos celebres, llenos de sabiduria, en que se tratan questiones importantes de las mismas, y de la dificil de la política, que honran el espiritu humano, que harán eterna la memoria de sus autores, y que son la gloria de los paises que los han producido; tales como los tratados sobre el gobierno del celebre Loke: el espiritu de las leyes, del profundo y sabio Montesquieu: el contrato social del filosofo de Ginebra, Rouseau: el tratado de delitos y penas del ilustre Marques de Becaria: la ciencia de la legislacion del religioso y docto Filangieri &c. que se hallan en el expurgatorio[20].

Todo apunta hacia un notable conocimiento de las Luces: el Derecho de gentes procedente del *iusnaturalismo* protestante, grandes figuras del liberalismo inglés y francés, de la soberanía popular (Rousseau) y las corrientes de las Luces italianas sobre el constitucionalismo y el sistema penal. Habría que esperar hasta la segunda fase de la revolución, en la década de 1820, para que las referencias a los pensadores más contemporáneos como Bentham y Constant o los demás ideólogos se volvieran rutinarias.

En un contexto donde la cuestión federal regía el debate político y en el que se planteaba en forma más precoz en otras partes la posibilidad de una independencia absoluta de España y de una ruptura con la monarquía, no debe asombrarnos que la referencia a la historia de los Estados Unidos fuera permanente. En noviembre de 1810, un periódico de Bogotá, *El Aviso al Público*, reproduce el primer artículo de la Constitución de 1787[21]. Al año siguiente, un periódico de Cartagena, el *Argos Americano*, comenta la misma Constitución para impugnar los argumentos centralistas de Antonio Nariño[22]. El año de 1811 marca el apogeo de las referencias a los Estados Unidos revo-

---

[20] *Argos Americano*, n° 35, 27.V.1811. Sobre las referencias a los autores franceses y norteamericanos, ver Urueña (2007).

[21] "Constitución de los Estados Unidos de América, traducida del Inglés al Español por D. Josef Manuel Villavicencio, en Filadelfia, en la Imprenta de Smith M. Kenzie. Año de 1810", *Adición al Aviso al Público*, n° 10, XI.1810. Esta traducción se vendía en la Calle Real (*Diario Político de Santafé*, n° 40, 11.I.1811).

[22] *Argos Americano*, n° 173, 17.VI.1811, p. 174.

lucionarios, con la bella presentación y traducción de la Declaración de
Independencia, y artículos sobre la federación y la Constitución de 1787 a
cargo de Miguel de Pombo[23]. Las declaraciones de independencia de las
Provincias Unidas de Venezuela o de Cartagena dan fe de ello, así como las
diferentes Constituciones que abundaron tanto en el nivel confederal como
provincial. Numerosos artículos de las cartas provinciales o confederales tra-
ducen o adaptan los textos norteamericanos como las Constituciones de Virginia, Pennsylvania y, sobre todo, Massachusetts. El éxito de los Estados Unidos fascinaba a los constituyentes de la Nueva Granada, al mostrar que los
lugares comunes de la ciencia política clásica, como la debilidad natural de
las repúblicas frente al gobierno monárquico, o la imposibilidad de un
gobierno representativo en países grandes, no eran fatales. En cambio, la referencia a Francia fue casi siempre negativa aunque los constituyentes criollos
se refirieron implícitamente a la experiencia del Directorio y al Consulado
en su afán de estabilizar la revolución, evitando las conmociones populares[24].

No disponemos todavía de estudios de conjunto sobre la identidad de los
constituyentes de Tierra Firme[25]. Las convenciones reunieron en promedio a
la *sanior pars* de las provincias. Encontramos en ellas a los hijos de familia que
habían seguido la carrera de abogados, del clero o las armas, con un claro
dominio de los primeros. La gran mayoría defendía importantes intereses
comerciales, como Antonio Nariño antes de que sus bienes fueran embarga-
dos, o eran terratenientes. No es de extrañar pues que la regeneración económica de Tierra Firme gracias a la adopción de las máximas de la economía
política constituyera uno de los lugares comunes de la reflexión constitucional. Todas las cartas insistieron en la importancia central del derecho de propiedad, así como el de la libertad en materia económica. En Cartagena, así
como en Bogotá, El Socorro o Antioquia, la supresión de los impuestos al
consumo, como las alcabalas, o el inicio del libre comercio, no sólo con las
potencias neutras como era el caso desde 1797, sino con todas las naciones
amigas y, más generalmente, la abolición de todas las cortapisas que hacían
primar el monopolio colonial en la economía de Tierra Firme, estaban entre
las primeras decisiones de los gobiernos autónomos, y se repitieron en las

---

[23] Pombo: *Constitución de los Estados Unidos de América*, 1811.

[24] El uso de expresiones como «Colegio electoral» o «senado conservador» se refieren a la experiencia republicana francesa postjacobina.

[25] Una notable excepción es la introducción de Leal Curiel (2011, I: 96-109); cuadro prosopográfico de los constituyentes.

Constituciones provinciales y confederales como si fueran artículos de fe. Este programa reciclaba las ideas del reformismo ilustrado español en materia económica, que estaba influenciada por la economía política de las Luces, y era objeto de un amplio consenso entre los poderosos y los humildes que veían en él el fin de la tan detestada fiscalidad.

La formación jurídica que habían recibido la mayor parte de los constituyentes de Tierra Firme evidentemente dio el tono de la naturaleza de los debates y el resultado final de las cartas. Dos puntos al respecto llaman la atención. En primer lugar, los colegios donde se enseñaba el Derecho, como el del Rosario en Bogotá, eran muy pocos y los estudiantes de esta materia se conocían y se frecuentaban en, por ejemplo, las tertulias literarias. A fines del siglo XVIII, se forjó una "comunidad de interpretación", para usar el término de Renán Silva[26], que si bien no presagiaba en forma alguna la independencia, por lo menos representaba una sensibilidad común frente al problema de la "regeneración" de la monarquía española. Estos lugares de intercambio de conocimientos, basados en las ciencias de la naturaleza y el deseo de progreso moral y material, facilitaron la rápida adopción de las Constituciones, pues existían sitios de sociabilidad intelectual que habían reflexionado en los problemas de la monarquía bastante antes de que se iniciara la crisis de 1808. La existencia de estas redes informales también fomentó las rivalidades y los conflictos: la guerra civil que enfrentó a los confederalistas de las Provincias Unidas de la Nueva Granada con los centralistas de Bogotá – que eran sin duda federalistas en el sentido de la Constitución estadounidense de 1787– enfrentó a amigos o aliados de larga data, tales como Camilo Torres Tenorio y Antonio Nariño, presidentes respectivamente de las Provincias Unidas y de la República de Cundinamarca (la provincia de Bogotá).

En segundo lugar, como en el resto de la monarquía católica, estos hombres de leyes tuvieron una formación completa en la cual el Derecho Romano no había perdido su importancia central. Éste estaba siendo suplantado por el Derecho "nacional" español y el pensamiento, a menudo fuera de los salones de clase, de los grandes autores de la jurisprudencia y de la reflexión citados con énfasis por el *Argos Americano*. Pero la diversidad de esta cultura jurídica hace que sea sin duda inútil buscar una fuente única del constitucionalismo en Tierra Firme. Esta búsqueda es tanto más inútil pues la idea de que existía una jerarquía de las normas (y por la tanto de las referencias) no

---

[26] Silva (2002).

era conocida todavía. Tampoco se trataba de un eclecticismo condenado a la impotencia a causa de sus incoherencias internas. Las Constituciones asociaron la tradición romanista con la jurisprudencia española, el *iusnaturalismo* moderno y referencias constitucionales estadounidenses, francesas y gaditanas, para producir una verdadera revolución de la representación política, basada en la figura del vecino–ciudadano. Cierto es que el mecanismo constitucional no logró llevar a buen término la tarea fundamental que consistía en asociar el mosaico de jurisdicciones territoriales. La guerra abierta o larvada de los pueblos y las provincias debilitó la coherencia de las Provincias Unidas (las de Venezuela tuvieron, al contrario, éxito en esta tarea, pero fueron vencidas dos veces, en 1812 y 1814). Esto facilitó la reconquista española liderada por el general español Pablo Morillo a partir de 1815.

Las asambleas reunían por regla general entre una quincena y unos noventa diputados (87 en el caso de Tunja en 1811), elegidos por un sufragio indirecto, proporcional a la población. Las actas de las deliberaciones de los Estados de Cundinamarca y de Antioquia, recientemente reeditadas, muestran que todos los artículos eran preparados de antemano por una comisión especializada y que luego fueron adoptados por las asambleas sin largas discusiones[27]. La rapidez de este proceso constitucional tiene que ver por lo tanto con el restringido número de personas que participaron. Se explica también por la profundidad y la antigüedad de los consensos en el seno de las élites a propósito de la reforma de la monarquía y la adopción de medidas liberales para revocarla por su supuesta decadencia. El papel de los colegios electorales y constituyentes consistía más en consentir la ley fundamental a nombre de los pueblos que en discutirla, como se dio en el congreso de Caracas de marzo a diciembre de 1811. Como apoderado de sus comitentes, cada diputado firmaba el acta constitucional mencionando el partido capitular que le había elegido. Pero la celeridad con la cual fueron concebidas estas complejas Constituciones también muestra dos puntos importantes para comprender la creación de la modernidad política en la región.

En primer lugar, las comisiones encargadas de preparar la redacción de las leyes consultaron los textos estadounidenses y franceses, de los cuales tradujeron, a veces literalmente, algunas disposiciones. Esto es evidente si se comparan, por ejemplo, las diferentes declaraciones de derechos escritas durante esa primera ola constitucional. Éstas adaptaron las declaraciones francesas de 1793 y, sobre todo, de 1795, añadiendo aquí y allá una cláusula particular,

---

[27] Gutiérrez Ardila (2010).

como la carta republicana de Cundinamarca que precisaba que los indígenas debían ser considerados ciudadanos como los demás. Y suprimían una que otra, como la que abolía la esclavitud y el trabajo forzado. Además, notamos en estas declaraciones de derechos algunas disposiciones, a menudo muy republicanas, traducidas de las Constituciones de los Estados de Virginia, Pennsylvania y, sobre todo, Massachusetts. Cambiaron el orden de los artículos y las traducciones eran a menudo muy libres. Este trabajo de adaptación y traducción no era para nada una copia. Reflejaba el deseo, producto de una anterior tradición jurisprudencial, de explicar el Derecho Natural mediante fórmulas más sencillas y universales, mejor adaptadas a la naturaleza humana. Si los estadounidenses y los franceses habían sabido aclarar los derechos inherentes a la naturaleza humana, ¿por qué no retomar sus fórmulas adaptándolas a las características de las sociedades de la América española? En esta forma, la apropiación del *iusnaturalismo* moderno, el ideal más radical del Atlántico revolucionario, se basaba en una antigua cultura en la que se suponía que todo derecho era considerado escrito en la naturaleza. Los juristas debían transformar estas leyes, creadas por Dios, en normas prescriptivas: este primer constitucionalismo pretendía instaurar una relación transparente entre las leyes naturales y el Derecho positivo[28]. En esta forma la esencia misma de las Constituciones no era concebida como un acto unilateral de soberanía, decidido por la nación, sino como el contenido y el hacer explícitos derechos antecedentes e indisponibles.

En segundo lugar, las referencias cruzadas y recíprocas entre las Constituciones provinciales facilitaron la rápida emergencia del primer constitucionalismo. En el caso de Venezuela, por ejemplo, la Constitución federal sirvió de modelo para las cartas provinciales. En la Nueva Granada, la composición fue progresiva a partir de la primera Constitución monárquica, promulgada en Bogotá, en marzo de 1811, de la cual se encuentran trozos enteros en los textos posteriores de las de Antioquia, Tunja, Cartagena y Popayán. La copia en el constitucionalismo provincial dependía de una necesidad política, puesto que las alianzas confederales estipulaban, según la lección de Montesquieu en *El espíritu de las leyes*[29] y el ejemplo de los Estados Unidos, que una nación independiente y compuesta debía confederar Estados que compartieran la

---

[28] Según la lección del influyente comentario de Destutt de Tracy al *Espíritu de las leyes*, traducido por Jefferson, que guió la redacción de la carta de Cartagena si es de creer a José Manuel Restrepo. (A. Destutt de Tracy, *A commentary and review of Montesquieu's Spirit of laws*, 1811).

[29] Libro IX, I-III.

misma clase de régimen republicano. Según los patriotas, ésta era la única manera de asegurar a la vez las libertades locales en el marco de la república provincial y la independencia de la nación con respecto a otros países.

La comunicación entre los constituyentes de todas las provincias de Tierra Firme fomentó la formación de una cultura constitucional. Un intenso intercambio de correspondencia conectaba a los principales protagonistas de esta primera floración de leyes fundamentales. Las élites de la región formaron redes íntimas de conocimiento o alianza en el nivel "nacional", al contrario de la tenaz leyenda de la fragmentación regional. Los constituyentes venezolanos y neogranadinos intercambiaban sus reflexiones, como hicieron Roscio y Pombo sobre el republicanismo. El *Argos Americano* y la *Gaceta Ministerial de Cundinamarca* citaban o reproducían artículos de la *Gazeta de Caracas*, que a su vez observaba con entusiasmo los desarrollos de la revolución en el reino[30]. Esta cultura constitucional en formación superaba ampliamente el círculo de las élites. Diarios en toda la Nueva Granada publicaban los trabajos de las convenciones de los Estados amigos. Los nuevos lenguajes políticos se difundían en la sociedad, hasta tal punto que una década después, sencillos aldeanos de la República de Colombia podían redactar oportunamente peticiones al gobierno empleando fórmulas complejas del Derecho Natural y de las libertades modernas[31]. Los sectores más humildes de la población tomaron parte en la reflexión colectiva sobre la revolución de los derechos. Bien conocido es el papel del público, presente en las tribunas, durante los debates constitucionales en Venezuela en 1811. En Cartagena, en 1811 y 1812, fue también actor importante, influyendo por su presencia física y sus peticiones en el contenido de las discusiones[32].

UN CONSTITUCIONALISMO REPUBLICANO

El republicanismo precoz de la Nueva Granada (con la vecina Venezuela) constituye una de las originalidades, y uno de los mayores enigmas del proceso constitucional. Si a imagen del resto de la América española, es la elec-

---

[30] Carta de Juan Germán Roscio a Domingo González, 7.IX.1811, Vanegas (2010, II: 73).

[31] Véanse los pronunciamientos del fondo del Archivo General de la Nación (Bogotá), Congreso, vol. I-IX.

[32] Múnera (1998).

ción monárquica la que prima en la primera Constitución de Cundinamarca (1811), todas las siguientes cartas de Tierra Firme, ya fueran provinciales o nacionales, serán implícita o explícitamente republicanas. Fue así como la primera república[33] que nació en el mundo hispánico fue el pequeño Estado de Tunja, la ley fundamental que estipulaba ya en noviembre de 1811:

> Ningún hombre, ninguna corporación o asociación de hombres tiene algún título para obtener ventajas particulares o exclusivos privilegios distintos de los que goza la comunidad, si no es aquel que se derive de la consideración que le den sus virtudes, sus talentos y los servicios que haga, o haya hecho al público. Y no siendo este título por su naturaleza hereditario ni transmisible a los hijos, descendientes, o consanguíneos, la idea de un hombre que nazca Rey, magistrado, Legislador, o Juez, es absurda y contraria a la naturaleza[34].

El radicalismo del tono fue tanto más asombroso porque este artículo iba más lejos que el artículo 4° de la Constitución de Massachusetts (1780) que le sirvió de modelo. Los criollos añadieron la función del rey a la lista de dignidades no transmisibles por vía hereditaria. Con el paso de los años, este republicanismo se volvió omnipresente y constituyó uno de los rasgos fundamentales de la cultura política de la Nueva Granada (con Venezuela) en el curso de las independencias, en contraste con las demás partes de la América española en rebeldía y no como una elección deliberada. El éxito de la república en Tierra Firme está ligado a la multiplicidad de herencias y de sensibilidades políticas que esta forma de gobierno llegó a asociar, dependiendo a la vez del radicalismo político más estricto así como de los legados hispánicos más "tradicionales".

En primer lugar, el republicanismo revolucionario hizo suya la tradición municipalista de la monarquía católica. Los pueblos eran pequeñas repúblicas donde se desarrollaba una vida social "civilizada", o se cultivaba la verdadera religión. Constituían el marco institucional en el que se inscribían las liber-

---

[33] El Acta de Federación 27.IX.1811 estipulaba que la confederación asociaba repúblicas.

[34] Constitución de Tunja, cap. 1, art. 4, 1811. Se trata de la traducción del artículo 4° de la Declaración de Derechos de Massachusetts (1780): "No man nor corporation or association of men have any other title to obtain advantages, or particular and exclusive privileges distinct from those of the community, than what rises from the consideration of services rendered to the public, and this title being in nature neither hereditary nor transmissible to children or descendants or relations by blood; the idea of a man born a magistrate, lawgiver, or judge is absurd and unnatural".

tades colectivas. El republicanismo revolucionario no puede comprenderse sin la herencia del republicanismo municipal de la monarquía católica. En este sentido, es el continuador de una ideología real ampliamente difundida y antigua. Pero le añade a este legado, y lo corrige, al asociarlo con nuevas tendencias políticas y con un universo moral, incluso estético, diferente de lo que fue la monarquía española[35]. La república de los constituyentes de Tierra Firme fue en efecto asociada a la esperanza de una regeneración individual y colectiva gracias al reconocimiento de los Derechos del Hombre y del Ciudadano. Éstos, al contrario de lo que pasaba en Cádiz al mismo tiempo, fueron reconocidos en la región como el fundamento jurídico de todo el edificio constitucional.

El lugar central otorgado a los derechos naturales modernos, a la idea de seguridad, libertad e igualdad *individual* que propagaban, manifestaba la voluntad de recomponer el orden social sobre bases diferentes a la transmisión hereditaria de las dignidades y de la indignidad. La idea de la pureza de sangre, sobre la cual se conformaban las jerarquías sociales, fue entonces abandonada jurídicamente, en parte porque parecía injusta pero también con el fin de incorporar al pueblo, en su mayor parte mestizo, a la revolución de los derechos y responder así a sus demandas. Muchos pardos, en Cartagena por ejemplo, hicieron presión, en la facción liderada por los hermanos Gutiérrez de Piñeres, para que se adoptara una ciudadanía igualitaria, sin distinción de colores, en la cual los derechos ya no estarían vinculados a la "raza". Las élites intelectuales, políticas o económicas, no monopolizaron el proceso de creación de las primeras Constituciones[36]. La importancia de los Derechos del Hombre también explica la temprana adopción del republicanismo. Ciertamente el criterio de propiedad se volvió esencial para distinguir a quienes podían votar o ser elegibles: la abolición de la esclavitud se volvía imposible. Pero la ciudadanía, de hecho, le fue reconocida a todos los hombres libres y fue un paso gigantesco encaminado a la destrucción de la sociedad antigua, aunque los prejuicios prevalecieron, ya que los esclavos y las mujeres no se beneficiaron con la igualación constitucional sino después de mucho tiempo.

El gran florecimiento constitucional que hubo en Tierra Firme en el curso de los combates por la independencia tuvo un carácter único en el mundo hispánico. La precocidad y la variedad de las Constituciones ya es de

[35] Lomné (2003).
[36] Véanse Múnera (1998), Lasso (2007) y Helg (2004).

por sí un hecho notable. Pero más sorprendente fue su dimensión republicana, federalista e *iusnaturalista*, que era heredera de una reflexión atlántica, iniciada por las Luces, sobre el reconocimiento de los derechos naturales —seguridad, libertad y propiedad— en el estado civil. Las Provincias Unidas de Venezuela y de la Nueva Granada figuraron entre las primeras repúblicas, después de los Estados Unidos, Francia y Haití, en basar las normas constitucionales en el *iusnaturalismo* moderno. Sin embargo, el rompimiento con la herencia de la monarquía católica así como con la revolución liberal española fue menos radical de lo que sugieren las normas constitucionales. La adopción de los lenguajes atlánticos del republicanismo, del federalismo y del *iusnaturalismo* por los constituyentes de Nueva Granada demuestra en efecto la voluntad de adaptar los privilegios de los pueblos y su gobierno jurisdiccional al concepto liberal de la libertad, y el régimen con el ordenamiento corporativo de la sociedad. Los constituyentes esperaban de esta forma evitar la violencia revolucionaria y llevar a cabo una "revolución feliz" de los derechos. Pero conviene agregar que si la Tierra Firme tuvo el proceso constitucional más precoz y más fecundo, también fue allí donde tuvo lugar la guerra más sangrienta en una paradoja aparente que convendría comprender mejor.

BIBLIOGRAFÍA

ADAMS, John (1787): *A Defence of the Constitutions of Government of the United States of America*. London: C. Dilly.

ARCHIVO NARIÑO (1990): Bogotá: Presidencia de la República.

ARGOS AMERICANO.

ARGOS DE LA NUEVA GRANADA.

AVISO AL PÚBLICO.

BRISSOT DE WARVILLE, Jacques-Pierre (1791): *Nouveau voyage dans les Etats-Unis de l'Amérique septentrionale, fait en 1788*. Paris: Buisson.

CALDERÓN, María Teresa y CLÉMENT, Thibaud (2010): *La majestad de los Pueblos en la Nueva Granada y Venezuela*. Bogotá: Taurus.

CHARTIER, Roger (1992): *Les origines culturelles dela Révolution française*. Paris: Le Seuil.

A. DESTUTT DE TRACY (1811): *A commentary and review of Montesquieu's Spirit of laws: prepared for press from the original manuscript, in the hands of the publisher to which are annexed Observations on the thirty-first [!]*. Philadelphia: Printed by William Duane n° 98 Market Street, 1811.

GARRIGA, Carlos (dir.) (2010): *Historia y constitución: trayectos del constitucionalismo hispano*. México: Centro de Investigación y de Docencia Económica.

GARRIGA, Carlos y LORENTE, Marta (2007): *Cádiz, 1812: la constitución jurisdiccional.* Madrid: Centro de Estudios Políticos y Constitucionales.

GÓMEZ HOYOS, Rafael (1962 y 1982): *La revolución granadina de 1810. Ideario de una generación y de una época (1781-1821).* Bogotá: Temis/Instituto Colombiano de Cultura Hispánica, 2 vols.

GÓMEZ PERNÍA, Alejandro (2010): *Le syndrome de Saint-Domingue. Perceptions et représentations de la Révolution haïtienne dans le Monde Atlantique, 1790-1886.* Paris: Thèse de l'Ecole des Hautes Etudes en Sciences Sociales.

— (2004): *Fidelidad bajo el viento: revolución y contrarrevolución en las Antillas Francesas en la experiencia de algunos oficiales franceses emigrados a tierra firme (1790-1795).* México: Siglo XXI Ediciones.

GUERRA, François-Xavier (1992): *Modernidad e independencias. Ensayos sobre las revoluciones hispánicas.* Madrid: Mapfre.

GUTIÉRREZ ARDILA, Daniel (2009): "Les pactes sociaux de la révolution néo-grenadine, 1808-1816", en Morelli, F.; Thibaud, C.; Verdo, G. (dirs.): *Les Empires atlantiques des Lumières au libéralisme.* Rennes: Presses Universitaires de Rennes.

— (2010): *Un Nuevo Reino. Geografía política, pactismo y diplomacia durante el interregno en Nueva Granada (1808-1816).* Bogotá: Universidad Externado de Colombia/CEHIS.

— (ed.) (2010): *Las asambleas constituyentes de la independencia: actas de Cundinamarca y Antioquia, 1811-1812.* Bogotá: Universidad Externado de Colombia.

HALPERÍN DONGHI, Tulio (1961): *Tradición política española e ideología revolucionaria de Mayo.* Buenos Aires: Centro Editor de América Latina.

HELG, Aline (2004): *Liberty and equality in Caribbean Colombia, 1770-1835.* Chapel Hill: University of North Carolina Press.

HERRERA ÁNGEL, Marta (2002): *Ordenar para controlar. Ordenamiento espacial y control político en las llanuras del Caribe y en los Andes centrales neogranadinos. Siglo XVIII.* Bogotá: Instituto Colombiano de Antropología e Historia/Academia Colombiana de Historia.

LASSO, Marixa (2007): *Myths of harmony: race and republicanism during the age of revolution, Colombia 1795-1831.* Pittsburgh: University of Pittsburgh Press.

LEAL CURIEL, Carole (ed.) (2011): *Libro de Actas del Supremo Congreso de Venezuela 1811-1812.* Caracas: Academia Nacional de la Historia.

LOMNÉ, Georges (2003): *Le lis et la grenade: mise en scène et mutation imaginaire de la souveraineté à Quito et Santafé de Bogotá (1789-1830).* Tesis de doctorado de la Universidad de Marne-la-Vallée.

MARQUARDT, Bernd (2009): *Constitutional Documents of Colombia and Panama 1793-1853.* Göttingen: Walter de Gruyter.

MARTÍNEZ GARNICA, Armando (1998): *El legado de la Patria Boba.* Bucaramanga: Universidad Industrial de Santander.

— (2007): "La reasunción de la soberanía por las juntas de notables en el Nuevo Reino de Granada", en Chust, M. (coord.): *1808. La eclosión juntera en el mundo hispano.* México: El Colegio de México/Fondo de Cultura Económica.

MONTESQUIEU, Charles de Secondat, barón de (1748): *El espíritu de las leyes*. Paris: s. e.

MÚNERA, Alfonso (1998): *El fracaso de la nación: región, clase y raza en el Caribe colombiano (1717-1821)*. Bogotá: Banco de la República.

NIETO OLARTE, Mauricio (2007): *Orden natural y orden social. Ciencia y política en el Semanario del Nuevo Reino de Granada*. Bogotá: Uniandes.

ORTEGA, Francisco (en prensa): "Early Latin American Constitutions (1809-1814)".

PHELAN, John Leddy (2011): *The People and the King: the Comunero revolution in Colombia, 1781*. Madison: University of Wisconsin Press.

POMBO, Manuel Antonio y GUERRA, José Joaquín (1986): *Constituciones de Colombia*. Bogotá: Banco Popular, 4 vols.

POMBO, Miguel de (1811): *Constitución de los Estados Unidos de América según se propuso por la convención tenida en Filadelfia el 17 de septiembre de 1787...*, Bogotá: En la Imprenta Patriótica de D. Nicolás Calvo.

PORTILLO VALDÉS, José María (2000): *Revolución de nación. Orígenes de la cultura constitucional en España, 1780-1812*. Madrid: Boletín Oficial del Estado/Centro de Estudios Políticos y Constitucionales.

— (2006): *Crisis atlántica: autonomía e independencia en la crisis de la Monarquía hispana*. Madrid: Marcial Pons/Fundación Carolina.

RAYNAL, Guillaume-Thomas (1770): *Histoire philosophique et politique des établissemens & du commerce des européens dans les deux Indes*. Amsterdam: s. e., 6 vols.

RESTREPO PIEDRAHITA, Carlos (1979): *Constituciones de la primera república liberal*. Bogotá: Universidad Externado de Colombia, 4 vols.

SAETHER, Steiner (2002): *Identidad cultural e independencia de Santa Marta y Riohacha 1750-1850*. Bogotá: Instituto Colombiano de Antropología e Historia.

SILVA, Renán (2002): *Los ilustrados de Nueva Granada, 1760-1808: genealogía de una comunidad de interpretación*. Medellín: Banco de la República/Universidad Eafit.

Sobre la admisión en el Congreso del Representante de Sogamoso, Santafé de Bogotá, 1811.

THIBAUD, Clément (2009): "De l'Empire aux Etats. Le fédéralisme en Nouvelle-Grenade (1780-1853)", en *Les empires atlantiques entre Lumières et libéralisme (1763-1865)*. Rennes: Presses Universitaires de Rennes.

— (2010): "Les déclarations des Droits de l'Homme dans le premier constitutionnalisme néo-grenadin et hispano-américain (1808-1825)", versión preliminar en: <http://www.spidh.org/fr/le-secretariat/nos-actions/actions-locales-2009/vendredi-19-juin-2009/index.html>.

— (2010): "La coyuntura de 1810 en Tierra Firme: confederaciones, constituciones, repúblicas", en *Historia y Política* n° 24.

URIBE VARGAS, Diego (1977): *Las constituciones de Colombia*. Madrid: Ediciones Cultura Hispánica.

URUEÑA, Jaime (2004): *Bolívar republicano*. Bogotá: Ediciones Aurora.

— (2007): *Nariño, Torres y la Revolución francesa*. Bogotá: Ediciones Aurora.

VANEGAS, Isidro (ed.). (2010): *Plenitud y disolución del poder monárquico en la Nueva Granada. Documentos 1807-1819*. Bucaramanga: Universidad Industrial de Santander.

— (2011): "La Constitución de Cundinamarca: primera del mundo hispánico",en *Historia constitucional* n° 12.

VATTEL, Emer de (1758): *Le droit des gens ou Principes de la loi naturelle appliqués à la conduite et aux affaires des Nations et des Souverains*. Londres (Neuchâtel), 2 vols.

DOS PROYECTOS: UN SOLO TERRITORIO. CONSTITUCIONALISMO, SOBERANÍA Y REPRESENTACIÓN. VENEZUELA 1808-1821

Inés Quintero
Universidad Central de Venezuela/Academia Nacional de la Historia
Ángel Rafael Almarza
Universidad Simón Bolívar/Universidad Nacional Autónoma de México

INTRODUCCIÓN

En la mayoría de los países de América Latina, los autores que se ocuparon inicialmente de estudiar la historia constitucional de las nacientes repúblicas, lo hicieron de manera descriptiva, a fin de presentar los contenidos esenciales de las primeras propuestas constitucionales americanas. En el caso de Venezuela, la obra clásica y pionera fue la *Historia Constitucional de Venezuela*, escrita por José Gil Fortoul, cuya primera edición es de 1906. De acuerdo a este autor, las primeras Constituciones de Venezuela se vieron influenciadas directamente por la Carta Magna de los Estados Unidos y por las doctrinas de la Revolución Francesa. Estas dos afirmaciones se han mantenido en los textos de Historia hasta tiempos bastante recientes.

Ocurrió también que, durante mucho tiempo, la historiografía venezolana sobre la independencia no le prestó atención a los aspectos relacionados con el ejercicio de la soberanía y la práctica de la representación; tampoco hubo ningún acercamiento que estableciese algún vínculo entre los debates que se suscitaron en la península sobre estos temas y las distintas maneras en que se manifestaron en las provincias de la Capitanía General de Venezuela; la omisión también se expresó respecto a las elecciones convocadas desde la Península para la formación de la Junta Central y Gubernativa de España y para la reunión de las Cortes; mucho menos fue materia de interés la adopción o rechazo de la Constitución Política de la Monarquía sancionada en Cádiz en 1812.

La tendencia que privó, en el caso de Venezuela, fue atender el proceso que dio lugar a la creación de la república destacando el establecimiento de la Junta Suprema de Caracas del 19 de abril de 1810 como el primer paso hacia la independencia, seguido por su sanción definitiva el 5 de julio de 1811. Este discurso deja ver, entre otras cosas, que la independencia fue un proceso endógeno, venezolano, sin conexiones con el mundo hispánico y en el cual fue fundamental la presencia de un puñado de héroes, capaces de culminar la ardua empresa de romper el yugo del despotismo español.

En las últimas décadas, esta homogénea y generalizada mirada se ha modificado como consecuencia de una amplia gama de investigaciones que han dado cuenta de la diversidad y complejidad de experiencias y respuestas que suscitó la crisis de la monarquía en las provincias que formaban parte de la Capitanía General de Venezuela. En ello ha sido determinante el desarrollo de las historiografías regionales, lo cual ha permitido destacar la especificidad de los procesos ocurridos fuera de la provincia de Caracas, por mucho tiempo escenario único del inicio y desenvolvimiento de la independencia; también ha influido en ello la incorporación de nuevos problemas, como el de la soberanía, la representación, las elecciones, la cultura y los lenguajes políticos, lo cual ha permitido advertir las cercanías y distancias que se produjeron en el diverso espacio político de la monarquía española de uno y otro lado del Atlántico[1].

LEALTAD Y CONTINUIDAD MONÁRQUICA

En 1808, cuando en Caracas se tuvo noticia de los sucesos ocurridos en la Península, la respuesta fue de lealtad a la monarquía y de rechazo al ejército invasor de los franceses. El 16 de julio llegaron los oficios anunciado las abdicaciones de Bayona, se recibieron las noticias del alzamiento popular del 2 de mayo en Madrid y se realizó la jura del rey. Todo el mismo día.

[1] Quintero (2007).

A partir de ese momento, en diferentes lugares de la provincia, hubo tensas y divergentes posiciones respecto al alcance de los sucesos ocurridos en la Península y de qué manera debía atenderse la emergencia. Es precisamente en este escenario donde surgió la discusión que marcará los años por venir. ¿Sobre quién recae la soberanía en ausencia del rey? fue la pregunta que se hicieron los súbditos de ambos lados del Atlántico. En una de las diferentes reuniones convocadas en Caracas por el capitán general, a solicitud del Ayuntamiento capitalino, se discutió el problema y hubo disparidad de opiniones. Unos consideraron que debían asumirse los oficios provenientes de Madrid y reconocer a las nuevas autoridades; otro grupo estimaba que el vacío generado por la prisión de los reyes debía resolverse con la formación de juntas depositarias de la soberanía hasta el restablecimiento en el trono del legítimo rey Fernando VII. Finalmente la decisión fue no alterar "la forma de gobierno ni el reinado del Señor Don Fernando VII en estas provincias"[2]. Y así se publicó en bando firmado por el capitán general.

La discusión sobre el tema no terminó allí. El debate se mantuvo abierto y, en la ciudad de Caracas, durante los siguientes días, corrieron todo tipo de rumores. Ante el clima que imperaba en la capital, el capitán general le solicitó al Ayuntamiento, el 27 de julio, la elaboración de un proyecto de junta a "ejemplo de la de Sevilla"[3]. Dos días más tarde, estaba concluida la propuesta, la junta estaría presidida por el capitán general e integrada por 18 vocales, tomando como modelo el documento constitutivo de la Junta de Sevilla[4].

A pesar de la buena disposición del Ayuntamiento, el proyecto de junta no prosperó. El 3 de agosto llegó a Caracas el comisionado de la Junta de Sevilla, solicitando la sujeción a su soberana autoridad y confirmando en sus empleos a todas las autoridades de la provincia. Consultada la Real Audiencia de Caracas, la decisión fue admitir la solicitud del representante de Sevilla, aun cuando los miembros del cabildo objetaron el carácter de autoridad soberana que se adjudicaba la mencionada junta.

El reconocimiento de la Junta de Sevilla no tranquilizó los ánimos ni disipó el ambiente de incertidumbre generado por las noticias provenientes de la Península. En las siguientes semanas se realizaron numerosas reuniones donde el debate era el mismo: sobre quién recaía la soberanía en ausencia del rey, y si era legítimo el reconocimiento de la Junta de Sevilla como máxima autoridad de España e Indias.

[2] Blanco y Azpúrua (1977, t. II: 168).
[3] Blanco y Azpúrua (1977, t. II: 170-171).
[4] Blanco y Azpúrua (1977, t. II: 172-174).

En noviembre de ese año, un representativo grupo de vecinos principales retomaron la propuesta de constituir una junta y redactaron una representación en la cual solicitaban al capitán general su constitución. El documento fue presentado el 24 de noviembre con el respaldo de 45 firmas. Esta representación seguía de cerca el contenido de las proclamas y pronunciamientos de las juntas peninsulares. Para los firmantes, era un manifiesto de lealtad a la monarquía[5].

No obstante, la respuesta de las autoridades fue rechazar la iniciativa, abrir causa y someter a prisión a los firmantes del documento. A los pocos meses, el 20 de abril de 1809, los fiscales de la Real Audiencia emitieron un fallo absolviendo a los involucrados en el incidente y, el 6 de mayo, el máximo tribunal aceptó el dictamen; se disipó entonces el ambiente de tensión generado por el episodio juntista[6]. Para el momento del fallo, ya habían llegado a Caracas los pliegos comunicando la instalación de la Junta Suprema Central y Gubernativa de España e Indias ordenando el reconocimiento de su Autoridad Soberana en ausencia del rey. Inmediatamente se procedió a su reconocimiento, con repique general de campanas, tres noches de iluminación, *Te Deum* en la Iglesia Metropolitana, en medio del "gozoso entusiasmo en todas las clases"[7].

En los primeros días de abril de 1809 se recibió y publicó en la *Gaceta de Caracas* el decreto de la Junta Suprema Central del 29 de enero en el cual declaraba "parte esencial e integrante de la monarquía española" a las provincias americanas y las convocaba "a constituir parte de la Junta Central" por medio de la elección de sus diputados quienes estarían dotados de instrucciones de los Ayuntamientos principales para el ejercicio de su representación[8]. Esta convocatoria significó una indiscutible novedad en la América española. Al mismo tiempo que se protestaba por las limitaciones de la convocatoria, se puso en marcha la primera experiencia electoral que movilizó a los sectores más influyentes del Nuevo Mundo desde principios de 1809 hasta inicios del siguiente. El sistema electoral estaba confiado a los Ayuntamientos de las capitales de provincia como representantes de la región, en términos tradicionales de la representación política[9].

---

[5] *Conjuración de 1808 en Caracas para formar una Junta Suprema Gubernativa (Documentos Completos)*, 1968, t. I, p. 112.

[6] Quintero (2002).

[7] *Gaceta de Caracas*, 20 de enero de 1809.

[8] *Gaceta de Caracas*, 14 de abril de 1809.

[9] Martínez y Almarza (2008).

A los pocos días de la llegada de las primeras comunicaciones de la Junta Suprema Central a Caracas, las autoridades provinciales celebraron la decisión[10]. El Ayuntamiento de la capital y el gobernador de la provincia de Venezuela fueron los encargados de remitir la información a las capitales de las provincias que integraban la Capitanía General de Venezuela, a fin de que realizaran las elecciones del diputado que los representaría en la Junta Suprema Central[11]. En todas partes las manifestaciones fueron de salutación y apoyo a la convocatoria.

Las elecciones se realizaron entre los meses de mayo y junio de 1809. El 20 de junio se procedió a la elección del diputado que representaría a la Capitanía General de Venezuela, resultando favorecido Joaquín de Mosquera y Figueroa[12]. Este americano, oriundo de Popayán, había llegado a Venezuela en 1804 y como autoridad de la Real Audiencia tuvo a su cargo la dirección de la causa que se le siguió a los firmantes de la representación de 1808. Los reparos a la elección de Joaquín Mosquera no se hicieron esperar. Desde Caracas, un grupo de regidores manifestó sus reservas frente al diputado electo, no solamente por su actuación en los sucesos de 1808, sino también porque no era natural de la provincia. Otro grupo también de la capital solicitó la nulidad de la elección por "viciosa, injuriosa y perjudicial en sus consecuencias"[13]. También hubo protestas contra el procedimiento porque no se había convocado a los cabildos de las capitales de provincia. Sin embargo, las impugnaciones contra Mosquera no afectaron el interés que suscitó la convocatoria. El cabildo de Valencia, por ejemplo, el 29 de julio de 1809, ordenó la preparación de una instrucción acerca de "los objetos e intereses nacionales" para que se incluyera en el informe que le sería entregado al diputado electo; de la misma manera respondieron otras ciudades y capitales de provincia[14].

Finalmente, en los primeros días de octubre, el Consejo de Indias declaró nula la elección de Mosquera por no ser éste natural de las provincias de Venezuela. Al llegar la notificación a Caracas, el cabildo designó a Martín Tovar

---

[10] *Gaceta de Caracas*, 7 de abril de 1809.

[11] "Copia del acuerdo del ayuntamiento de Caracas relativo a la elección de individuos que entren en suerte para nombrar un diputado con voto en la Suprema Junta Central", en: Archivo General de la Nación de Venezuela. *Gobernación y Capitanía General*, t. CCIII, f. 224-224 vto.

[12] *Gaceta de Caracas*, 30 de junio de 1809.

[13] Albornoz de López (1987: 244).

[14] Martínez y Almarza (2008).

Ponte e Isidoro López Méndez para que organizaran la nueva elección y recogieran las instrucciones del diputado que representaría a la provincia ante la Junta Central, en sustitución de Mosquera. El anuncio de la convocatoria apareció en la *Gaceta de Caracas* el 25 de febrero de 1810, y la elección se realizó el 11 de abril, resultando electo Martín Tovar Ponte, alcalde segundo del cabildo de Caracas, criollo de prosapia y distinción, hacendado y comerciante.

Hasta este momento, abril de 1810, el proceso transcurre de acuerdo a los referentes políticos y normativas electorales provenientes de la Península, en un escenario de lealtad y continuidad política respecto al orden de la monarquía. Las comunicaciones, instrucciones y convocatorias emanadas de las autoridades monárquicas se atendieron de manera rigurosa, aun cuando suscitaron interesantes y delicadas polémicas entre los sectores más influyentes de la sociedad y las autoridades provinciales. Las reuniones y tertulias dieron lugar al surgimiento de diferentes maneras de interpretar los acontecimientos y también a que se plantearan posiciones encontradas respecto a cómo responder ante la crisis de la monarquía. Las comunicaciones eran accidentadas; los rumores respecto al control del territorio por las tropas francesas se hacían cada vez más insistentes y, al mismo tiempo, crecía la inquietud entre los criollos y se hacían más firmes sus aspiraciones de asumir el control político de la región. Todo ello influyó de manera decisiva en los sucesos posteriores.

Juntismo, representación y ruptura de la continuidad política

Mientras se lleva a cabo la elección del nuevo diputado para la Junta Central, es publicado el 16 de marzo de 1810 en la *Gaceta de Caracas* el primer anuncio sobre la reunión de las Cortes y en entregas sucesivas la instrucción que debía observarse para la elección de los diputados americanos propietarios y suplentes. En esta ocasión no hubo comentarios ni reparos a los términos de la convocatoria[15].

En los primeros días de abril se intensificó la incertidumbre por la ausencia de noticias provenientes de España. Finalmente, el 17 de abril, llegaron los informes sobre la toma de Andalucía por los franceses, la disolución de la Junta Central y la formación de un Consejo de Regencia, todo ello en las primeras semanas de 1810. La noche siguiente, un grupo de capitulares convocó al capitán general Vicente Emparan a una reunión extraordinaria del

---

[15] *Gaceta de Caracas*, 16 y 30 de marzo; 6 y 13 de abril de 1810.

cabildo que se realizó el 19 de abril de 1810 y concluyó con el establecimiento de una Junta Suprema Conservadora de los Derechos de Fernando VII, la destitución de las principales autoridades de la provincia, el desconocimiento de la Regencia y el rechazo a la convocatoria y reunión de las Cortes.

La situación se planteaba en los mismos términos que en 1808: disuelta la Junta Suprema Central la soberanía recaía en la nación, por tanto no podía arrogarse la Regencia la representación nacional. A lo cual se añadía el hecho de haber sido declarados parte integrante de la monarquía y como tales convocados "al ejercicio de la soberanía interina, y a la reforma de la constitución nacional"[16]. Todos los documentos de la junta caraqueña insisten en la misma argumentación. Al día siguiente de su instalación emite una proclama en la cual se condena a la Regencia por no reunir "el voto general de la Nación"[17]. El 3 de mayo dirige una comunicación a la Junta Superior de Gobierno de Cádiz[18] y otra a la Regencia en las que reitera su decisión de no tributarle obediencia a las "diversas corporaciones que substituyéndose indefinidamente unas a otras solo se asemejan en atribuirse todas una delegación de la Soberanía"[19].

Cada una de estas comunicaciones se reproduce en la *Gaceta de Caracas* con el propósito de informar y difundir los argumentos sobre los cuales se fundamenta la legitimidad de su actuación. Con esta misma finalidad se publica un extenso artículo bajo el título "Vicios legales de la Regencia" en el cual se procura demostrar que la conformación de la Regencia no se ajustaba a las leyes del reino respecto al modo de suplir la ausencia del monarca[20]. En este mismo artículo se aclara la posición del nuevo gobierno respecto a la convocatoria y reunión de las Cortes Generales y se hace explícita la crítica a la escasa representación de las provincias americanas, argumento éste que marcaría la discusión en los meses siguientes y durante los debates de las Cortes[21]. Cuando se tienen noticias sobre la instalación de las Cortes, a finales de 1810, se publica un artículo que las califica como un nuevo fantasma de gobierno y enumera las inconsistencias y el amañado contexto en el cual se dio la "milagrosa aparición" de las Cortes[22].

---

[16] Ídem, 27 de abril de 1810.
[17] Ibídem.
[18] Ídem, 11 de mayo de 1810.
[19] Ídem, 25 de mayo de 1810.
[20] Ídem, 22 de junio; 29 de junio y 6 de julio de 1810.
[21] Ídem, 11 de mayo de 1810.
[22] Ídem, 25 de diciembre de 1810.

Para ese momento ya habían ocurrido los primeros enfrentamientos armados entre la junta caraqueña y las provincias leales al Consejo de Regencia –Maracaibo y Guayana– coordinados desde la ciudad de Coro cuando, desde Puerto Rico, se hacían preparativos para enviar una fuerza armada que sometiese a los llamados *insurgentes*, previo a una declaración de bloqueo de las costas de Venezuela. A comienzos de 1811, la velocidad de los acontecimientos y las posiciones tomadas por cada una de las partes dejan ver una clara tendencia hacia un distanciamiento definitivo entre las autoridades caraqueñas y Cádiz.

A principios de 1811, llega a Caracas el capitán Feliciano Montenegro, comisionado por las Cortes Generales para negociar con las autoridades capitalinas "el reconocimiento y la unión a la causa común". Entre sus documentos estaba una carta de los diputados suplentes de la Provincia de Venezuela, Esteban Palacios y Fermín Clemente dirigida al Ayuntamiento caraqueño con la finalidad de dar a conocer su condición de representantes ante las Cortes. En esta comunicación solicitan el envío de instrucciones, mientras se realizaba la elección de los diputados propietarios[23]. La respuesta de las autoridades se publica en el mismo número de la *Gaceta de Caracas* bajo el título "Rara Misión", se desconoce el nombramiento de ambos diputados, se considera un agravio contra "el criterio político del pueblo ilustrado de Venezuela" que no se les hubiese consultado y se califica la iniciativa de las Cortes como un "¡Raro modo de conciliación!". En la comunicación oficial de respuesta a la carta de los diputados se insiste una vez más en la ilegitimidad de las Cortes y se reitera la negativa de participar en sus deliberaciones[24].

La decisión política sostenida por la Junta Suprema Conservadora de los Derechos de Fernando VII desde su creación en abril de 1810 fue la misma: en su condición de depositaria de la soberanía, no reconocería ninguna autoridad que no fuese Fernando VII, único y legítimo rey de España e Indias. Desde sus primeras proclamas anuncia su resolución de convocar a todas las provincias a formar parte en el ejercicio de la *Suprema Autoridad* y les solicita la designación de un representante. El 4 de mayo se publica un anuncio en la *Gaceta de Caracas* insistiendo en el carácter provisional del nuevo gobierno hasta tanto "las provincias reunidas y representadas legalmente constituyan un gobierno conforme a la voluntad general del pueblo de Venezuela".

---

[23] Ídem, 29 de enero de 1810.
[24] Ídem, 5 de febrero de 1811.

En este escenario, y como reseñamos anteriormente, las elecciones no constituyen un proceso novedoso si se tiene en cuenta que la monarquía contemplaba la designación de miembros del cabildo a través de mecanismos electivos, y que en 1809 y a principios de 1810, ya se habían realizado elecciones en cumplimiento de la Real Orden del 22 de enero de 1809 para designar representantes a la Junta Suprema Central de España e Indias. Sin embargo, la dimensión y alcance que asumieron las elecciones, luego de los sucesos de Caracas en abril de 1810, estuvieron lejos de compararse con los reglamentos y ejecuciones propiciados por la monarquía, no solamente como mecanismo de legitimación política, sino como elemento de ruptura con la práctica y fundamentos de la representación política de la sociedad antigua.

La importancia del reglamento electoral y del proceso que se lleva a cabo para elegir a los diputados que formarían el Cuerpo Conservador de los Derechos de Fernando VII en Venezuela radica en que, si bien se retoman mecanismos y elementos de la tradición política y de las experiencias anteriores (Junta de Bayona de 1808, Junta Central de 1809 y la convocatoria a Cortes Generales de 1810), el contexto en el que ocurren, la complejidad, amplitud, alcances y términos de la convocatoria, así como los efectos que produjeron se revelan completamente nuevos.

Las elecciones celebradas entre la segunda mitad de 1810 y principios del siguiente año en los territorios que se sumaron a la iniciativa de Caracas, se hicieron en un contexto de ruptura con la metrópoli y con consecuencias devastadoras para el orden establecido. Planteamientos como la retroversión de la soberanía, soberanía del pueblo, libertad e igualdad, así como una justa representación en las instancias de poder, fueron invocados para legitimar los acontecimientos y acreditar la ejecución de procedimientos electorales capaces de reemplazar la ausencia de la autoridad. El aprendizaje de esta experiencia electoral constituye un punto de ruptura en la historia de Venezuela[25].

---

[25] El establecimiento de la Junta Suprema Conservadora de los Derechos de Fernando VII el 19 de abril de 1810 en Caracas desencadenó la instalación de juntas provinciales y pronunciamientos de adhesión y lealtad. Esta coyuntura de receptividad y entusiasmo, así como la exigencia de algunas juntas superiores provinciales (Barinas, Cumaná y Margarita) por obtener mayor participación en el poder obligó a la máxima autoridad caraqueña a buscar un mecanismo que permitiera obtener una representación proporcional de los territorios que siguieron la causa. La respuesta la proporcionó Juan Germán Roscio dos meses después (11 de junio de 1810). La innovación más importante fue la convocatoria a un proceso electoral de segundo grado para el que fueron llamados a ejercer el voto todos "los hombres libres", dejando de lado la convocatoria por corpora-

El reglamento contemplaba la realización de elecciones en todos los pueblos, villas y ciudades de la Capitanía General de Venezuela; la fijación del número de representantes se haría tomando en consideración la totalidad de sus pobladores a través de la realización de un censo general especificando calidad, oficio y condición de sus habitantes, a fin de establecer quiénes serían los electores. Sólo tendrían esta condición los varones que tuviesen casa abierta o poblada, no viviesen a expensas de otro, y poseyesen por lo menos dos mil pesos en bienes inmuebles o raíces libres[26]. Esta fórmula de carácter censitario reducía el universo de electores que podían participar, pero constituía una transformación respecto a las formas políticas anteriores. Desde agosto de 1810 hasta principios del siguiente año se llevaron a cabo elecciones en los más distantes rincones de las provincias y sus resultados se publicaron en la *Gaceta de Caracas* regularmente.

El 2 de marzo de 1811 se instaló en Caracas el Congreso General de Venezuela, integrado por los diputados electos mediante el procedimiento ya descrito. A partir de ese momento la Junta fue disuelta y este cuerpo se constituyó en depositario de la soberanía y de la representación nacional. El acto fue anunciado como el día en el cual se había sancionado irrevocablemente el destino de Venezuela, considerando la reunión como "las primeras Cortes que ha visto la América, más libres, más legítimas y más populares que las que se han fraguado en el otro hemisferio para alucinar y seguir encadenando la América"[27]. Luego de intensos debates, estas primeras cortes americanas declararon la independencia absoluta de España y de cualquier dominación extranjera el 5 de julio de 1811 y sancionaron la Constitución Federal de Venezuela en diciembre de ese mismo año, meses antes de que fuese aprobada la Constitución de Cádiz.

Mientras esto ocurría en las provincias que siguieron las directrices del gobierno de Caracas, la situación en las ciudades y provincias que se mantuvieron leales a la Regencia fue absolutamente diferente. En Maracaibo, el 11 de febrero de 1811, fue elegido como diputado propietario a las Cortes José Domingo Rus, un miembro de la élite local, quien viajó a Cádiz, defendió las aspiraciones autonomistas de su provincia natal y tuvo activa participación en la asamblea gaditana. La provincia de Guayana y la ciudad de Coro, no eligieron diputados, sin embargo enviaron comisionados ante las Cortes a fin de solicitar el derecho a tener representación.

ciones, cabezas de partido o ciudades con derecho a voto en las Cortes, realizadas con anterioridad.

[26] *Gaceta de Caracas*, 15 y 22 de junio y 13 de julio de 1810.
[27] *Gaceta de Caracas*, 5 de marzo de 1811.

CONVIVENCIA DE PROYECTOS Y TENSIONES POLÍTICAS

A pesar de los esfuerzos realizados, el gobierno constitucional no duró mucho tiempo. En abril de 1812 se disolvió el Congreso y otorgó poderes extraordinarios al Poder Ejecutivo. Pocas semanas después el Congreso nombró dictador al general Miranda a fin de que se pusiese al frente del ejército y evitara la disolución de la república. No tuvo éxito. El 25 de julio de 1812 se firmó la capitulación que puso fin al ensayo republicano. En ese mismo momento quedó restaurado el gobierno de la monarquía en los territorios de Venezuela.

El documento firmado entre el capitán de fragata Domingo de Monteverde y el general Francisco de Miranda, contemplaba que todas las provincias pertenecientes a la Capitanía General de Venezuela serían gobernadas "según el sistema que han establecido las cortes españolas"; expresaba además que se respetaría la vida, libertad y propiedades de los *insurgentes* y se liberaría a todos los presos, garantizando el perdón y olvido de lo pasado. A pesar del compromiso, Monteverde no siguió lo acordado en la capitulación, ni atendió lo establecido por la máxima autoridad soberana[28].

El desempeño de Monteverde al tomar el control de la provincia tuvo respuestas desfavorables por parte de altos funcionarios de la monarquía. José Francisco Heredia, oidor regente de la Real Audiencia de Caracas y Pedro de Urquinaona y Pardo, comisionado para la pacificación de la Nueva Granada, emitieron juicios adversos respecto a la manera en que se condujo Monteverde. En los mismos términos se manifestó el arzobispo de Caracas, Narciso Coll y Pratt[29].

Al instalar su cuartel general en Caracas, Monteverde, efectivamente, ordenó la prisión de muchos de los involucrados en la antigua república, se desentendió de lo pautado en la capitulación y desconoció la autoridad del capitán general Miyares, designado como tal en mayo de 1810, luego de la destitución de Emparan, alegando que su autoridad emanaba de la victoria militar obtenida sobre los insurgentes. A pesar de la dualidad de poder, ésta se resolvió a favor de Monteverde cuando la Regencia lo nombró capitán general y gobernador de Venezuela, a finales de noviembre de 1812.

---

[28] Quintero y Almarza (2008).
[29] Cada uno de estos testimonios puede verse en las obras escritas por estos autores: Heredia (1968); Coll y Pratt (1960) y Urquinaona y Pardo (1820).

En los primeros días de agosto de 1812, Monteverde convocó al cabildo de Caracas y se arrogó el derecho de nombrar y juramentar a los nuevos miembros. Antes de finalizar el mes, se recibió en la capital un ejemplar de la Constitución Política de la Monarquía. La decisión del cabildo fue organizar la jura de Fernando VII y proceder a la proclamación y publicación de la nueva Constitución. El primer acto estaba pautado para el 24 de septiembre y el siguiente, para dos días después. Al ser informado el capitán Monteverde de las actividades organizadas, éste remitió un oficio al cabildo dejando sin efecto lo dispuesto por el cuerpo e informándole que su propósito era "levantar por sí el pendón real y proclamar al monarca entre las aclamaciones de las tropas y aplausos del pueblo, sin que en este acto o ceremonia pueda tomar el ayuntamiento otra parte que la de contribuir con tan solo su concurrencia". La resolución obedecía al hecho de corresponderle este derecho "por concedérselo el justo título de haber reducido el país a la debida obediencia"[30].

Las autoridades capitulares rechazaron la pretensión del capitán general argumentando que el cabildo, en representación del pueblo, era a quien le correspondía la ejecución de la tradicional ceremonia, lo cual estaba contemplado en las cédulas y normativas de la monarquía. Las precisiones del cabildo no tuvieron ningún efecto sobre la resolución del jefe militar. Su disposición era "jurar al señor Don Fernando militarmente con sus tropas, lo que notificaba al cuerpo capitular para que evite dirigirle otras actas en orden al asunto"[31]. El desencuentro entre las autoridades mencionadas se resolvió acordando que se haría como establecía la costumbre con una novedad: Monteverde sería "el que tremolase el real pendón por considerarse para ello con el derecho exclusivo de reconquistador y pacificador"[32], decisión que protestó el alférez real.

También, por mandato de Monteverde, se suspendió la proclamación de la Constitución prevista para el 26 de septiembre porque no había "recibido orden directamente en que se prevenga la indicada publicación". Nuevamente el cabildo se dirigió al jefe militar para comunicarle su preocupación y manifestarle se sirviese disponer su publicación a la mayor brevedad.

El 25 de noviembre, el cabildo conoció el informe en el cual se precisaba que el 29 de ese mes el estado militar haría la publicación de la Constitución

---

[30] *Acta del Cabildo de Caracas*, 12 de septiembre de 1812, t. III, p. 152.
[31] Ídem, 14 de septiembre de 1812, t. III, p. 156.
[32] Ídem, 15 de septiembre de 1812, t. III, p. 164.

y, luego, el 5 de diciembre, sería el acto en la capital. Finalmente, la proclamación se hizo en Caracas el 3 de diciembre de 1812, cuatro meses después de haber recibido las autoridades capitalinas el primer ejemplar de la Constitución. Ratificado en el mando por la Regencia y juramentada la Constitución, Monteverde no manifestó apego a la misma, ni estuvo dispuesto a seguir lo pautado por las Cortes Generales.

En una representación que dirigió Monteverde al ministro de Guerra y Marina en enero de 1813 expresó su parecer respecto a la aplicación de la Constitución: "las provincias pacificadas de Venezuela, no pueden alternar con las que han sido fieles al Rey. Estas encuentran su consistencia en su fidelidad y aquellas en su infidencia y su castigo; [...] Caracas y demás que componían su capitanía general, no deben por ahora participar de su beneficio hasta dar pruebas de haber detestado su maldad y bajo este concepto deben ser tratadas por la ley de la conquista"[33].

Mientras esto ocurría en la capital y en otras ciudades afectas a la insurgencia, la Constitución se juró y se aplicó sin inconvenientes en Maracaibo, Guayana y Coro. En las dos primeras se formaron cabildos constitucionales y se establecieron diputaciones provinciales, tal como estaba previsto en la carta gaditana.

Durante los meses de meses de junio y julio el ambiente en Caracas era de profunda incertidumbre ante las alarmantes noticias de los avances de las tropas insurgentes comandadas por Santiago Mariño en el oriente y por Simón Bolívar desde occidente. Un informe del cabildo en su sesión del 19 de julio exponía la amenaza que representaban estas nuevas acciones militares. La situación de emergencia era tal que Monteverde se vio obligado a abandonar la ciudad para salir al encuentro del enemigo[34]. Su preocupación no fue gratuita, dos semanas más tarde, el 7 de agosto de 1813, Bolívar ocupó la ciudad de Caracas, y concluyó de esta manera el mandato de Domingo de Monteverde y por consiguiente el sistema monárquico.

Once meses después de la toma de Caracas, en julio de 1814, nuevamente la Provincia de Venezuela fue recuperada por las fuerzas leales a la monarquía. El 18 de julio se restableció el cabildo de manera provisional, y en el acta de esa sesión se acordó que, cuando el estado de la provincia lo permitiera, sería "observada puntualmente la constitución política de la monarquía"[35]. Para

---

[33] Urquinaona y Pardo (1820: 96-97).
[34] *Acta del Cabildo de Caracas*, 14 de septiembre de 1813, t. III, pp. 385-388.
[35] Ídem, 19 de julio de 1814, t. III, p. 403.

ese momento ya había sido emitido el decreto de Fernando VII con fecha 4 de mayo que abolía la Constitución de Cádiz y disolvía las Cortes Generales. La noticia llegó a Caracas el 26 de agosto y acto seguido se mandó a publicar la restauración del rey al trono.

Restablecida la Constitución de la monarquía a principios de 1820, sucedió un proceso similar al ocurrido entre 1810 y 1814. En las poblaciones que estaban bajo el control de las fuerzas republicanas no se admitió el texto constitucional emanado originalmente de las Cortes Generales de 1812 y, en los lugares sujetos a las autoridades monárquicas, sí se aplicó el citado texto constitucional.

A pesar de las críticas al sistema representativo y la situación de guerra que experimentaba buena parte del territorio perteneciente a la antigua Capitanía General de Venezuela, el principio de una consulta fue aceptado nuevamente a finales del año 1818 con la convocatoria al segundo congreso de Venezuela como mecanismo legitimador de la nueva república. Aunque el desarrollo de la guerra condicionó el desenvolvimiento del proceso electoral y la participación de las provincias de mayor número de habitantes, como la de Caracas, el cuerpo se instaló en la ciudad de Angostura (provincia de Guayana) el 15 de febrero de 1819, sancionó una nueva Constitución el 15 de agosto de ese año y decretó la creación de la República de Colombia, que reunía los territorios de la Nueva Granada, Venezuela y Quito. Los representantes de estas entidades se reunieron en la Villa del Rosario de Cúcuta y aprobaron la carta fundamental el 30 de agosto de 1821.

Por su parte, en las provincias que se encontraban bajo la autoridad de las fuerzas leales a la monarquía, se admitió, juramentó y se comenzó a aplicar nuevamente la Constitución de Cádiz de 1812, hasta que se consolidó el triunfo republicano en junio de 1821 y se logró el control político y militar de todo el territorio, dos años más tarde con la toma de Puerto Cabello.

Esta diversidad de posiciones y prácticas coexistieron en Venezuela durante el complejo proceso que dio lugar al establecimiento definitivo de la república. Los debates suscitados por los partidarios de cada una de las propuestas relacionados al tema de la soberanía, legitimidad y representación política; los procesos electorales que se llevaron a cabo siguiendo los distintos métodos acordados tanto para la Junta Suprema Central de España e Indias en 1809, las Cortes Generales y Extraordinarias de 1810, como para la formación del Congreso de Venezuela; las instrucciones elaboradas a los diputados y comisionados a fin de hacer valer las aspiraciones provinciales ante las Cortes, al igual que las posiciones autonomistas a favor de las provincias expuestas por los diputados del primer congreso de Venezuela; la participación en los debates constitucionales y la puesta en práctica de las normativas y principios sancionados por la Constitución de Venezuela de 1811, las Constituciones Provinciales y la Constitución Política de la Monarquía; las demandas y exigencias cuya finalidad era hacer valer los principios consagrados por la legalidad; las críticas sobre los abusos de poder o violación de los textos constitucionales; las reservas mutuas sobre los alcances y limitaciones de los diferentes proyectos políticos en pugna; todo ello forma parte del intenso y variado universo de referentes y posibilidades que nutrió la cultura política de esos años cuya revisión y análisis siguen demandando la atención de los historiadores.

BIBLIOGRAFÍA

Actas del Cabildo de Caracas (Monárquicas) 1810, 1812-1814 (1979). Caracas: Concejo Municipal del Distrito Federal, tomo III.

ALBORNOZ DE LÓPEZ, Teresa (1987): *La visita de Joaquín Mosquera y Figueroa a la Real Audiencia de Caracas (1804-1809): Conflictos internos y corrupción en la administración de justicia*. Caracas: Academia Nacional de la Historia.

ALMARZA, Ángel Rafael (2007): "Representación en la provincia de Venezuela. Elecciones para la Junta Suprema Central y Gubernativa del Reino en 1809", en *Anuario de Estudios Bolivarianos*, n° 14.

— (2010): "Las elecciones de 1809 en la provincia de Venezuela para la Junta Central Gubernativa de España e Indias", en Ortiz, Juan y Frasquet, Ivana (eds.): *Jaque a la Corona. La cuestión política en las Independencias Iberoamericanas*. Castellón de la Plana: Universitat Jaume I.

BLANCO, José Félix/AZPÚRUA, Ramón (1977): *Documentos para la historia de la vida pública del Libertador*. Caracas: Ediciones de la Presidencia de la República, 15 tomos.

CARDOZO GALUÉ, Germán/MALDONADO, Zulimar (2000): "José Domingo Rus: su actuación como diputado por la provincia de Maracaibo en las Cortes de Cádiz (1812-1814)", en *Ágora*, año 3, n° 4.

COLL Y PRATT, Narciso (1960): *Memoriales sobre la Independencia de Venezuela*. Caracas: Academia Nacional de la Historia.

Conjuración de 1808 en Caracas para formar una Junta Suprema Gubernativa (Documentos Completos) (1968): Caracas: Instituto Panamericano de Geografía e Historia.

Gaceta de Caracas (1983): Caracas: Academia Nacional de la Historia.

GIL FORTOUL, José (1967): *Historia Constitucional de Venezuela*. Madrid: Talleres Eosgraf, 3 tomos.

HEREDIA, José Francisco (1968): *Memorias del Regente Heredia*. Caracas: Academia Nacional de la Historia.

LANGUE, Frédérique (1995): "La representación venezolana en las Cortes de Cádiz: José Domingo Rus", en *Boletín Americanista*, n° 45, Año XXXV.

LEAL C., Carole (2008): "¿Radicales o timoratos? La declaración de la Independencia absoluta como una acción teórica-discursiva (1811)", en *Politeia*, n° 40, vol. 31.

— (2008): "El juntismo caraqueño de 1808: tres lecturas de una misma fidelidad", en Ávila, Alfredo y Pérez Herrero, Pedro (comps.): *Las experiencias de 1808 en Iberoamérica*. México/Alcalá de Henares: Universidad Nacional Autónoma de México, Instituto de Investigaciones Históricas/Universidad de Alcalá, Instituto de Estudios Latinoamericanos.

LOVERA REYES, Elina (2006): *De leales monárquicos a ciudadanos republicanos. Coro 1810-1858*. Caracas: Academia Nacional de la Historia.

MALDONADO, Zulimar (2005): "Las ciudades disidentes durante la independencia de Venezuela: el caso de Maracaibo", en *Revista de Ciencias Sociales*, vol. XI, n° 1.

MARTÍNEZ GARNICA, Armando y ALMARZA, Ángel Rafael (2008): *Instrucciones para los diputados del Nuevo Reino de Granada y Venezuela ante la Junta Central Gubernativa de España y las Indias*. Bucaramanga: Universidad Industrial de Santander.

MEZA, Robinzon (2010): *La política del trienio liberal español y la independencia de Venezuela 1820-1823*. Caracas: Academia Nacional de la Historia.

QUINTERO, Inés (2002): *La Conjura de los Mantuanos: último acto de fidelidad a la Monarquía Española*. Caracas: Universidad Católica Andrés Bello.

— (2006): "Lealtad, representatividad y soberanía en Hispanoamérica (1808-1811)", en Chust, Manuel (coord.): *Doceañismos, constituciones e independencias. La Constitución de 1812 y América*. Madrid: Fundación Mapfre-Instituto de Cultura.

— (2007): "Historiografía e independencia: Venezuela", en Chust, Manuel y Serrano, José Antonio (eds.): *Debates sobre la independencia iberoamericana*. Madrid/Frankfurt: Iberoamericana/Veurvert.

QUINTERO, Inés/ALMARZA, Ángel (2008): "Autoridad militar vs. legalidad constitucional. El debate en torno a la Constitución de Cádiz. (Venezuela 1812-1814)", en *Revista de Indias*, vol. LXVIII, n° 242.

QUINTERO, Inés/MARTÍNEZ GARNICA, Armando (eds.) (2008): *Actas de formación de juntas y declaraciones de independencia (1809-1822), Reales Audiencias de Quito, Caracas y Santa Fe*. Bucaramanga: Universidad Industrial de Santander, 2 tomos.

URQUINAONA Y PARDO, Pedro de (1820): *Relación documentada del origen y progresos del trastorno de las provincias de Venezuela hasta la exoneración del Capitán General Domingo de Monteverde*. Madrid: s. e.

VÁZQUEZ, Belín (1990): "La realidad política de Maracaibo en una época de transición 1799-1830", en *Cuaderno de Historia*, n° 16.

DE UNA AUDIENCIA A MÚLTIPLES ESTADOS: EL PRIMER CONSTITUCIONALISMO ECUATORIANO

Federica Morelli
Università di Torino

El Ecuador representa un caso muy interesante para estudiar el primer constitucionalismo del mundo hispánico. Los documentos constitucionales que se redactan durante la crisis de la monarquía son, en efecto, el resultado evidente de la interacción entre los modelos que proceden de varias experiencias occidentales de la época moderna y los acontecimientos y circunstancias locales. Mientras que en una primera fase se retoma el modelo republicano urbano adaptándolo a un espacio en disgregación, en una fase sucesiva el modelo gaditano parece el más adecuado para responder a la cuestión crucial de la representación del territorio. Aun en este caso, se trata sin embargo de una readaptación del modelo liberal español a un contexto que, a causa de las guerras, se había fragmentado profundamente.

Se trata de un constitucionalismo sin nación, que no se construye sobre un territorio culturalmente homogéneo y espacialmente definido, sino sobre un territorio fragmentado y políticamente indefinido. Nos encontramos así frente a un doble proceso: por un lado, está el intento de la Constitución española de 1812 de construir una nación transatlántica, transformando la monarquía en nación; por el otro, este intento se produce en un contexto de espacios territoriales fragmentados que intentan rearticularse en torno a algunas ciudades y a los acuerdos entre éstas. La constitución sirve en este caso no tanto para fundar un nuevo poder público y legitimar así su ejercicio, sino para reglar y articular fuerzas ya existentes.

Desde esta perspectiva, quizás el ecuatoriano represente uno de los casos más significativos para explicar la complejidad del proceso de formación estatal en territorios que pertenecían a ese gran conjunto político multi–comunitario que era la monarquía española. Aunque el nuevo Estado se forma *grosso modo* en los límites de la antigua Audiencia, el análisis de este período nos muestra que no hay una coincidencia automática entre Audiencia y nación, y que los procesos de articulación de los espacios son mucho más complejos de lo que puedan parecer. Si miramos el proceso que va de la crisis monárquica de 1808 a la incorporación de la Audiencia a la Gran Colombia podemos constatar cómo, a lo largo de estos años, varios y distintos proyectos se entremezclaron; sin embargo, ninguno de ellos preveía la independencia de este conjunto político que será, a partir de 1830, el Ecuador.

EL "ANTIGUO REINO DE QUITO": LA CONSTITUCIÓN HISTÓRICA

Como veremos, el primer constitucionalismo del espacio ecuatoriano no es una respuesta al problema de la soberanía sino al de la fragmentación del territorio. Ninguna de las Constituciones de los primeros treinta años del siglo XIX precisa dónde se ubica la soberanía; al contrario, todas se preocupan de definir el espacio territorial sobre el cual los nuevos poderes tienen vigencia. Esa misma preocupación está en la base del artículo 6 de la primera Constitución de la república ecuatoriana, la de 1830, el cual afirma: "El territorio del Estado comprende los tres departamentos del Ecuador en los límites del antiguo reino de Quito"[1].

Pero, ¿a qué correspondía el antiguo reino de Quito? El mayor problema consistía en la definición de este territorio, porque la delimitación administrativa del espacio americano fue una cuestión compleja, que además no ha sido estudiada sistemáticamente. Sólo el proceso de creación de nuevos virreinatos o audiencias durante el siglo XVIII ha sido seguido con interés por parte de la historiografía; por esta razón, como ha subrayado Horst Pietschmann, no se dispone aún de un atlas histórico de Hispanoamérica que merezca tal nombre[2].

---

[1] Noboa (1898, t. 1: 106).

[2] Sólo existen estudios histórico-geográficos a fondo para el caso de Nueva España; para las otras regiones del imperio español en América es preciso recurrir a un sinnúmero de estudios individuales. Pietschmann (1994: 87).

Además, en el curso de los siglos, y especialmente en el XVIII, el territorio de la Audiencia había sufrido numerosas transformaciones. Hasta 1717 no fue más que una Audiencia *menor*, por cuanto el control político, administrativo y militar era formalmente ejercido por el virrey de Lima. A partir de 1720, en cambio, en el cuadro de la reorganización administrativa del imperio y de la creación del virreinato de Nueva Granada, adquiere el estatuto de Audiencia *mayor*, es decir, se le atribuye el ejercicio de las funciones de gobierno, pasando a ser parte del nuevo virreinato[3]. Sin embargo, la Audiencia estaba muy fragmentada políticamente, dividida en numerosos gobiernos y diócesis que raramente coincidían con los distritos judiciales, con una estructura económica dividida y con sus tendencias regionales divergentes. De hecho, el territorio de la Audiencia había padecido numerosos recortes territoriales entre finales del siglo XVIII y los inicios del XIX: la creación de un nuevo obispado en Cuenca en 1779, que privó a la jurisdicción eclesiástica de Quito de su dominio sobre Guayaquil, Portoviejo, Loja, Zaruma y Alausí; el paso en 1793 de Esmeraldas, Tumaco y La Tola (en la costa septentrional) a la jurisdicción de Popayán por orden del virrey de Nueva Granada; la creación, en 1802, de una nueva diócesis y de un gobierno militar en el Maínas, directamente dependientes de España; y, finalmente, la anexión al virreinato de Perú en 1803 del gobierno de Guayaquil, que escapaba así a las jurisdicciones de Quito y de Santafé[4]. Quito, alrededor de la cual se había estructurado a lo largo de los siglos XVI y XVII el espacio de la Audiencia, perdía así el control eclesiástico, jurídico y financiero sobre algunas de sus principales provincias.

Es evidente que la dificultad en definir físicamente este territorio le atribuye a la noción de "antiguo reino de Quito" una connotación histórica y política que remite esencialmente al "patriotismo criollo"[5]. La contribución que dieron los jesuitas expulsados a esta definición del territorio americano fue fundamental: sus obras, elaboradas como reacción a la polémica europea sobre la naturaleza del Nuevo Mundo[6], recrearon en América una historia antigua similar a la europea. En el caso de la Audiencia de Quito, Juan de Velasco, natural de Riobamba y también jesuita desterrado, presenta la historia del reino como la de una comunidad diferenciada del dominio de Lima y

---

[3] Deler (1987: 165-166).
[4] Véase al respecto, Terán Najas (1988).
[5] Sobre este concepto, véase Brading (1993).
[6] Gerbi (1955).

Santafé. Por ello, en su *Historia del Reino de Quito* (1789), escrita en Faenza, establece en la conquista de los quitus por la nación Cara el momento de formalización de una constitución en la que el gobierno "aunque monárquico, era mezclado de aristocracia", donde existían leyes fundamentales sobre sucesión al trono, y donde una "junta de señores" servía de Senado con el que debía gobernar el *scyri* o monarca. Un sistema de policía y buen gobierno, y un conocimiento del derecho de propiedad y de la transmisión de los bienes completaban la idea de una comunidad perfecta, formada ya en lo que Velasco identificó como la segunda época de la historia antigua de Quito[7]. El jesuita de Riobamba quería generar con su ensayo una imagen de Quito como comunidad territorial específica, diferenciada respecto de las sedes virreinales de Lima y Santafé. Por ello, le interesó fijar la formación de la misma en un momento previo al dominio incaico, y relatar más una historia de integración que de absorción.

Sin embargo, estas obras no reivindicaron la continuidad de una antigua constitución. Es más, tanto Velasco como Clavijero establecieron la línea divisoria entre historia antigua e historia moderna precisamente en la conquista: su interpretación providencial del pasado, que presentaba la época prehispánica como una etapa preparatoria para la evangelización, remitía a la conquista como sola fuente de legitimidad de la identidad criolla. En ambos casos, como en otras producciones de la intelectualidad patriota criolla, la historia "antigua" de América se cierra con una liquidación total y definitiva de estas antiguas constituciones. Velasco concluye reconociendo que, a pesar de los métodos a veces violentos de la conquista, ésta mereció sin duda la pena para los naturales por el beneficio de la religión revelada. Resultaba de este modo que la condición de comunidad perfecta, que en otros ámbitos de la monarquía podía trazarse sin solución de continuidad desde una antigüedad bíblica, debió reinventarse en América como fundamento de su historia "moderna". El propio discurso del patriotismo criollo estaba, por tanto, diferenciando el territorio de las gentes, estableciendo una discontinuidad entre antigüedad y modernidad[8].

El patriotismo criollo resulta ser más bien un fenómeno encarnado por un estamento estructuralmente débil, cuyo discurso identitario buscó llenar la falta de reconocimiento, por parte de la Corona, de unos derechos que, según los códigos de la misma monarquía católica, eran imprescriptibles para

---

[7] Velasco [1789] (1981).
[8] Portillo (2006: 40).

lo que en aquella época se consideraba "el buen gobierno". Como afirma Antonio Annino, esta perspectiva estamental es básicamente un invento del siglo XVII, cuando se consolidó definitivamente la que se conoce como la "sociedad colonial" hispanoamericana, cuyo rasgo más significativo es la ausencia de un difundido régimen señorial con jurisdicciones territoriales reconocidas por la Corona[9]. La posibilidad de acceso a los cargos judiciales por compra, a partir de fines del siglo XVI, permitió a una parte de las élites americanas articular la riqueza y el honor con una jurisdicción formal, legítima y patrimonial sobre hombres y territorios. La disputa acerca de los cargos fue la forma peculiar que adquirió en las Indias aquella tensión entre Corona y estamentos que en Europa se manifestó alrededor de los fueros parlamentarios.

El derecho al autogobierno fue defendido por los miembros de la élite quiteña ante la tentativa de los funcionarios borbónicos de introducir en la Audiencia nuevas medidas fiscales. Éstas, al igual que los medios para su puesta en acto, fueron percibidas como una amenaza al derecho consuetudinario de la comunidad de participar en el gobierno local para la consulta y negociación de leyes y reglamentos[10]. Frente a la actitud de los funcionarios, que implementaron las medidas no obstante los reclamos del cabildo abierto, estalló la revuelta urbana conocida como "de los barrios" (1765). Sólo la intervención de la élite criolla y la constitución de un gobierno provisional, formado por representantes elegidos por los *barrios*, los representantes del *cabildo*, de la nobleza y del clero, consiguieron poner fin a la revuelta y restablecer el orden, justo cuando los insurgentes, destruida ya la jerarquía política, comenzaban a amenazar el equilibrio social.

El modo en que se redefinió el pacto entre la Corona y los actores locales luego de la revuelta de 1765 fue una consecuencia de la imposibilidad por parte de los nuevos funcionarios enviados desde Madrid de aplicar las refor-

---

[9] Annino (2008: 43-44).

[10] El derecho de la comunidad a negociar con las autoridades regias la introducción de nuevos impuestos estaba profundamente arraigado en la mentalidad hispanoamericana. Durante la asamblea del *cabildo abierto*, un antiguo juez de la Audiencia, Luis de Santa Cruz, tras referencia expresa a las *Siete Partidas* y a Solórzano y Pereira, afirmó que las leyes habían de adaptarse a las necesidades de las sociedades y a las tradiciones de los pueblos; y que, en el caso americano, los más aptos para operar tal adaptación eran los criollos, debido a su más directo y profundo conocimiento de la situación local. AGI, Quito, leg. 398, n° 22, "Luis de Santa Cruz a Messía de la Cerda" (Quito, 01/02/1765), cit. por McFarlane (1991: 216-217).

mas sin el sostén de los actores locales. El enfrentamiento entre la voluntad
centralizadora de la Corona y las reivindicaciones locales condujo a una
especie de compromiso: a cambio de una parcial renuncia a su dominio político en beneficio de las élites locales, la metrópoli obtuvo un sustancial
aumento en sus ingresos fiscales. Las reformas borbónicas, pues, no llegaron a
debilitar los *cabildos*, que, en cambio, conservaron sus jueces propios y amplia-
ron su influencia jurisdiccional sobre las zonas rurales[11].

Aunque uno de los principales objetivos del proyecto borbónico fue la
limitación del pluralismo jurídico de la monarquía, no sólo no lo logró, sino
que en los territorios americanos lo multiplicó gracias a la reforma del ejército y de las milicias después de la Guerra de los Siete Años. Los nuevos cargos
militares y milicianos creados a lo largo del continente americano fueron, en
efecto, dotados de fuero, incrementando así de manera espectacular el pluralismo jurisdiccional. Si, por un lado, las políticas borbónicas habían cerrado a
los criollos el acceso a los altos cargos de gobierno, por el otro, el agobiante
problema financiero de la Corona reactivó un mecanismo de compra de cargos para llenar los puestos de oficiales del ejército y de las milicias provinciales y urbanas. La antigua idea de que la "constitución" correspondía al orden
de los privilegios se vio de esta forma reforzada y no limitada.

LA CULTURA CONSTITUCIONAL REFORMISTA

Estas dinámicas explican, según Antonio Annino, el silencio del patriotismo criollo frente a la exclusión de América del debate constitucional que se
estaba desarrollando en la Península en torno a la existencia de unas leyes
fundamentales de la monarquía[12]. Como ha mostrado claramente José María
Portillo, desde la primera mitad del siglo XVIII los intelectuales españoles
estaban construyendo, en la República de las Letras, una idea de nación española, identificada con el mundo europeo y peninsular[13]. Fue en los discursos
de los ilustrados –como en los de José Cadalso o Jovellanos– donde de una
manera más viva se dibujó una segregación conceptual entre nación y
monarquía. Si la segunda era todo lo que abarcaban los dominios del rey

---

[11] Respecto de las consecuencias producidas por las reformas en el distrito de Quito,
véase Morelli (1997).

[12] Annino (2008: 58-59).

[13] Portillo (2000 y 2006).

les con Quito. Es por ello que, desde el comienzo, estas ciudades se opusieron a la junta de Quito, organizando un bloqueo económico seguido por la respuesta armada contra la capital, que, a su vez, había enviado expediciones militares tanto hacia el sur como hacia el norte. La guerra abrió la puerta a la intervención de las tropas peruanas, lo cual provocó el fracaso de la junta, y con éste también —aunque temporalmente— el del intento de construcción de un espacio político y económico autónomo frente a los dos virreinatos.

De la unidad imposible a la confederación: el constitucionalismo republicano

Al igual que en 1809, la junta que se formó en septiembre de 1810 aspiraba a reintegrar bajo su autoridad todos los territorios antaño pertenecientes a la Audiencia; pero, al revés que la primera, se guardó bien de adoptar una actitud agresiva, e invitó por el contrario a las ciudades de Cuenca y Guayaquil, subordinadas a Lima tras los acontecimientos de 1809, a formar sus propias juntas y a reconocer la supremacía de la de Quito. En efecto, la situación había mudado radicalmente con respecto a 1809. No sólo se habían reunido las Cortes en España, proclamándose los titulares de la soberanía de la nación e invitando a los territorios americanos a elegir sus diputados en ellas, sino que en julio de 1810 se había formado la junta de Santafé, que representaba una verdadera amenaza para la autonomía quiteña. En cuanto capital de la Nueva Granada, dicha junta podía en efecto reivindicar su supremacía sobre todo el territorio del virreinato, incluso la Audiencia de Quito. En efecto, el 2 de agosto de ese mismo año, el cabildo de Quito se había visto invitado por el de Santafé a constituir una junta propia, subordinada a la de la capital neogranadina[17]. Tal proposición fue firmemente recha-

---

[17] Algunas semanas más tarde, la junta de Santa Fe invitó al presidente de la Audiencia, Ruiz de Castilla, a formar juntas provinciales en Quito y otras ciudades, con el objeto de que eligieran sus representantes para la Junta Suprema de Bogotá. Era un modo para Santa Fe de mostrar que no sólo no reconocía la autonomía de la Audiencia, sino que la ponía al mismo nivel que a las demás ciudades, sin reconocerle superioridad alguna en su condición de capital. A este propósito subrayemos que la Constitución de Cundinamarca (abril de 1811) y el Acta de Federación de las Provincias Unidas de Nueva Granada (noviembre de 1811) confirmaron el deseo de integrar a Bogotá a todos los territorios que habían formado parte del virreinato. Véase, Ramos Pérez (1978: 203-205, 262-264).

zada por los habitantes de Quito, que aprovecharon en cambio para constituir una segunda junta autónoma:

> Queda pues instalada, en nombre de nuestro amado Soberano, el señor don Fernando VII, esta Junta Gubernativa, con el título de Superior, respecto de que habiéndose erigido con anticipación una Suprema en Santa Fe y destruídose el Virreynato, de cuya autoridad dependía este Distrito, fue preciso que se separase de su dependencia en todos los ramos de la Administración Civil [...] En consecuencia de esta conducta, se han reunido en esta Junta la representación y facultades que residían en el extinguido Virreynato, tanto en lo político como en lo militar, porque de otro modo era inevitable el conflicto o de quedar aislados y sin el pronto recurso que sugieren las necesidades más urgentes o depender servilmente de la Junta de Santa Fe[18].

Así pues, la junta quiteña se atribuyó la totalidad de los poderes que el virrey detentaba, transformándose de hecho en una entidad política independiente, cuya existencia fue formalmente reconocida por la Regencia poco después, al adquirir oficialmente la Audiencia el estatuto de Capitanía General el 9 de octubre.

No obstante la actitud menos agresiva de la segunda junta de Quito, Cuenca y Guayaquil rehusaron una vez más unirse a ella y se alinearon de nuevo junto a los realistas, entrando en guerra contra la capital. Rodeada de provincias hostiles, Quito inició nuevamente la ofensiva enviando ejércitos al norte y al sur para subyugar las regiones recalcitrantes. En el norte, en cambio, las tropas rebeldes de Santafé, que ocupaban Popayán, instauraron ahí una junta subordinada a la de la capital neogranadina. Siendo un hecho el fracaso de la expedición de las tropas quiteñas en el sur, la ocupación de la costa pacífica (Esmeralda y Barbacoas) por las fuerzas realistas y el paso de Pasto a manos de los rebeldes de Nueva Granada, la sola oportunidad de supervivencia consistía en instar a las demás provincias a formar una confederación. Así, el 20 de abril de 1812 se estableció un pacto de confederación entre Quito y Popayán, que preveía una alianza militar entre ambas ciudades y hacía por ello de la confederación un medio para evitar una guerra interna y reconstruir un espacio territorial en vías de fragmentación[19]. Los poderes soberanos de las dos juntas permanecían intactos.

---

[18] "Oficio de Carlos Montúfar al Consejo de Regencia" (Quito, 21/10/1810), en Ponce Ribadeneira (1960: 214-216).

[19] Archivo General de Indias (Sevilla), Quito 269, "Pacto de confederación entre Quito y Popayán" (Quito, 20/04/1812).

Tras haber reconocido inicialmente la legitimidad del Consejo de Regencia, la nueva junta proclamó finalmente la ruptura de los vínculos entre Quito y el gobierno español un año más tarde, es decir, en diciembre de 1811. La desigualdad en la representación de los dos hemisferios y el hecho de que la soberanía de las Cortes hubiese sido establecida antes incluso de que América hubiera terminado de elegir a sus representantes constituyeron para los habitantes de Quito las dos causas principales de la "declaración de independencia":

> [...] en cuya virtud tienen derecho y facultad indisputable todos los pueblos que se hallan libres de la opresión para ejercer a su arbitrio el poder de la soberanía que han reasumido legítimamente sin que estén obligados a reconocer y depender contra su voluntad de ninguna otra autoridad parcial y precaria que no haya reunido el voto de toda la nación[20].

Así pues, los miembros de la junta de Quito se negaron a reconocer la legitimidad de la soberanía de la asamblea española sobre el conjunto del imperio; y esta ruptura con España volvió a plantear un problema ya presente al comienzo de la crisis: disueltos los vínculos coloniales, ¿qué derecho quedaba a Quito para reivindicar la soberanía sobre la totalidad de los territorios de la Audiencia? La desaparición de las autoridades coloniales había provocado la fragmentación de las correspondientes jerarquías antiguas, otorgando así a cada ciudad idéntico derecho al de la antigua capital a ejercer su soberanía y declararse independiente. Por eso tocaba a Quito convencerlas de que la independencia singular de las provincias sería difícilmente viable, mientras que el sistema de junta —en tanto que asamblea que reunía a los representantes de las diversas provincias, según el modelo de la Junta Central— haría posible la integración sin la dependencia.

El congreso que había declarado la ruptura con el Consejo de Regencia, constituido por los representantes del cabildo civil, del eclesiástico, del clero, de la nobleza, de los cinco barrios de la ciudad y de las capitales provinciales de la sierra (Ibarra, Otavalo, Latacunga, Ambato, Riobamba, Guaranda y Alausí) que habían reconocido el poder de la junta quiteña, llegó en febrero de 1812 a la promulgación de lo que se considera la primera Constitución del Ecuador: el *Pacto solemne de sociedad y unión entre las Provincias que forman el*

---

[20] Archivo General de Indias (Sevilla), Quito, 276, "Acta del gobierno de Quito en que se constituye soberano y sanciona su independencia de España", fols. 258v–259r.

Estado de Quito. Como lo indica el título, el nuevo Estado, fundado en la unión de las voluntades de los cuerpos territoriales, nacía por tanto no de una alianza cultural, sino del acuerdo esencialmente político entre las provincias, que constituían los verdaderos sujetos soberanos de este modelo: no sólo estaban representadas en la principal institución (en razón de dos por Quito y uno por cada una de las restantes ciudades), el Congreso Supremo (encargado de velar por la aplicación de la carta y también de nombrar a los titulares de los poderes legislativo, ejecutivo y judicial), sino que también tenían el derecho de participar de manera determinante en la formación y aprobación de las leyes, ya que éstas tenían que ser aprobadas por unanimidad del cuerpo legislativo.

Aun cuando dicho pacto nunca fue aplicado, dada la entrada de las tropas realistas en Quito al final de 1812, se trata de un documento de gran interés en tanto nos permite comprender la evolución del concepto de Estado o de gobierno mixto en los territorios americanos durante la crisis del imperio. Se constata así que la fragmentación territorial provocada por la crisis de la monarquía forzó a los habitantes de Quito a sobrepasar las teorías tradicionales del Estado mixto, según las cuales el monarca comparte la soberanía con las instituciones representativas del reino, y a proyectar la puesta en práctica de una especie de república confederal en el seno mismo de la monarquía.

Si a menudo se ha visto en el artículo 2 del Pacto de Quito la voluntad de construir un Estado independiente[21], tal interpretación no contradice el artículo 5, que reconoce a Fernando VII como monarca del nuevo Estado[22]. En realidad, el término "independencia" no se refiere en efecto a la monarquía española, sino más bien a otros territorios americanos, y más en concreto a Perú y a Nueva Granada. Si se les interpreta a la luz del contexto de crisis y de sus consecuencias[23], los artículos dejan de parecer contradictorios y

---

[21] "Este Estado de Quito es y será independiente de cualquier otro Estado y Gobierno en cuanto a su administración y economía interior, reservando a la disposición y al acuerdo del Congreso General todo lo concerniente al interés público de toda América o de los Estados que deseen confederarse".

[22] "Como prueba de su antiguo amor y de su constante fidelidad a la persona de sus Reyes pasados, este Estado afirma que reconoce y reconocerá como monarca suyo al Señor don Fernando Séptimo desde el momento en que, libre de la dominación francesa y ajeno a toda influencia amistosa o de parentesco con el tirano de Europa, pueda reinar sin perjuicio para esta Constitución."

[23] Como afirma Guerra, los gobiernos republicanos de esta primera época no se erigen en oposición al régimen monárquico, sino en relación al vacío de poder producido por la desaparición del rey y luego, de la Junta Central (Guerra 2000: 263).

se comprende mejor cómo pudo proclamarse a la vez que la forma de gobierno "es y será siempre representativa" (art. 3) y que Fernando VII sigue siendo el soberano legítimo. Los habitantes de Quito intentaron construir una república en el sentido clásico del término, vale decir, un gobierno compuesto por sus tres partes tradicionales: el uno, los varios y los muchos. Si el Congreso Supremo estaba calcado sobre el modelo de los Consejos Grandes y Consejos Mayores de las antiguas ciudades-Estado italianas, instituciones que procedían al reparto de todas las magistraturas o cargos estatales en nombre de los "muchos", los demás componentes del gobierno mixto, el "uno" – en forma de presidente– y los "pocos" – representados por un Senado y un tribunal de justicia– , ejercían respectivamente el poder ejecutivo y el poder legislativo y judicial. Así, el fin de los autores del Pacto era construir un gobierno de forma republicana que permanecería en el interior de una monarquía, al percibirse esta última como garantía de una mayor autonomía y de una mayor estabilidad.

Estos proyectos políticos no hacen referencia al antiguo modelo "federativo" de las monarquías compuestas, pues contienen algunos elementos de novedad, como la representación política, la separación de poderes, el republicanismo. La crisis de la monarquía ofreció, en efecto, la oportunidad de poner en marcha proyectos de reformas del imperio que habían sido debatidos por la Ilustración europea y americana durante las últimas décadas del siglo XVIII. El debate sobre el futuro de los imperios, y especialmente sobre las maneras de conservarlos como consecuencia de la Guerra de los Siete Años y de la independencia norteamericana, había generado una nueva idea de monarquía "federativa" en la que los diferentes territorios estarían integrados gracias al comercio, y gozarían de una amplia autonomía política que iba hasta la independencia[24]. El sistema de gobierno ideado por los quiteños durante la crisis –una república confederada al interior de la monarquía– podía perfectamente responder a este ideal.

Se trataba pues de un republicanismo de corte urbano, deudor de la experiencia de las repúblicas italianas y de la holandesa, adaptado a un espacio más grande que incluía otros pueblos y ciudades. Éstos tenían sin embargo derecho a la representación, ya que estaban incluidos en el Congreso. Este proyecto constitucional fue entonces una tentativa de mantener una unidad que, a causa de la crisis de la monarquía y de las guerras, se estaba fragmentando.

[24] Cf. Morelli (2008).

El modelo gaditano y su recepción en la Audiencia

La pacificación de la Audiencia entre 1812 y 1820 se debe no sólo a la presencia de fuerzas realistas en el vecino virreinato peruano, sino también a la aplicación de la Constitución gaditana. Como ya habían entendido varios funcionarios coloniales, esa carta representaba un arma fundamental contra los insurgentes, ya que ofrecía a las ciudades y los pueblos la posibilidad de gozar de una fuerte autonomía política. Durante sus años de vigencia en los territorios de la Audiencia –de 1812 a 1814 y de 1820 a 1822– se eligieron centenares de ayuntamientos constitucionales que quitaron al Estado varios poderes jurisdiccionales: los ayuntamientos se convirtieron de hecho en órganos soberanos, que se contraponían tanto al Estado central como a los cabildos de las ciudades provinciales[25].

Como han demostrado varios estudios, el tema de la justicia tiene una importancia estratégica en la transformación del municipio hispanoamericano en un poder autónomo y soberano respecto al Estado[26]. Además de la continuación de una cultura jurisdiccional tradicional, que unía en un solo cuerpo justicia y gobierno, la cuestión fue agravada por el hecho de que no llegó a aplicarse la reforma del aparato judicial, ni bajo el régimen gaditano ni bajo los regímenes independientes. Resulta pues más claro por qué el gobierno autónomo de Guayaquil, que proclamó la independencia de la provincia en octubre de 1820, no pudo más que adoptar un reglamento constitucional muy similar al gaditano. No basta, en este punto, hablar solamente de la presencia de la Constitución gaditana o de la legislación doceañista en tierras americanas: la similitud de las soluciones a los problemas no tiene que ver sólo con las influencias doctrinales o los transplantes de modelos, sino con una cultura jurídica común.

La declaración de independencia de Guayaquil, los procesos revolucionarios sobrevenidos en la Península, que condujeron a la reintroducción, en 1820, de la Constitución de Cádiz en los territorios de la monarquía, y la reanudación de los movimientos de emancipación en América, desencadenaron otros movimientos autonomistas en la Audiencia –Cuenca, Latacunga, Machachi, Riobamba, Ambato y Alausí–. Mientras estos últimos fueron vencidos de inmediato por las tropas realistas, el gobierno autónomo de la provincia de Guayaquil logró mantenerse hasta 1822, debido al hecho de que el

---

[25] Morelli (2005).
[26] Véase, por ejemplo, Annino (2010) y Martínez Pérez (1999).

espacio rural, gracias a la pervivencia del modelo gaditano, se había visto obligado a conceder derechos políticos. La élite criolla había comprendido que no podía prescindir del consentimiento y de la participación de los pueblos en su objetivo de constituir un gobierno autónomo viable, y la junta de Guayaquil, al contrario de las demás ciudades, no siguió el tradicional modelo representativo urbano sino que adoptó en su lugar un régimen muy cercano al de la Constitución de 1812, permitiendo a muchos pueblos elegir sus propios ayuntamientos constitucionales.

Por otra parte, el gobierno autónomo de Guayaquil legalizó una práctica que, a falta de jueces letrados, se había afirmado desde 1813-1814, atribuyendo a los *alcaldes* municipales el poder de juzgar en primera instancia (art. 13 del Reglamento), además de establecer un juez de letras para el conjunto de la provincia y un tribunal de apelación compuesto de tres miembros[27]. Las restantes funciones se calcularon de acuerdo con las previstas por la Carta de Cádiz —policía, educación, administración de *propios y arbitrios*—, con la sola novedad del control ejercido por la municipalidad de Guayaquil sobre las operaciones fiscales de las demás municipalidades de la provincia[28]. En efecto, en plena guerra contra los españoles la jurisdicción fiscal sobre el espacio rural resultaba fundamental para la propia supervivencia de la junta; mas la percepción de los impuestos no llegó a ser tarea fácil, al negarse con frecuencia los *alcaldes* a entregar las contribuciones a los emisarios del gobierno en nombre de la pobreza de los habitantes, indios o mulatos en su mayoría. Igualmente —elemento también éste heredado de la Constitución de Cádiz—, a las municipalidades se les atribuyó el derecho de transformar las tierras comunales indígenas en *propios* administrados por el *ayuntamiento*, lo que dio a los indios la posibilidad de perpetuar mediante su participación en las elecciones municipales sus derechos sobre las tierras[29].

[27] "Reglamento Provisorio Constitucional de la Provincia de Guayaquil", arts. 11-12 (Guayaquil, 11/11/1820), en "Documentos de la independencia", 1972.

[28] Art. 18 del Reglamento: "El ayuntamiento de la capital, con noticia instruida de los fondos públicos y gastos, procederá al repartimiento de la contribución ordinaria general impuesta por el Gobierno, con derecho de representar lo que convenga al menor gravamen de los pueblos: cualquiera atribución extraordinaria se hará con conocimiento del ayuntamiento". "Reglamento Provisorio Constitucional de la Provincia de Guayaquil" (Guayaquil, 11/11/1820), en "Documentos de la independencia", 1972.

[29] "Que todos los terrenos conocidos ante con el nombre de *léguas de indios*, queden en los pueblos que la tengan, adjudicados a los fondos de propios de cada población", art. 1, "Decreto de la Junta Superior de Gobierno de Guayaquil", *El Patriota de Guayaquil*, n° 3, 25/5/1822, 3° semestre.

Así, el gobierno local de la provincia independiente de Guayaquil, calcado sobre el modelo de Cádiz, dio a los pueblos un poder casi absoluto sobre el territorio, concediéndoles no sólo la administración de la justicia y de los bienes comunales, sino también la organización de las milicias. Por lo demás, el grado de autonomía entonces alcanzado por los *pueblos* aparece claramente en las actas que marcaron la incorporación en 1822 de la provincia independiente a la república colombiana. Y es que, si bien dicha incorporación fue oficialmente decretada por la asamblea de representantes, ya antes había sido ratificada por los pueblos, de los que se había solicitado aprobación previa a la entrada en la Gran Colombia[30]. Así, la provincia no se une al nuevo Estado como un cuerpo constituido, sino más bien como una serie de cuerpos territoriales soberanos que, mediante acuerdo solemne, habían tomado de antemano una decisión que sus representantes en el colegio electoral no harían sino avalar después. Lo cual demuestra que la asamblea representativa no era depositaria de la soberanía, sino que ésta permanecía conservada sin paliativos por las municipalidades.

De manera general, además de la experiencia de la provincia de Guayaquil, que siguió siendo independiente hasta su integración en la Gran Colombia, la reintroducción de la Constitución de 1812 en un tejido político y social desgarrado por las guerras y dividido en múltiples gobiernos locales favoreció el proceso de dispersión de la soberanía en el conjunto de la Audiencia. En un contexto tal, el texto liberal fue por otro lado utilizado de nuevo por las autoridades coloniales como arma contra los rebeldes: para restablecer la paz, primero, y acto seguido para negociar con las comunidades locales el traspaso de recursos a favor del Estado, comprometido en la guerra. De ahí la insistencia del presidente de la Audiencia, Aymerich, en ordenar a las municipalidades de los pueblos que procedieran a establecer *ayuntamientos* rurales[31].

---

[30] "Los individuos de la Municipalidad y los habitantes del pueblo de Yguachi, después de felicitar a V.E. por su prospero arribo a esta Provincia, procedemos desde luego a decir a V.E. que hemos reconocido la necesidad de unirnos a la República de Colombia, por que desde sus primitivos tiempos hemos pertenecido a su territorio; por que así lo exige nuestra conservación política; por que de este modo nos constituimos invencibles, fuertes e inespugnables contra el poder de nuestros enemigos; por que es conforme a las leyes del buen orden que las partes estén unidas al todo, que les comunique ser vida y movimiento...", *El Patriota de Guayaquil*, nº 11 (20/7/1822). Véanse también las actas de las demás ciudades: *El Patriota de Guayaquil*, nº 11 (20/7/1822), nº 12 (24/7/1822), nº 14 (10/8/1822).

[31] Archivo Histórico Nacional de Quito, Fondo Especial, caja 238, lib. 593, doc. 12842, "Expediente formado por orden del presidente de Quito, Melchor Aymerich,

La Constitución como pacto entre múltiple soberanías

Al igual que el Pacto quiteño de 1812, el "Reglamento Constitucional" de la provincia de Guayaquil, proclama la libertad y la independencia de la provincia, así como su derecho a "unirse a la gran asociación de su elección entre las que se formaran en América meridional". Aunque en contraposición a la primera fase revolucionaria el texto había dejado de reconocer al rey español como soberano legítimo del nuevo Estado, la declaración de independencia había contribuido a formar un nuevo Estado soberano que en el futuro podría votar su integración a otras entidades políticas mayores. De la misma manera, el *Plan de Gobierno* de Cuenca (1820), después de haber afirmado la libertad e independencia de la provincia "de toda potencia o autoridad extraña", prevé la posibilidad de confederarse con otras provincias "con el fin de garantizar su independencia y derechos recíprocos"[32]. La renovada alusión a una eventual confederación es significativa, puesto que dicho modelo político permitía tanto el ejercicio de la soberanía como el recurso a una defensa común contra posibles invasiones, al tiempo que preservaba a los confederados de la amenaza de una fragmentación territorial excesiva.

Por lo tanto, uno de los principios fundamentales del primer constitucionalismo ecuatoriano —e hispanoamericano en general— es el del *consentimiento*. Las nuevas entidades soberanas que se consideraban herederas de la soberanía de la Corona española, celosas de su independencia y por lo tanto en su mayoría proclives a formas confederadas de asociación política, encontraban en ese principio la mejor salvaguarda de esa independencia. El argumento sirvió reiteradamente para que aquellos que se consideraban organismos soberanos, representantes de las ciudades, y luego de las provincias o Estados, rechazaran decisiones tomadas sin su consentimiento.

Para poder comprender el significado de esta variedad de formas de concebir la soberanía por las ciudades y las provincias hispanoamericanas, y para explicar asimismo el hecho de que no se veía contradicción alguna en conjugar estas tendencias autonómicas o independentistas con la búsqueda de integración política en pactos, ligas, confederaciones o Estados federales o unitarios, es necesario, como lo ha recordado en varias ocasiones José Carlos

---

disponiendo se practiquen las elecciones de los individuos que deben componer los ayuntamientos y la formación de estos en los pueblos donde no lo hayan, de conformidad con lo que prescribe la constitución política de la monarquía española" (1821).

[32] Art. 3 del "Plan de Gobierno" (1820), en Ayala Mora (1995: 75).

Chiaramonte[33], hacer referencia a un trasfondo común de doctrinas y pautas políticas, que conformaban el imaginario de la época y que es el Derecho Natural y de Gentes. Como ya hemos visto, éste había sido introducido en las universidades de la monarquía española en la segunda mitad del siglo XVIII, siendo absorbido por los letrados en sus estudios y transmitidos en escritos, tertulias, periódicos y otras formas de difusión del pensamiento de ese entonces. Según el Derecho de Gentes todas las naciones o Estados eran personas morales a las que, en cuanto tales, les eran también pertinentes las normas de derecho natural. Congruentemente con este criterio, se entendía que todas las naciones eran iguales entre ellas, independientemente de su tamaño y poder. En efecto, el Derecho de Gentes y uno de sus principales difusores tanto en Europa como en América, Emer de Vattel, eran generalmente citados para el análisis de las relaciones entre las llamadas "provincias", testimoniando así el carácter de Estados soberanos que éstas poseían. El Derecho de Gentes, así como la presencia de agentes diplomáticos[34], garantizaba que los pueblos incorporados en una asociación o una alianza mantuvieran su independencia y perduraran como cuerpos políticos o repúblicas.

Las numerosas declaraciones de independencia y la consiguiente multiplicación de actas y textos constitucionales representan así uno de los resultados más evidentes de la fragmentación territorial de la ex Audiencia, debido a la crisis de la monarquía y a las sucesivas guerras de emancipación. Al darse cuenta de la necesidad, para su misma sobrevivencia, de formar conjuntos territoriales más grandes, los nuevos Estados no renunciaban a su soberanía afirmando la voluntad de integrarse a eventuales asociaciones o confederaciones. Estas dinámicas determinarán las maneras de considerar a unidades territoriales mayores, como la Gran Colombia. A pesar de los esfuerzos de centralización del poder por parte de los nuevos dirigentes, las provincias de la ex Audiencia nunca consideraron al nuevo sujeto político como un Estado unitario, sino como una asociación de espacios soberanos independientes. El acta de incorporación de Quito a la república de Colombia, firmada a raíz de la batalla de Pichincha en mayo de 1822, expresa claramente esta idea al afirmar que los vecinos y las instituciones de la ciudad han decidido unirse a la Gran Colombia "por la conveniencia y por la mutua seguridad y necesidad, declarando las provincias que componían el antiguo reino de Quito como parte integrante de Colombia, bajo el pacto expreso y

---

[33] Chiaramonte (2004 y 2010).
[34] Véase Gutiérrez Ardila (2009).

formal de tener en ella la representación correspondiente a su importancia política"[35]. En la base de la formación de la nueva entidad política existió siempre el principio del *consentimiento* de los sujetos que habían reasumido la soberanía a raíz de la crisis de la monarquía, es decir, el visto bueno de los pueblos.

Los acontecimientos que llevaron al fracaso de la Gran Colombia y a la formación de la nueva república ecuatoriana en 1830, muestran las mismas dinámicas. A la declaración de una asamblea de "las corporaciones y de los padres de familia" de Quito, que expresó su voluntad de separarse de la Gran Colombia y de formar una república independiente[36], siguieron las actas de adhesión de las restantes ciudades, las cuales señalaban con claridad que ningún "Estado respetable"[37] hubiera podido crearse sin su acuerdo:

> es pues llegado, señor el instante en que los pueblos reasuman su soberanía actual, o de ejercicio, para hacer nuevos pactos y proveer a su futura seguridad, porque no hay poder en la república que pueda preservar la unión[38].

Declarando la voluntad de la ciudad de adherirse al nuevo Estado, con la sola demanda de que la constituyente estuviera compuesta de un número igual de representantes para los tres departamentos, el acta de Guayaquil expresa con claridad ese mismo punto de vista[39].

El 14 de agosto de 1830 se reunió en Riobamba la primera asamblea constituyente del Ecuador, compuesta de siete representantes por departa-

---

[35] "Incorporación de Quito a la República de Colombia(1822)", en Ayala Mora (1995: 86-90).

[36] "Congregadas las corporaciones y padres de familia por el señor general prefecto del departamento, declaran (…): que en ejercicio de su soberanía, se pronuncia por constituir un Estado libre e independiente, con los pueblos comprendidos en el distrito del Sur y los más que quieran incorporarse". "Solemne pronunciamiento de la capital de Quito y demás pueblos del sur de Colombia por el cual se constituye el Ecuador en Estado soberano, libre e independiente" (Quito, 13/5/1830), en Jijón y Caamaño (1922).

[37] Expresión empleada en el acta de adhesión de Loja: "no pudiendo Loja formar un Estado respetable sin adherirse a los departamentos del Ecuador, Guayaquil y Azuay, entre los cuales existe una sola causa y reina la igualdad de sentimientos, por lo mismo se declara esta provincia incorporada a los referidos departamentos", "Acta de Loja" (Loja, 26/5/1830), en Jijón y Caamaño (1922: III).

[38] "Representación del Señor Procurador Municipal" (Cuenca, 20/5/1830), en Jijón y Caamaño (1922: 16-17).

[39] "Acta de Guayaquil" (19/5/1830), en Jijón y Caamaño (1922: IV).

mento. Ahora bien, desde los primeros artículos de la Constitución se revelan todas las ambivalencias del proyecto: mientras que el primero establece la reunión de los tres departamentos –Ecuador, Guayaquil y Azuay– en "un único cuerpo independiente", el segundo artículo afirma que "el Estado ecuatoriano se une y confedera con los demás Estados de Colombia para formar una nación con el nombre de República de Colombia". El nuevo Estado, que preveía confederaciones con otras entidades políticas y que dependía del acuerdo entre las fuerzas provinciales internas, no tenía pues una connotación claramente definida, lo que se hizo claramente evidente durante las discusiones acerca de la formación del nuevo poder legislativo, en cuyo curso los diputados de Quito propusieron que el congreso estuviera formado por un número de representantes proporcional a la población, en tanto que los de Cuenca y Guayaquil se mostraban, en cambio, favorables a un número fijo e igual para cada departamento.

Joaquín de Olmedo, representante de Guayaquil, defendió esta última posición afirmando que había una gran diferencia entre provincias sujetas a una misma autoridad y que, unidas, formaban un cuerpo político –vale decir, un Estado– y otras "secciones que por circunstancias imprevistas quedan en una independencia accidental". En el primer caso, continuaba Olmedo, era necesario ajustar la representación nacional a la población, "pero no así en el segundo, pues las secciones independientes podían reunirse muy bien con representación igual, o bajo los pactos convencionales que se estipulasen para la unión". A este propósito, el poeta de Guayaquil recordaba que su ciudad se había adherido al *pronunciamiento* de Quito en calidad de asociado y no de *pueblo* representado por la capital[40]. Así pues, la primera Constitución ecuatoriana fue una especie de tratado, un "pacto convencional" estipulado entre cuerpos autónomos y soberanos, como lo confirma el hecho de que el texto en cuestión no contenga referencia alguna a la localización de la soberanía, por cuanto afirmar que la soberanía residía en la nación habría implicado, a la inversa, la delegación de su ejercicio al Parlamento.

BIBLIOGRAFÍA

ANNINO, Antonio (2008): "1808: el ocaso del patriotismo criollo en México", en *Historia y Política*, 19.

---

[40] Archivo de la Función Legislativa, Quito, "Actas" 1830, pp. 34-35.

— (2010): "Messico, sovranità dei pueblos o del pueblo?", *Rivista Storica Italiana*, 122/2.

AYALA MORA, Enrique (ed.) (1995): "Documentos de la Historia del Ecuador", en *Nueva Historia del Ecuador*. Quito: Corporación Editora Nacional, vol. 15.

BRADING, D. (1993): *The First America: The Spanish Monarchy, Creole Patriots, and the Liberal State, 1492-1867*. Cambridge: Cambridge University Press.

CHIARAMONTE, José Carlos (2004): *Nación y Estado en Iberoamérica. El lenguaje político en tiempos de las independencias*. Buenos Aires: Editorial Sudamericana.

— (2010): *Fundamentos intelectuales y políticos de las independencias. Notas para una nueva historia intelectual de Iberoamérica*. Buenos Aires: Editorial Teseo.

DELER, Jean-Paul (1987): *Ecuador. Del espacio al estado nacional*. Quito: Banco Central del Ecuador.

"Documentos de la independencia" (1972), *Revista del Archivo Histórico del Guayas*, n° 2, pp. 71-100.

FORONDA, Valentín de (2002): "Carta sobre lo que debe hacer un príncipe que tengan colonias a gran distancia" (1800), en V. de Foronda, *Escritos políticos y constitucionales*. Bilbao: Universidad del País Vasco/EHU.

GERBI, Antonello (1955): *La disputa del Nuovo Mondo. Storia di una polemica (1750-1900)*. Milano/Napoli: Ricciardi.

GONZÁLEZ-RIPOLL, María Dolores (2004): "Desde Cuba, antes y después de Haití: pragmatismo y dilación en el pensamiento de Francisco Arango sobre esclavitud", en AA.VV., *El rumor de Haití en Cuba: temor, raza y rebeldía, 1789-1844*. Madrid: Consejo Superior de Investigaciones Científicas.

GUERRA, François-Xavier (2000): "La identidad republicana en la época de la independencia", en Sánchez Gómez, G. (ed.): *Museo, memoria y nación*. Bogotá: Museo Nacional de Colombia.

GUTIÉRREZ ARDILA, Daniel (2009): "Les pactes sociaux de la révolution néogrenadine, 1808-1816", en Morelli, F.; Thibaud, C.; Verdo, G. (ed.): *Les Empires atlantiques des Lumières au libéralisme (1763-1865)*. Rennes: Presses Universitaires de Rennes.

JIJÓN Y CAAMAÑO, Jacinto (ed.) (1922): *Documentos para la Historia*. Quito: Imprenta de la Universidad Central.

MARTÍNEZ PÉREZ, Fernando (1999): *Entre confianza y responsabilidad. La Justicia del primer constitucionalismo español (1810-1823)*. Madrid: Centro de Estudios Políticos y Constitucionales.

McFARLANE, Anthony (1991): "The Rebellion of The Barrios", en Fisher, J.; Kuethe, A. J.; McFarlane, A. (eds.): *Reform and Insurrection in Bourbon New Granada and Peru*. Baton Rouge/London: Louisiana University Press.

MORELLI, Federica (1997): "Las reformas de Quito. La redistribución del poder y la consolidación de la jurisdicción municipal", en *Jahrbuch für die Geschichte vom Staat, Wirtschaft und Gesellschaft Lateinamerikas*, 34.

— (2005): *Territorio o Nación. Reforma y disolución del espacio imperial en Ecuador, 1765-1830.* Madrid: CPEC.

— (2008): "La redefinición de las relaciones imperiales: en torno a la relación reformas dieciochescas/independencia en América", en *Nuevo Mundo Mundos Nuevos*, Debates, 2008, en <http://nuevomundo.revues.org/32942> (30.08.2011).

NOBOA, A. (comp.) (1898): *Recopilación de las leyes del Ecuador*, tomo I. Quito: Imprenta Nacional.

PIETSCHMANN, Horst (1994) "Los principios rectores de Organización Estatal en las Indias", en Annino, A., Castro Leiva, L., Guerra, F.-X. (eds.): *De los imperios a las naciones: Iberoamérica.* Zaragoza: Ibercaja.

PONCE RIBADENEIRA, Alfredo (1960): *Quito, 1809-1812, según los documentos del Archivo Nacional de Madrid.* Madrid: Juan Bravo.

PORTILLO, José María (2000): *Revolución de Nación. Orígenes de la cultura constitucional en España: 1780-1812.* Madrid: Centro de Estudios Políticos y Constitucionales.

— (2006): *Crisis Atlántica. Autonomía e independencia en la crisis de la monarquía hispana,* Madrid: Marcial Pons.

RAMOS PÉREZ, Demetrio (1978): *Entre el Plata y Bogotá: cuatro claves de la emancipación ecuatoriana.* Madrid: Ediciones Cultura Hispánica del Centro Iberoamericano de Cooperación.

TERÁN NAJAS, Rosemarie (1988): *Los proyectos del imperio borbónico en la Real Audiencia de Quito.* Quito: Abya-Yala.

TOMICH, D. (2005): "The Wealth of Empire. Francisco de Arango y Parreño, Political Economy, and the Second Slavery in Cuba", en Shmidt-Novara, C. y Nieto-Philips, J. M. (eds.): *Interpreting Spanish colonialism. Empires, Nations, and Legends.* Albuquerque: University of New Mexico Press.

TRUJILLO Y TORRES, M. (1799): *Reflexiones sobre el comercio de España con sus colonias en América en tiempo de guerra.* Philadelphia: Imprenta de Jaime Carey.

VELASCO, Juan de (1981): *Historia del Reino de Quito en la América Meridional* [1789]. Caracas: Ayacucho.

VILLAVA, Victoriano (2009): "Apuntes para una reforma de España sin trastorno del gobierno monárquico ni la Religión" (1797), en Portillo, J. M. (ed.), *Victorián de Villava. Circunstancias e itinerarios.* Madrid: Mapfre/Doce Calles.

LA CONSTITUCIÓN DE 1812: UNA REVOLUCIÓN CONSTITUCIONAL BIHEMISFÉRICA

Manuel Chust

Universitat Jaume I, Castellón

Nos concitan los coordinadores del presente volumen a un ejercicio difícil, pero necesario. Indagar, reflexionar y debatir sobre el primer constitucionalismo iberoamericano. En nuestro caso, explicar, dilucidar y debatir lo que para los diputados del doceañismo supusieron los conceptos de soberanía, representación y territorio. O, más bien, qué postura ideológica-política ganó finalmente en la redacción última de la Constitución. Empezando por el final, es decir, por las conclusiones, y en un ejercicio nada ortodoxo, he de decir que cuanto más leo, releo y reflexiono, no sólo los discursos de los representantes en las Cortes, sino también sus circunstancias, su prosopografía, la coyuntura interna y externa de las Cortes, más me reafirmo en las conclusiones a las que llegué hace más de veinticinco años. Siendo claros, los conceptos de soberanía, representación y territorio en la Constitución de 1812 fueron revolucionarios porque arrebataron a la Corona su soberanía y sus territorios americanos y los instalaron en la categoría de nación española al dotarlos de representación política. Es decir, se constitucionalizó el Estado del Antiguo Régimen, lo cual supuso la creación de un Estado-nación, liberal, parlamentario y constitucional de la mayor parte de la monarquía borbónica, tanto metropolitana como colonial.

Claro que quizá la nacionalización –*españolización* diríamos– de esa revolución hispana desenfoque el valor intrínseco de la misma para buena parte de la historiografía iberoamericana al "confundirse" la entidad de la obra nacional con un nacionalismo, el español, triunfante en los años diez pero derrotado en los años veinte por el éxito de los Estados republicanos hispanoamericanos. Lo cual supuso asimismo el triunfo de sus respectivos Estados-nación y de sus nacionalismos.

Para el caso español, para el caso historiográfico español queremos decir, lo que ocurrió es que hasta los años ochenta del siglo XX, la mayor parte de las interpretaciones y estudios de las Cortes gaditanas y de la Constitución doceañista *olvidaban*, sencillamente, un continente: América. No sólo la importancia de sus diputados, de sus territorios, de sus rentas, del impacto doceañista en su historia constitucional, sino también la imbricación dialéctica que resumía el primer artículo de la Constitución de 1812: la historia de ambos hemisferios.

SOBERANÍA DE LA NACIÓN. ¿QUÉ NACIÓN?

Las Cortes se instalaron en la Isla de León el 24 de septiembre de 1810. De inmediato los diputados liberales peninsulares se lanzaron a una ofensiva parlamentaria. Diego Muñoz Torrero, diputado por Extremadura, se dirigió a la Cámara glosando: "cuán conveniente sería decretar que las Cortes generales y extraordinarias estaban legítimamente instaladas: que en ellas residía la soberanía, que convenía dividir los tres poderes, legislativo, ejecutivo y judicial (...) y que se renovase el reconocimiento del legítimo Rey de España el Sr. D. Fernando VII como primer acto de soberanía de las Cortes". De inmediato Manuel Luján *también* diputado por Extremadura, presentaba al secretario de la Cámara para su lectura, un pliego redactado que recogía la iniciativa de Muñoz Torrero. La táctica estaba perfectamente estudiada desde hacía días entre los diputados liberales. Se trataba de decretar la soberanía nacional, de sancionarla, de reconocerla por las Cortes: "los Diputados que componen este Congreso, y que representan la Nación, legítimamente constituidos en Cortes generales y extraordinarias, en quienes reside la soberanía nacional".

Desde el primer día los diputados liberales, de ambos hemisferios, consiguieron decretar lo que pretendían: una soberanía legitimada por la nación y no por el rey. Muy a diferencia de las Cortes estamentales. Es más, en el segundo punto de este decreto, y ante la "ausencia" del rey, fueron las Cortes quienes reconocían como monarca a Fernando VII, al tiempo que declaraban nula la cesión de la Corona en favor de Napoleón.

Soberanía y nación desde el primer día establecieron un vínculo indisoluble. No obstante, también desde el primer día de Cortes, se instauró todo un debate sobre qué nación era la que tenía la soberanía y, sobre todo, quién pertenecía a esa nación. Acontecía, como hemos explicado profusamente, que la representación de estas Cortes era muy diferente a las anteriores porque la convocatoria de elecciones de la Junta Central y después de la Regencia, hizo que los territorios americanos y filipinos también se integraran como parte de la nación española y, por ende, tuvieran derechos de representación. De esta forma, soberanía, representación y territorio quedaron vinculados entre sí y en torno al concepto, también diferente, de nación.

Ésta es la singularidad de la revolución hispana, fue una revolución bihemisférica que trascendía los paradigmas liberales peninsulares, como veremos.

Once meses después de este primer decreto trascendental, comenzó la discusión del proyecto de Constitución en el oratorio de San Felipe Neri, en la ciudad de Cádiz. El proyecto de elaboración de la Constitución había sido encargado a una comisión formada por quince miembros entre los cuales diez eran peninsulares y cinco americanos[1]. Dos problemáticas centraron estos primeros momentos del debate constitucional. Varios diputados mostraron su sorpresa, a veces casi indignación, por el poco tiempo que habían tenido para leer el texto constitucional. Y no en su totalidad, pues la comisión de Constitución sólo había entregado un tercio del texto cuando comenzó el debate de la misma. El escaso tiempo que se dio a los diputados para su lectura fue un síntoma de la rapidez con que los liberales querían aprobar estos primeros artículos, dado su fundamental contenido. La fracción liberal sabía que el factor sorpresa y la necesidad de aprobar la Constitución de forma inmediata —no olvidemos que los franceses estaban asediando la ciudad— jugaban a su favor para conseguir sancionar un código liberal, incluso en algunos aspectos democrático, que el sector servil nunca hubiera permitido.

El 25 de agosto comenzó la discusión constitucional. Se leyó el artículo 1°, capítulo I del título I del proyecto presentado por la comisión:

TITULO I: DE LA NACION ESPAÑOLA Y DE LOS ESPAÑOLES
CAPITULO I: *De la Nacion española*
Artículo 1°: La Nacion española es la reunion de todos los españoles de ambos hemisferios[2].

---

[1] Chust (1999).
[2] *Diario de Sesiones de Cortes*, 25 de agosto de 1811, p. 1684.

La facción servil se opuso a la utilización del término *reunión* porque suponía, explicaban, admitir filosóficamente un pacto social e ideológicamente las bases de la soberanía nacional[3].

Ciertamente fue una difícil tarea la de la comisión, redactar las bases de una Constitución, liberal, católica y monárquica y bihemisférica.

Fue Llamas quien introdujo en el debate los conceptos principales del artículo: nación y soberanía. En un discurso estudiado, se atrevió a adentrase en la significación teórica de los conceptos. Consideraba que la nación era la unión del pueblo español con su monarca y que la soberanía sólo podía ser compartida entre ambos. Es más, Llamas, valiente, manifestó en la Cámara que "La soberanía real y verdadera solo la admito en la Nación".

Pero restaba más. Intervino José Miguel Guridi y Alcocer, diputado por la provincia novohispana de Tlaxcala. Entre disquisiciones filosóficas, Guridi y Alcocer rompió el consenso liberal que presidía el debate. Entre otras consideraciones, las suyas eran objeciones de amplio contenido. La cuestión nacional hispana se planteó. Como ya habían hecho otros diputados anteriormente, se opuso al concepto *reunión* porque consideraba que sólo expresaba una segunda unión de algo que ya había estado unido y luego se separó. Pero Guridi llegó más lejos. Expresó, ante la sorpresa de los peninsulares y algunos americanos, el desagrado que le causaba la palabra *española* como definición de la nación, "pues no parece lo más claro y exacto explicar la Nacion española con los españoles, pudiéndose usar de otra voz que signifique lo mismo"[4]. ¿A qué nación se refería entonces? Si no era a la española, ¿era a la americana?, ¿a la hispana, tal vez? Es más, ¿cuántas naciones integraban la soberanía nacional? Podía haber más de una. Para los diputados liberales peninsulares la respuesta era categórica: no.

Fue trascendental que en este primer día de discusiones parlamentarias ya se planteara otra denominación de nacionalidad alternativa a la hegemónica hasta ahora: la española. Y fue un americano quien lo planteó. Este diputado conocía perfectamente que la definición de nación, tal y como la presentaba la comisión, suponía la aceptación de una sola nacionalidad, la española, dejando fuera de ella la pluralidad nacional que podían representar los territorios americanos. Es más, a lo largo de los debates, numerosos diputados mistificarán la nomenclatura de nación, refiriéndose tanto al ente cultural como a la formación política. Guridi no jugó con esta ambigüedad: "Toman-

---

[3] Chust (1999: 130).
[4] *Diario de Sesiones de Cortes*, 25 de agosto de 1811, p. 1688.

do, pues, físicamente á la Nación española, no es otra cosa que la colección de los nacidos y oriundos de la Península, la cual se llama España. Pero aun tomando políticamente la Nación española por el Estado, no hallo exacta su definición"[5]. Veamos:

> La union del Estado consiste en el Gobierno ó en la sujecion á una autoridad soberana, y no requiere otra unidad. Es compatible con la diversidad de religiones, como se ve en Alemania, Inglaterra, y otros países; con la de territorios, como en los nuestros, separados por un Océano; con la de idiomas y colores, como entre nosotros mismos, y aun con la de naciones distintas, como lo son los españoles, indios y negros. ¿Por qué, pues, no se ha de expresar en medio de tantas diversidades en lo que consiste nuestra union, que es en el Gobierno?[6].

¿Acaso no estaba reclamando Guridi y Alcocer un espacio en la nación para los indios y las castas? ¿Ya sabía la exclusión de derechos civiles y políticos que la Constitución hacía de ellos en los artículos 22° y 29°? Es notorio que sí. Pero su discurso trascendía más allá de cuestiones nacionales, étnicas o raciales. La definición de nación que el diputado novohispano proponía como alternativa fue la siguiente: "la colección de los vecinos de la península y demás territorios de la Monarquía unidos en un Gobierno, ó sujetos á una autoridad soberana"[7].

Definición sutil y lo suficientemente ambigua para no traslucir a primera vista su intención. ¿No estaba planteando una nación hispana que incluyera varias nacionalidades, quizá una americana, junto a la española? Pero lo más importante, ¿proponía Guridi también varias soberanías que representaran a estas naciones? ¿No suponía esto la creación de un Estado-nación hispano federado? Atrevida la propuesta del novohispano. Ningún otro americano apoyó a Guridi, al menos públicamente, en este artículo. Otra cosa será cuando se discutan los artículos concernientes a ayuntamientos y diputaciones. Es decir, cuando se plasme la problemática de la soberanía en la forma de representación de los territorios. Y advirtamos que lo mencionamos en plural —territorios— pues la soberanía nacional tal y como estaba diseñada en las Cortes solo admitía la representación de un solo territorio: el nacional. Entonces, ¿y las provincias que componían la nación? Es más, ¿y los diputados americanos que habían sido elegidos por sus provincias y llevaban sus

---

[5] *Diario de Sesiones de Cortes*, 25 de agosto de 1811, pp. 1687-1688.
[6] *Diario de Sesiones de Cortes*, 25 de agosto de 1811, p. 1688.
[7] *Diario de Sesiones de Cortes*, 25 de agosto de 1811, p. 1688.

Representaciones e *Instrucciones* de cada una de ellas para exponerlas en las Cortes como verdaderos mandatos y *Cahiers de doleances?*

Argüelles y Espiga, miembros de la comisión de redacción, replicaron de inmediato al novohispano. Sus discursos contenían voces de alarmas conceptuales. Esta vez, "federalismo" no resonó en la Cámara. Pero estaba en el contexto.

El diputado por Asturias rehuía entrar en el debate sobre el federalismo que apuntaba el americano. Es decir, ¿cuántas soberanías se estaba en disposición de admitir en la representación nacional? Debate, que como sabemos, se reabrirá posteriormente en la Cámara.

La intervención de Espiga fue magistral. Cansado ya de escuchar la serie de errores conceptuales en la que continuamente incurrían los diputados, conscientes o inconscientes, se encargó de poner en orden las ideas y advirtió de forma contundente: "No se debe olvidar, Señor, que la Nacion y el Gobierno son cosas muy diferentes y cualquiera que las confunda no puede tener idea de política"[8].

Justo cuando parecía que la discusión se iba a tornar interminable, intervino Francisco Gómez Fernández, un diputado servil que sorprendió a la mayor parte de la Cámara con su petición. El diputado por Sevilla inquirió a la comisión de Constitución que explicara detenidamente, artículo por artículo, a qué antigua ley sustituía y si ésta estaba aún en vigor o no. Lo sorprendente en este caso no es la petición de Gómez Fernández, sino su decisión de "protestar toda la Constitución", si no se proporcionaba esta información. El revuelo que se formó fue considerable. El presidente de la Cámara tachó de "escandalosas" las declaraciones del diputado sevillano y pidió la confianza de todos en los miembros de la comisión.

¡¿No era la Constitución la reforma de las antiguas leyes?! El historicismo de algunos liberales se desmontó. Los liberales, convencidos, apostaron sin reservas, por la revolución jurídica.

La calma y el fin de la discusión llegaron con la intervención de Antonio Oliveros, el diputado extremeño y miembro de la comisión, quien suavizó la cuestión dando su opinión sobre el artículo a debatir:

[...] la Nacion es la reunion de todos los españoles de ambos hemisferios, las familias particulares que están unidas entre sí, porque jamás hubo hombres en el estado de la naturaleza; y si hubiera alguno, nunca llegaria al ejercicio de su

---

[8] *Diario de Sesiones de Cortes,* 25 de agosto de 1811, p. 1690.

razon: estas familias se unen en sociedad, y por esto se dice reunion. Es una nueva union y más íntima que antes tenían entre sí; y de los "españoles de ambos hemisferios", para expresar que tan españoles son los de América como los de la Península, que "todos componen una sola Nacion"[9].

Oliveros puso el punto final al debate que inició Guridi. O al menos eso creyó. La fracción liberal peninsular se escoraba hacia el centralismo. Era la presión autonomista americana la que obligaba al liberalismo peninsular a instalarse en posturas centralistas por cuanto le obligaba a definir el concepto de soberanía nacional en contraposición con el de una doble soberanía, la de la nación y la de la provincia. Por último, el artículo se sometió a votación y quedó aprobado tal y como lo había propuesto la comisión en un primer momento.

Por lo que respecta al artículo 3° se concebía en estos términos: "La soberanía reside esencialmente en la Nacion, y por lo mismo le pertenece exclusivamente el derecho de establecer sus leyes fundamentales, *y de adoptar la forma de gobierno que más le convenga*"[10].

Felipe Aner opinaba que la última frase podría ser utilizada por los enemigos de las Cortes para acusarles de querer establecer una república con principios democráticos. Y no era para menos, la Francia napoleónica, invasora y laica, era un buen ejemplo de ello.

Muchas veces se nos ha acusado de que seguíamos principios enteramente democraticos, que el objeto era establecer una república (como si las Córtes, Señor, no hubiesen tomado el pulso á las cosas, y no conociesen la posibilidad de las máximas). No demos, pues ocasión á que los enemigos interpreten en un sentido opuesto el último periodo del artículo que se discute, y lo presenten como un principio de novedad y como un paso de la democracia. ¡Cuántos habrá que al leer el artículo habrán dicho: "las Córtes no pudiendo prescindir del Gobierno monárquico, porque es la voluntad expresa de toda la Nacion, se reservan en esta cláusula la facultad de hacerlo cuando tengan mejor ocasión!". No es menos atendible, Señor, la interpretacion que las Naciones extranjeras podrán dar á este principio.

Aner introdujo dos cuestiones importantes en su discurso: las limitaciones del monarca por el legislativo y la cuestión internacional.

---

[9] *Diario de Sesiones de Cortes*, 25 de agosto de 1811, p. 1691.
[10] *Diario de Sesiones de Cortes*, 25 de agosto de 1811, p. 1691. La cursiva es nuestra.

Por su parte, Terrero no dejó pasar la oportunidad para establecer los límites de la monarquía. Los reyes, parafraseando a Mejía, "ya no bajaban del cielo". Terrero puso al monarca también en el suelo, terrenal:

> [...] *humani nihil a me alienum puto.* Todo cabe en la clase de humano, y en ella no está exento el Monarca. Sepan, pues, las cabezas coronadas que en un fatal extremo, en un evento extraordinario, no fácil, más sí posible, la nacion reunida podria derogarle su derecho. Esto tenia que decir, y dije[11].

Era el "problema" del soberano el que se enfrentaba con la cuestión de la soberanía en la nación. Intervino el obispo de Calahorra. Bajo ningún concepto aceptaba el artículo 3º. Es más, pedía que se borrara de la Constitución así como todos aquellos que declararan que la soberanía recaía en la nación: "Señor, á Fernando VII corresponde ser Monarca Soberano de las Españas; el solo imaginar la menor novedad en este punto esencial de nuestra Constitucion, me hace extremecer [*sic*]"[12].

La contradicción que suponía construir un Estado-nación con parámetros hispanos y transoceánicos manteniendo la monarquía como forma de gobierno era más de lo que el sector servil podía transigir. El obispo de Calahorra insistió en que la soberanía la tenía el rey derivada directamente de Dios y, por lo tanto, nadie podía despojarle de esta suprema potestad. ¿Pero no había sido aceptado ya el artículo 1º? ¿A qué venía ahora definir la nación incluyendo al rey en ella?

El contrapunto lo puso, otra vez, el novohispano Guridi y Alcocer. Recordemos que ya había intervenido en el artículo 1º desmarcándose del consenso liberal hispano. En esta ocasión pretendía sustituir la palabra *esencialmente*, por la voz *radicalmente*[13] o bien *originariamente* para expresar con más claridad la fuente de donde emanaba la soberanía. Guridi y Alcocer:

---

[11] *Diario de Sesiones de Cortes,* 25 de agosto de 1811, p. 1691

[12] *Diario de Sesiones de Cortes,* 25 de agosto de 1811, p. 1691

[13] Guridi y Alcocer realizó la misma propuesta en la discusión del artículo 3º del Acta de la Federación Mexicana en donde se proclamaba de una forma rotunda la soberanía nacional: "La Soberanía reside radical y esencialmente en la nación, y por lo mismo pertenece exclusivamente a ésta el derecho de adoptar y establecer por medio de sus representantes la forma de gobierno y demás leyes fundamentales que le parezca más conveniente para su conservación y mayor prosperidad, modificándolas o variándolas, según crea más convenientes".

Esta vez, trece años después, su propuesta triunfó. Los resquemores del diputado por Tlaxcala hacia el monarca en 1811 se confirmaron en 1814. Guridi y Alcocer "dijo que

De lo que no puede desprenderse jamás es de la raíz ú origen de la soberanía. Esta resulta de la sumision que cada uno hace de su propia voluntad y fuerzas á una autoridad á que se sujeta, ora sea por un pacto social, ora á imitacion de la potestad paterna, ora en fuerza de la necesidad de la defensa y comodidad de la vida habitando en sociedad; la soberanía, pues, conforme á estos principios de derecho público, reside en aquella autoridad á que todos se sujetan, y su origen y su raíz es la voluntad de cada uno[14].

Si el contrapunto lo puso Guridi y Alcocer, el punto y aparte lo fijó Muñoz Torrero. Molesto, irritado, fue concluyente y breve: "Como individuo de la comision pido á V.M. que no permita que se ponga el decreto de 24 de septiembre en duda (...) Los discursos que acabo de oir no se dirigen a otra cosa que á impugnar la soberania de la Nacion"[15].

El día 29 se reanudó la discusión del artículo 3°. La situación se tensó entre los representantes absolutistas y liberales, los cuales se rebatían unos a otros mediante los argumentos en contra y a favor del artículo. El decreto de 24 de septiembre de 1810 se leyó tres veces en la Cámara. La pugna entre ambas facciones fue tenaz. Fue en ese momento cuando Golfin pronunció las palabras más contundentes que se habían oído hasta ese momento en la planta elíptica, salvo las de Mejía Lequerica:

> Yo reclamo estos principios, [principios constitutivos de la sociedad] que deben dirigir nuestras deliberaciones. Si es necesario desenvolverlos, yo lo haré *sin temor de que me llamen jacobino,* y demostraré que el que no los sostiene perjudica á la Nacion y destruye los derechos de nuestro legítimo Rey Fernando VII[16].

Una vez terminadas las palabras pedidas, se procedió a la votación nominal del artículo 3°. Para ello se dividió en dos partes, la primera fue aprobada por 128 votos contra 24. Después se procedió a la votación de la segunda parte, *y de adoptar la forma de gobierno que más le convenga.* El resultado fue de 87 votos en contra y 63 a favor. La polémica frase de una fracción de los liberales finalmente no se aprobó, lo cual no quiere decir que la pugna entre

---

desde que fue individuo de la comisión de constitución en las Cortes de España propuso que se dijese que la soberanía reside radicalmente en la nación, para explicar no sólo que la soberanía es inagenable e imprescriptible, sino el modo con que se halla en la nación, pues que esta conserva la raíz de la soberanía, sin tener su ejercicio".

[14] *Diario de Sesiones de Cortes*, 28 de agosto de 1811, p. 1714.

[15] *Diario de Sesiones de Cortes*, 28 de agosto de 1811, p. 1714

[16] *Diario de Sesiones de Cortes*, 28 de agosto de 1811, p. 1721. El subrayado es nuestro.

absolutistas y liberales no se diera y que esta tensión no condicionara otros artículos también importantes.

En las Cortes de Cádiz se reveló una singular y doble problemática nacional que va a incidir directamente en la cuestión de la soberanía y de la representación. Así, se estaba transformando jurídicamente el Estado[17], desde el monárquico y absolutista al también monárquico pero nacional y constitucional. Aconteció que este Estado-nación que se estaba fraguando en las Cortes de Cádiz incluyó a los territorios y a los súbditos de toda la monarquía española en calidad de igualdad de derechos y de libertades convirtiéndolos, respectivamente, en provincias y en ciudadanos.

Aunque los derechos de los ciudadanos americanos y sus fundamentos los explicamos más detenidamente en otros estudios[18], lo importante es insistir en que esta cuestión, además de su sesgo revolucionario, comportó una discusión en la Cámara sobre el contenido de nación y, por ende, de la nacionalidad. Así, iniciada la revolución liberal, ésta implicó no sólo una lucha entre la soberanía del rey frente a la ahora soberanía nacional en construcción, sino también una problemática interna sobre el carácter y la nacionalidad triunfante de esa nación y sobre la división o la unicidad de los mecanismos electorales que componían la representación de la nacionalidad y soberanía y, por tanto, su legitimidad.

Así, los conceptos nación, soberanía y representación quedaban ligados en el entramado legitimador que el nuevo Estado liberal no sólo construía sino que necesitaba enunciar, difundir y, sobre todo, justificar. En especial porque la legitimidad del Estado, el anterior y el nuevo, recaía de forma absolutista en el primer caso, mientras que era compartido en el segundo por la nación, si bien ambas legitimidades coincidían en tener en el monarca su nexo central. ¿Aceptaría Fernando VII, absolutista ayer, compartir su poder con la nación hoy?

Se trataba, para el liberalismo peninsular y americano, de un *drama*. Cambiar el Estado sin modificar su forma de legitimidad –la monarquía– y hacer compatible hasta el antagonismo más frontal, al menos inicialmente, monarquía y Constitución. El cambio era cualitativo en el contenido de Estado, pero no en el de su forma. Es decir, pasar del absolutismo al liberalismo, de la colonia a la autonomía dentro de un Estado-nación e, incluso, realizar la

---

[17] Entre la abundante bibliografía sobre el Estado puede consultarse la obra clásica de Zippelius (1998).
[18] Chust (1999).

revolución liberal con el mismo rey, Fernando VII, "el Deseado" al menos en 1808, el "ausente" hasta 1813, el futuro golpista de 1814, el constitucional obligado de 1820 y el conspirador de 1823. Pero, observemos, *nunca* el autonomista americano.

LA DIFÍCIL CUESTIÓN DE LA REPRESENTACIÓN

Por lo que respecta a la cuestión de la representación en la Constitución de 1812 el artículo 6° estableció quiénes eran los españoles, es decir, quién tenía los derechos para ser nacionalizado: "Todos los hombres libres nacidos y avecindados en los dominios de las Españas, y los hijos de estos".

Sabemos que ahora el lugar de nacimiento pasaba a ser considerado como un valor político. Una vez establecido el derecho de la nacionalidad, se pasó a discutir los derechos que los españoles tenían para ser representados. En efecto, el capítulo IV, "De los ciudadanos españoles", proponía en su artículo 18 que: "Son ciudadanos aquellos españoles que por ambas líneas traen su orígen de los dominios españoles de ambos hemisferios, y están avecindados en cualquier pueblo de los mismos dominios".

En esta definición se excluía a los que tuviesen un origen africano, es decir, a las castas. El problema estaba planteado. No hubo consenso entre los miembros americanos de la comisión. Hubo, como Leiva, quienes no estuvieron de acuerdo en esta exclusión. Las protestas de varios diputados americanos arreciaron. Al igual que en precedentes artículos, tuvo que ser un miembro de la comisión, esta vez un americano como Morales Duárez, quien advirtiera que el desarrollo de este problema se abordaba en el artículo 22. Los diputados seguían sin leer más allá de los artículos inmediatos a la discusión, sino solamente los que se estaban debatiendo.

El artículo 18 se aprobó sin una sola modificación. Sin dilación –el valor de los días, de las horas, era incalculable mientras el ejército francés asediara la ciudad–, se pasó ese mismo día a discutir el siguiente.

El día 4 de septiembre se llegaba a la discusión del artículo 22 de la Constitución:

> A los españoles que por cualquiera línea traen orígen de Africa, para aspirar á ser ciudadanos les queda abierta la puerta de la virtud y del merecimiento, y en su consecuencia las Córtes podrán conceder carta de ciudadano á los que hayan hecho servicios eminentes a la Pátria, a los que se distingan por sus talentos, su aplicacion y su conducta; bajo condicion respecto de estos últimos, de que sean

hijos de legítimo matrimonio, de padres ingenuos, de que estén ellos mismos casados con mujer ingénua, y avecindados en los dominios de España, y de que ejerzan alguna profesion, oficio e industria útil con un capital propio, suficiente para mantener su casa y educar sus hijos con honradez.

El bloque liberal americano lo sabía. Los diputados americanos de la comisión, Leiva, Mendiola y Jáuregui, en desacuerdo con el artículo, habían informado convenientemente a sus compañeros liberales de continente. El artículo 22 indignó una vez más a los americanos. Si se aprobaba sin lograr ninguna modificación podía significar que las castas, es decir, cualquiera que tuviera rasgos negros de un antepasado, aunque fuera remoto, quedaban excluidas de la categoría de ciudadano. En ese momento alrededor de seis millones de personas.

Tema conflictivo, el presente. El grupo americano se desintegró. Solo los diputados más liberales y, por supuesto, los que se habían significado hasta el momento por su radicalismo intervinieron en contra del artículo. Los sectores más moderados o enmudecieron o participaron a favor del mismo. El tema racial, inmerso en el nacional, se anteponía a éste. Su identificación con el social, le superaba.

Las razones expuestas por estos diputados eran diversas. En primer lugar, evidenciaban su temor a que discriminaciones políticas, como la presente, pudieran provocar revueltas raciales o sublevaciones en sectores de la milicia colonial en los que había una presencia importante de pardos. Población mulata que alcanzaba cifras importantes en virreinatos como Perú, Nueva España y Nueva Granada. La experiencia de Haití no estaba tan lejana, ni en el tiempo ni en el espacio.

Hubo más preocupaciones. En algunas provincias esta población era utilizada desde el siglo XVIII como fuerza de choque por parte de la monarquía española contra las rebeliones indias, incursiones de piratas, intentos de invasiones de potencias europeas y en la coyuntura actual se utilizaban contra los movimientos independentistas. De esta forma se tenía más presente en Perú que el peso de la contienda contra Túpac Amaru fue llevado en parte a cabo por las milicias de pardos. No era el único precedente. Goyeneche y Molina, el primero en Buenos Aires y el segundo en Guayaquil, recurrieron a regimientos de mulatos contra los insurgentes. O la guarnición del Castillo de San Felipe en el importante puerto del Callao, constituida exclusivamente por pardos. Resultaba pues, peligroso que en estos momentos las Cortes elaboraran un artículo que pudiera poner en una grave tesitura a estas fuerzas armadas americanas fieles a la monarquía española.

Esta medida fue una estrategia de los diputados peninsulares para reducir el número de diputados americanos, ya que la ley electoral planteaba un sufragio universal indirecto proporcional a la población. Así, en la Península había entre 10 y 11 millones de habitantes, mientras que en América se llegaba a cifras de entre 15 y 16 millones. De esta forma, los representantes peninsulares se aseguraban un número de diputados similar al de los americanos al excluir a casi seis millones de individuos integrados en las castas de los derechos políticos.

Los diputados americanos argumentaban sus objeciones al artículo en base a presupuestos de Rousseau y de Sièyes: el pacto social, del primero, y la teoría de las "clases productivas" del segundo. Si del ginebrino interpretaban democráticamente su pacto social, del abad utilizaban el argumento de que la fuerza motriz constitutiva de la nación recaía en esas "clases productivas". De ambos razonamientos concluían que la soberanía residía en la nación y que todos sus integrantes, que participaban en su formación, adquirían por tanto la condición de ciudadanos. El novohispano José Simeón Uría aseveró al respecto: "Ser parte de la soberanía nacional, y no ser ciudadano de la Nacion sin demérito personal, son á la verdad, Señor, dos cosas que no pueden concebirse, y que una a la otra se destruyen".

Emitida esta interpretación democrática, la distinción entre derechos civiles y derechos políticos —punto central de la divergencia— quedaba refutada y colocada como mero pretexto metafísico. De esta forma, el discurso liberal de los representantes españoles se revelaba lo suficientemente ambiguo como para que diputados liberales peninsulares y americanos, fundamentados, a menudo, en los mismos principios filosóficos ilustrados y liberales, emitieran argumentos distintos y llegaran a conclusiones diferentes.

El artículo fue tachado de "iliberal" por los americanos, lo que molestó enormemente a los liberales peninsulares. Es más, fue denunciado en la Cámara por los americanos como anticonstitucional porque se contradecía con los artículos 1°, 3°, 7° y 8°, en los que se establecía la soberanía nacional. La magnitud del debate alcanzaba similitudes con el protagonizado por los americanos en enero y febrero de este año sobre las once famosas propuestas que reclamaban la igualdad.

Y en eso, Guridi exclamó la frase que provocó otro gran debate: "No resta otra cosa que decir sino que la esclavitud inficiona el orígen africano".

Los líderes del liberalismo peninsular desfilaron por la tribuna. El debate se prolongó hasta el día 10 de septiembre. El argumento central, sostenido por la mayoría de estos diputados para excluir a las castas de la categoría de ciudadano, se fundamentaba en la más pura filosofía individualista, desde Locke a Sièyes. Argüían que la nación estaba formada por todos los hombres que habían contribuido a su constitución, es decir, por todos los españoles. Ésta se había logrado gracias a un pacto del conjunto de la sociedad para garantizar unos derechos y defenderlos: el derecho a la propiedad privada, la libertad civil, la igualdad ante los tribunales, la seguridad personal, etc. De esta forma todos los individuos tenían una propiedad que proteger —desde su propia persona hasta la propiedad privada— por lo que todos formaban parte de la sociedad civil. Sociedad que tenía derechos, pero también obligaciones.

No obstante, proseguía este discurso liberal, aquellas personas que habían logrado poseer otro tipo de propiedad, material, conseguida a través de sus capacidades intelectuales, racionales, obtenían además unos derechos y obligaciones políticos. Así, explicaban estos diputados estereotipadamente, todos los españoles tenían unos derechos y obligaciones civiles —estaban sujetos libremente a unas determinadas leyes que les garantizaban su seguridad y su propiedad—, pero solo los ciudadanos —los más racionales, los que poseían una propiedad privada— tendrían derechos y obligaciones políticos.

Pero fue Argüelles quien profundizó de forma notable en el concepto ciudadano. Si bien el concepto existía, éste aludía a los vecinos de una ciudad, sin llegar a la categoría que tenía "vecino" en el Antiguo Régimen. Argüelles, al respecto:

> La palabra ciudadano no puede ya entenderse en el sentido tan vago, indeterminado que hasta aquí ha tenido. Aunque término antiguo, acaba de adquirir por la Constitucion un significado conocido, preciso, exacto. Es nuevo en la nomenclatura legal, y no se puede confundir en adelante con la palabra vecino. [...] La cualidad de ciudadano habilita á todo español para serlo todo en su país, sin que reglamentos, ni privilegios de cuerpos ni establecimientos puedan rehusar su admision.

Para Argüelles, representante del liberalismo peninsular, "ciudadano" apelaba a la igualdad de derechos, lo cual comportaba la extinción del privilegio, uno de los pilares de la sociedad feudal, significaba la seguridad personal, garantizaba la propiedad privada... El concepto de ciudadano, permanecía idéntico en la forma, pero había variado su contenido. Era un concepto nuevo... y revolucionario. Significaba todo aquello antagónico al Antiguo Régimen. Mientras que los diputados absolutistas se resistían y los eclécticos la negaban, la Constitución llevaba aparejada una revolución liberal bihemisférica.

Finalmente, el artículo quedó de esta forma:

> Los españoles que por cualquiera línea son habidos y reputados por originarios del Africa, les queda abierta la puerta de la virtud y del merecimiento para ser ciudadano. En su consecuencia concederán las Córtes carta de ciudadano á los que hicieren servicios calificados á la Pátria, á los que se distingan por su talento, aplicacion y conducta; con la condicion de que sean hijos de legítimo matrimonio, de padres ingénuos, de que estén ellos mismos casados con mujer ingénua, y avecindados en los dominios de las Españas, y de que ejerzan alguna profesion, oficio ó industria útil con un capital propio.

La Constitución estaba nacionalizando a los americanos, los había integrado en la sociedad civil, ¿los integraría también bajo los mismos parámetros que a los españoles peninsulares en la sociedad política? Se sabía quiénes eran los españoles; restaba por saber ahora quiénes serían los ciudadanos.

El 14 de setiembre de 1811 se presentó a la Cámara para su discusión el artículo 28. También muy explícito esgrimía: "La base de la representacion nacional es la misma en ambos hemisferios".

Guridi y Alcocer interrogó a la comisión si la igualdad se establecía proporcionalmente a su representación o en base a una igualdad fija del número de diputados en ambos hemisferios. Un Guridi y Alcocer irónico adelantaba el problema que contenía el artículo 29. ¿En base a quién se establecía la representación? ¿Entre el total de los ciudadanos o entre el total de los españoles? Ahora entraremos en ello. No obstante Guridi y Alcocer, haciéndose el ingenuo, interrogaba a los españoles:

> Mas claro: la América por su mayor extension, y porque de dia en dia adquiere nuevos incrementos, puede suceder que de aquí a cincuenta, ciento ó doscientos años tenga mayor número de ciudadanos que la Península; y de consiguiente, que le corresponda tambien mayor número de representantes, regulando este por aquel. Pregunto yo ahora: ¿sería esto inconveniente? ¿Habría de cercenársele el exceso para que quede á nivel con la Península? Esta es mi duda, (...).

También es la nuestra. ¿Era la población un inconveniente para la representación? Es más, ¿fue un inconveniente integrar constitucionalmente América para la propia revolución liberal española? Ya vemos cómo, al menos a nivel político, incidió notablemente en la construcción del Estado-nación español. Los liberales españoles tuvieron muy presente al establecer las bases de la representación nacional la integración americana en igualdad de condiciones. Al tiempo que establecían las bases para que la representación nunca fuera mayoritaria por parte de los americanos. La exclusión de las castas de la base de representación sería un claro ejemplo, como veremos en los debates del artículo 29.

> Art. 29. Esta base es la poblacion compuesta de los naturales que por ambas líneas sean originarios españoles, y de aquellos que hayan obtenido de las Córtes carta de ciudadano, como tambien de los comprendidos en el art. 21.

Pero había más motivos de querella. En el artículo 5 se había dotado de la nacionalidad española a estas castas con tal que nacieran libres en los dominios españoles y estuvieran avecindadas. Hemos visto cómo por el artículo 22, se establecía una división entre derechos civiles y políticos para señalar la frontera entre los derechos de los españoles y los de ciudadano. Los americanos protestaban enérgicamente porque advertían que por medio de razonamientos "metafísicos" los peninsulares habían separado a las castas de la calidad de ciudadanos, los habían incluido en la base de los españoles y ahora, intencionadamente, los excluían de la base para la representación nacional. Las razones que esgrimían eran las mismas que habían establecido para separar a la sociedad civil de la política.

Pero ¿cuál era la razón que se escondía tras esta táctica? Los americanos no tenían ninguna duda al respecto. Insistían una y otra vez en ello. Los peninsulares temían que el número de diputados americanos, una vez decretada la igualdad en la base de la representación y establecida ésta en función al número de la población, fuera mayor que el número de los diputados peninsulares. No era extraño. Algunos ya lo habían manifestado anteriormente.

Se consumaba, de esta forma, la exclusión de las castas en la base de la representación nacional. Si la oposición al artículo 22 parecía una táctica clara de los americanos para aumentar el número de sus representantes en las futuras Cortes, el artículo 29 se configuraba con los mismos parámetros, pero por parte de los peninsulares y en sentido contrario, reducir el número de diputados americanos en las futuras Cortes.

LA CUESTIÓN DEL TERRITORIO Y LA SOBERANÍA

La problemática soberanía hispana/soberano continuó en los debates constitucionales. El liberalismo doceañista se iba conformando con contradicciones. El capítulo I del título II llevaba un sugestivo título: "Del territorio de las Españas". Con ello se dejaba patente la diversidad de territorios que componían la monarquía española o "las Españas". Pero el contenido había cambiado. Ya no eran territorios privilegiados los que integraban la monarquía absoluta en un complejo entramado de señoríos, provincias, ciudades, reinos, virreinatos y capitanías generales. Ahora los territorios que integraban "las Españas" presentaban una aparente homogeneidad administrativa: la igualdad de derechos, de representación y la división en una unidad territorial como era la provincia regida por una institución política administrativa como la diputación.

Los criterios de la división de los territorios quedaron en evidencia a favor de los peninsulares en la redacción del artículo 10.

> El territorio español comprende en la península, con sus terrenos, islas adyacentes, Aragon, Asturias, Castilla la Vieja, Castilla la Nueva, Cataluña, Córdoba, Extremadura, Galicia, Granada, Jaen, Leon, Murcia, Navarra, Provincias Vascongadas, Sevilla y Valencia, las islas baleares y las Canarias. En la América septentrional Nueva España, con la Nueva Galicia, Goatemala, provincias internas del Oriente, provincias internas del Occidente, isla de Cuba, con las dos Floridas la parte española de la isla de Santo Domingo, y la isla de Puerto-Rico, con las demás adyacentes á estas y al continente en uno y otro mar. En la América meridional la Nueva Granada, Venezuela, el Perú, Chile, provincias del Río de la Plata, y todas las islas adyacentes en el mar Pacífico y en el Atlántico. En Asia las islas Filipinas y las que dependen de su gobierno.

Los diputados liberales para oponerse a las pretensiones de los diputados absolutistas que querían incluir en el texto constitucional algunas de las antiguas divisiones señoriales[19] —como el señorío de Molina— utilizaron la "cuestión americana" como justificación, dado que —argumentaban los liberales peninsulares— los diputados americanos exigirían, "con razón", que se expresaran también todas las partes americanas que estaban pretendiendo.

Por su parte, los americanos permanecían en silencio. Al parecer, los peninsulares se mostraban ahora como sus abogados. Frente a los problemas de unidad y centralidad que ofrecía la diversidad señorial los liberales oponían los que podía ofrecer la diversidad americana. ¿Táctica en busca de consenso? No será la única vez que los liberales peninsulares empleen cuestiones americanas para frenar las pretensiones absolutistas. Leiva, por último, zanjó

[19] Como la petición de José Roa y Fabián, diputado por el señorío de Molina, que en tono airado reclamaba su inclusión en la división territorial. Cf. Chust (1999: 144).

la cuestión. Esto era lo que decía el chileno. Diputado que había apostado claramente por ese autonomismo:

> Debo advertir tambien que no ha sido el animo de la comision posponer la América á la Península; pues que no debe haber diferencia alguna entre ambas partes en la union nacional. Se ha hablado en lugar separado de los distritos de América para designarlos mejor. Si se hubiera llevado idea de preferencia de unos pueblos á otros, no empezaríamos por Asturias, y Burgos y Toledo habrian renovado sus antiguas pretensiones de primacía. La sabiduría de la comision debe consistir en aniquilar el espíritu de provincialismo, y hacer entender que todos sus pueblos deben igualmente gozar de los beneficios de una Constitucion justa y uniforme en sus principios.

Solventadas estas cuestiones, un segundo frente de batalla se abrió para los liberales peninsulares. Esta vez la oposición provino de los americanos. La inició el diputado por Mérida de Yucatán, Miguel González Lastiri, al reclamar la presencia de su provincia en la división constitucional. Fue sólo el principio, pues los representantes de Cuzco y Quito también se sumaron a la reivindicación de Yucatán.

Nuevamente el problema americano volvía a plantearse en el debate constitucional. ¿Qué territorios componían "las Españas"? La nomenclatura establecía que junto a los peninsulares se encontraban los americanos. Es decir, la primera consecuencia fue que el nuevo Estado nacía con parámetros hispanos. ¿Pero dónde estaba la igualdad provincial/territorial que además comportaba la de representación? Incluso las reivindicaciones americanas provocaron que la comisión de redacción de Constitución se viera imposibilitada para decidir el criterio adoptado en esta nueva división.

Argüelles aclaró los verdaderos motivos que había tenido la comisión para redactar en estos términos el artículo: "Lo que se pretende es que la Cámara entienda que de la Monarquía española no se puede separar ninguna población".

Por último se resolvió que dadas las dificultades expresadas, las cuales eran más que notorias, se dejaba para más adelante el fijar demarcaciones más precisas.

La intervención de Leiva en favor de estas provincias –Yucatán, Cuzco y Quito–, condicionó la votación de la Cámara. Y finalmente, la Cámara las aprobó.

La problemática sobre la indeterminación de cuál era la nomenclatura y la división provincial de los territorios de la monarquía, se solventó con una solución insospechada para un Estado-nación que se estaba constituyendo: la redacción de otro artículo complementario como el 11. Este artículo aplazaba el problema hasta el triunfo de la guerra en la península y de la derrota de la insurgencia en América. Con ello se evidenciaba que el nuevo Estado era incapaz, por el momento, de dotarse constitucionalmente de una división satisfactoria.

Así, se redactó el artículo 11: "Se hará una division más conveniente del territorio español por una ley constitucional, luego que las circunstancias políticas de la Nacion lo permitan".

Se constituía el Estado-nación y lo hacía desde parámetros hispanos. Este hecho, trascendental y sin precedentes en la historia universal, problematizará tanto la historia contemporánea de América como la española. Pero... ¿cómo organizar un Estado cuando sus dimensiones territoriales eran transoceánicas? ¿Qué es lo que había cambiado o comenzaba a cambiar desde el plano jurídico-político? Los territorios no pertenecían ya al soberano y por ende, tampoco su soberanía. Ahora los territorios, antiguas colonias y metrópoli, constituían un solo Estado-nación. La soberanía, en un alarde de teoricismo liberal centralista, correspondía a la nación. Soberanía y nación que se presentaban indivisibles, únicas y cuya legitimidad tan sólo eran las Cortes y su sistema representativo electoral. Aconteció que los diputados americanos, especialmente los novohispanos, proponían otra alternativa a esta concepción de la soberanía nacional y por ende del Estado-nación. Residía en una división de la soberanía en tres niveles: municipal, provincial y nacional. ¿Suponía ello un federalismo? Al menos se aproximaba.

Todos estos planteamientos autonomistas y descentralizadores de los americanos desembocaron en la discusión de los artículos referentes a los ayuntamientos y a las diputaciones. Era en estas instituciones en donde los americanos depositaban buena parte de sus aspiraciones descentralizadoras para consumar su autonomismo. Por ello, los liberales peninsulares reaccionaron y plantearon las diputaciones como unas instituciones encaminadas a reafirmar el centralismo. La dialéctica centro/periferia seguía presente en la creación del Estado-nación. Pero era una dialéctica, fundamentalmente, entre un nacionalismo peninsular y otro americano.

Dos fueron los puntos de conflicto en la organización de ambas instituciones. En primer lugar, los americanos concebían, desde su táctica política, a ambas instituciones como asambleas representativas, dado su carácter electivo y, por lo tanto, depositarias de parte de la soberanía. Así, el liberalismo autonomista americano enunció todo un discurso que proponía la descentralización de la representación, cuestionaba la centralización de la soberanía y, por lo tanto, del poder.

La descentralización autonomista que los americanos reivindicaron tanto en el poder local, ayuntamientos[20], como desde el poder provincial, diputaciones, suponía una asunción de la soberanía que no tenía que ser, necesariamente, nacional, sino también local y provincial. De esta forma hacían coincidir ésta con el criterio de la igualdad de representación. Se fundamentaba en las Cortes de Cádiz una de las bases teóricas del federalismo americano. Además, los liberales peninsulares para contener esta corriente federal de los americanos, procedieron a poner un freno al poder legislativo tanto municipal como provincial mediante la creación de la figura del jefe político[21]. Éste era un funcionario nombrado por el poder ejecutivo con atribuciones de presidente de la diputación y por ende, supervisor de todos los ayuntamientos.

El enfrentamiento devino en una pugna entre la concepción autonomista y descentralizadora de los americanos y el centralismo de los liberales peninsulares. Y además, todo el conflicto revestía parámetros antirrealistas y anticentralistas. Lo cual va a provocar la reacción centralista y monárquica de los liberales peninsulares mientras en América se producirá una explosión de procesos electorales para poner en marcha los poderes políticos provinciales[22] y locales[23].

Y en sentido descentralizador las palabras de Guridi y Alcocer:

> Yo tengo á los diputados provinciales como representantes del pueblo de su provincia, cuando hasta los regidores de los ayuntamientos se han visto como tales aun antes de ahora. Unos hombres que ha de elegir el pueblo, y cuyas facultades les han de venir del pueblo ó de las Córtes, que son la representacion nacional, y no del Poder ejecutivo, son representantes del pueblo.

Mientras que las posiciones de los diputados liberales peninsulares cada vez se escoraban más a diseñar unas diputaciones que fueran instrumento del poder central, en vez del autonomismo periférico. Al respecto, el conde de Toreno:

[20] Cf. Annino (1992: 121-158). También Annino (1995 y 1999).

[21] No obstante es aquí en donde Nettie Lee Benson interpreta la desintegración del virreinato al ser sustituido por las diputaciones provinciales. Cf. Benson (1955).

[22] Sobre la formación y elecciones de las diputaciones provinciales en Nueva España puede consultarse el trabajo de Benson (1955).

[23] Rodríguez O. (2008).

Prescindo de si para una Monarquía tan extensa es el más adecuado; (el sistema constitucional que se esta aprobando) esta no es la cuestion, ni mi objeto el tratar de ella. La comision no ha intentado formar un federalismo, y siguiendo este rumbo, en caso de dar facultades a las Córtes ordinarias, no deberían ser para aumentar su número, segun quieren algunos señores, sino solamente para disminuirlo si lo tuvieren por conveniente. (…)

Lo dilatado de la nacion la impele, bajo un sistema liberal, al federalismo; y si no lo evitamos, se vendrá á formar, sobre todo con las provincias de Ultramar, una federacion como la de los Estados Unidos, que insensiblemente pasaria á imitar la más independiente de los antiguos cantones suizos, y acabaria por constituir Estados separados".

De esta forma, la cuestión americana provocó en la cuestión nacional española la discusión de un problema que los diputados peninsulares creían que no era intrínseco de la Península, sino que venía importado exógenamente por incorporar como territorios en igualdad de representación en la nación española, léase monarquía, a las antiguas colonias. Lo cual provocó la discusión antes aludida sobre el número de soberanías que ese nuevo Estadonación estaba dispuesto a admitir. Como sabemos ganó la propuesta centralista, de la soberanía, de la representación y de la administración política del territorio. Y con ello, buena parte de las "frustraciones" de los diputados doceañistas americanos, de sus representados en América y de sus intereses en "ambos hemisferios". El recurso a un Estado-nación propio quedaba cada vez más cerca para los americanos doceañistas. Los años veinte esperaban para ello.

BIBLIOGRAFÍA

ANNINO, Antonio (1995): "Voto, tierra, soberanía. Cádiz y los orígenes del municipalismo mexicano", en Guerra, Francois-Xavier (dir.): *Revoluciones hispánicas. Independencias americanas y liberalismo español*. Madrid: Editorial Complutense.

— (1999): "Ciudadanía versus gobernabilidad republicana en México. Los orígenes de un dilema", en Sabato, Hilda (coord.), *Ciudadanía política y formación de las naciones. Perspectivas históricas de América Latina*. México: Fideicomiso Historia de las Américas/Fondo de Cultura Económica.

— (1992): "Prácticas criollas y liberalismo en la crisis del espacio urbano colonial. El 29 de noviembre de 1812 en la ciudad de México", en *Secuencia*, n° 24.

BENSON, Nettie Lee (1955): *La diputación provincial y el federalismo mexicano*. México: El Colegio de México.

CHUST, Manuel (1999): *La cuestión nacional americana en las Cortes de Cádiz*. Valencia/
México: Fundación Historia Social/Universidad Nacional Autónoma de México, Biblioteca Historia Social.

Diario de Sesiones de Cortes.

RODRÍGUEZ O., Jaime (2008): "Las instituciones gaditanas en Nueva España, 1812-
1824", en íd. (coord.): *Las nuevas naciones, España y México, 1750-1850*. Madrid:
Mapfre.

ZIPPELIUS, Reinhold (1998): *Teoría General del Estado*. México: Universidad Nacional Autónoma de México/Porrúa.

ORÍGENES DEL PRIMER CONSTITUCIONALISMO MEXICANO, 1810-1824

Ivana Frasquet
Universitat de València

BREVE BALANCE HISTORIOGRÁFICO

Los procesos de independencia que se produjeron a principios del siglo XIX en toda la geografía americana de la monarquía hispánica han centrado el interés de los estudios históricos de las últimas décadas; más, si cabe, en la coyuntura bicentenarial en la que nos encontramos en estos momentos. Los temas abordados desde la Historia han sido múltiples y variados. Por ejemplo, inicialmente, desde las interpretaciones más clásicas centradas en las figuras heroicas y en una versión tradicional nacionalista, se estudió fundamentalmente el movimiento insurgente y a sus dirigentes[1]. Sin embargo, nuevas investigaciones se han preocupado, desde la década de los ochenta, de contextualizar la independencia en un proceso más amplio de dimensiones ultramarinas, incluyendo así la crisis de la monarquía hispánica como punto de inflexión en el desmoronamiento del imperio español en América[2]. En

---

[1] Por cuestiones de espacio la bibliografía ha sido reducida a lo mínimo posible. Sin ánimo de exhaustividad, De la Torre (1964), Lemoine (1965), Hamill (1966), Timmons (1963).

[2] De forma muy general podemos citar a Benson (1955), Anna (1978), Hamnett (1978), Rodríguez (1992), Guerra (1992), Annino (1995).

general, a partir de esta interpretación, las cuestiones políticas han atraído el mayor interés –en los últimos tiempos– dentro los temas de estudio de la independencia mexicana, centrándose sobre todo, en las formas de representación, los procesos electorales, la formación de las juntas, la participación de los diputados en las Cortes, las concepciones acerca de la soberanía, el federalismo, la república, el liberalismo, etc. Pero también otros puntos de vista distintos al político como son: la contextualización de la guerra y las fuerzas armadas como elementos fundamentales para comprender todo el proceso, la participación de las comunidades indígenas, las perspectivas regionales, las cuestiones económicas y fiscales, el ámbito cultural y social, han sido abordados aportando interpretaciones complementarias y necesarias para el estudio de la independencia mexicana.

A pesar de esta fructífera producción historiográfica, pocos han sido los investigadores que, desde la Historia, se han acercado de forma específica a las cuestiones relativas al primer constitucionalismo mexicano. En parte, porque la propia disciplina obliga a visiones y planteamientos más amplios y contextualizados; y, en parte, porque esta temática ha sido tradicionalmente coto de los especialistas en Derecho y cuestiones jurídicas, lo que derivó el foco de interés de los historiadores hacia otros temas[3]. Con todo, estos trabajos se centraron en cuestiones de ordenamiento jurídico y funcionamiento legislativo, enmarcadas, cuando mucho, en una interpretación tradicional de la independencia mexicana, de corte nacionalista y, en ocasiones, conservador. Pocos han sido, pues, los trabajos que han abordado las cuestiones políticas desde la órbita del primer constitucionalismo mexicano con la intención de abarcar más allá de la descripción de las normas y contextualizar éste en el complejo proceso que llevó a la independencia. No pretendemos, en este breve ensayo, abordar este reto. Pero sí acercar los caminos que entre historiadores y juristas se han recorrido hasta la fecha, contextualizando históricamente los inicios del constitucionalismo mexicano en el período inicial de la independencia. Para ello, pretendemos comprender algunos de los mecanismos de formación de una primera cultura política mexicana constitucional, a partir del abordaje de tres ejes fundamentales como fueron la soberanía, la representación y el territorio. En este sentido, indagaremos en los inicios de una cultura política mexicana comprendida dentro de la formación del constitucionalismo gaditano común a toda la monarquía española para después

---

[3] Desde distintas interpretaciones pueden consultarse las obras de Rabasa (1986), Sierra Brabatta (1983), Moreno (1972), Tena Ramírez (1973), Barragán (1978).

desenmarañar la urdimbre que permitió el paso hacia una cultura republicana y federal. El primer federalismo mexicano se configuró sobre la base de la autonomía y el autogobierno de los poderes provinciales establecidos en la Constitución de 1812 y sólo después de la abolición de esta Constitución fue posible pensar en la república. Es decir, el Estado-nación mexicano en 1824 fue federal porque era gaditano y republicano porque era federal.

LOS INICIOS: EL DOCEAÑISMO

Constitucionalismo, soberanía, representación y territorio. Cuatro dimensiones piramidales de la crisis de la monarquía hispánica a principios del siglo XIX. Cuatro lados que revisten distintas soluciones e interpretaciones de un proceso histórico que desembocó –en los territorios americanos de las monarquías ibéricas– en la independencia y la formación de Estados-naciones. Cuatro elementos que se imbrican y retuercen para entretejer lo que fue finalmente, en este caso, el Estado-nación mexicano. Cada uno de ellos incluye al siguiente y todos confluyen en el establecimiento del primer constitucionalismo como necesidad última de ser, en un momento de coyuntura crítica, de transformación, de cambio, pero también de continuidad y de tradición. Cada uno de ellos representará también para los distintos sectores sociales diferentes concepciones ideológicas, diferentes proyectos políticos y anhelos de sus variados intereses económicos. Éstos se irán manifestando a lo largo de todo este proceso histórico, englobando distintas fases, coyunturas y conformaciones que en modo alguno fueron estáticas ni tuvieron compartimentos estancos, sino todo lo contrario. Las propuestas se modificaron y alimentaron en y durante el propio proceso en forma activa y reactiva indistintamente. Durante las primeras dos décadas del siglo XIX, las idas y venidas, los éxitos y derrotas, los distintos ensayos políticos desembocarán en México en la Constitución federal de 1824. Desentrañar la madeja que se tejió para llegar a este resultado implica un ejercicio de descomposición de distintos elementos clave –en este caso la soberanía, la representación política y el territorio– que vertebraron las principales propuestas constitucionales de la época. Y al mismo tiempo la recomposición de los mismos en un contexto histórico de crisis, guerra e independencia, para conseguir analizar los puntos de conexión entre unos y otros. Para el caso mexicano habría que tener en cuenta no sólo los textos acabados y aplicados, sino también las propuestas que a lo largo de estos años se plantearon para conformar un Estado mexicano independiente y soberano. Éstas serían los Elementos constitucionales de Rayón, la llamada Constitución de Apatzingán de Morelos, la Constitución de 1812, el Plan de Iguala, los Tratados de Córdoba, el Acta constitutiva federal y, finalmente, la Constitución de 1824. Aunque no todos serán analizados con el mismo grado de profundidad por razones de espacio, se persigue su significación en los momentos más importantes de la conformación del Estado-nación mexicano.

La crisis monárquica iniciada con los acontecimientos conocidos de 1808 tuvo enormes efectos en América. El terremoto juntero que se desencadenó en la Península a raíz de la ocupación napoleónica afectó también a Nueva España donde, a pesar de que no se consumó la reunión de una junta en la ciudad capital, hubo intentos por establecer este tipo de instituciones que asumieran la soberanía en nombre de Fernando VII hasta la resolución de la crisis[4]. La asunción de la soberanía por parte de estas juntas supuso ya una quiebra de los postulados políticos e ideológicos vigentes hasta entonces en la monarquía hispánica. Si bien es cierto que muchos elementos tradicionales confluyeron en este movimiento, también lo es que supuso un punto sin retorno para las élites criollas del continente que avanzaron en distintas formas hacia el autogobierno y la independencia. Es más, los territorios asumieron una autonomía que ya no estuvieron dispuestos a abandonar[5]. Para el caso novohispano, el estallido de la guerra a partir de 1810 va a mantener algunas regiones bajo el control insurgente donde se ensayarán, como veremos, formas de juntas y gobiernos alternos a los que se desarrollaban en la Península.

Iniciada la guerra insurgente en Nueva España y tras dos años de conflicto en la Península contra los franceses, en septiembre de 1810 se reunieron por primera vez las Cortes generales y extraordinarias de la monarquía española. Los inicios de este Congreso, su proceso de convocatoria, la elección de sus diputados y los debates que se produjeron entre ellos han sido −y siguen siendo− objeto de fructíferas investigaciones[6]. Las Cortes no se convocaron como constituyentes porque inicialmente no pretendían elaborar una nueva Constitución para la monarquía, sino −como insistían algunos de sus miem-

---

[4] Guedea (2007). Para la Península pueden consultarse los trabajos de Hocquellet (2008) y Moliner (1997).

[5] Antonio Annino ha calificado este movimiento como la primera revolución federal de los cuerpos intermedios de la monarquía, que más tarde, confluiría con la revolución gaditana. Véase Annino (1995: 186).

[6] Portillo Valdés (2000), Garriga y Lorente (2007), Suárez (1982), Chust (1999).

bros– adaptar las antiguas leyes a los nuevos tiempos. La reconstrucción histórica del pasado de la monarquía española presente en la mayoría del pensamiento tardoilustrado español fue una necesidad, como ha indicado Carmen García Monerris, de *pensarse históricamente* para poder, posteriormente, *pensarse políticamente*. Es decir, los distintos proyectos políticos viables en el momento de construcción de los nuevos sujetos históricos, las naciones, conllevaban también diferentes concepciones y lecturas de la historia. Si bien es cierto que estos elementos historicistas estuvieron presentes en la conformación de este primer constitucionalismo hispánico, también lo es que el resultado de incorporar los planteamientos *iusnaturalistas*, individualistas y liberales conllevó una revolución de dimensiones todavía inconmensurables[7].

La Constitución de 1812 fue la obra que culminó esa conjunción revolucionaria al sancionar en su artículo tercero la soberanía nacional. La radical concepción de la soberanía que algunos diputados plantearon revestía varias caras, entre las que se encontraban también la nación y la representación. En primer lugar, y como denunciaron los diputados más reaccionarios, la soberanía le estaba siendo arrebatada al, hasta entonces, único titular de la misma: el monarca. Es más, residía en la nación, el nuevo sujeto político que se construía y que, a su vez, era definida como la "reunión de los españoles de ambos hemisferios". En esta concepción revolucionaria de la nación, la soberanía residía en todos y cada uno de los españoles, que por no poder ejercerla individualmente, la depositaban en un cuerpo representativo, esto es, las Cortes. La nación aquí iba, por tanto, ligada al concepto de soberanía y de representación política, como veremos. De ahí que la concepción de la nación que aparece ya en el artículo 1º de la Constitución gaditana se entendía como la reunión de todos los que formaban parte de la sociedad y no como un ente cultural y superior a ella. Es decir, la nación soberana no podía entenderse como la unión de los territorios o los reinos que la conformaban ni definirse por los derechos o autonomía que el monarca hubiera concedido a estos reinos, sino por los individuos reunidos libremente en sociedad. Por ello, la nación era anterior y superior al monarca. Y por ello también la alusión al concepto re-unión, es decir, una nueva unión, diferente a la anterior.

En el debate de este artículo 1º, algunos diputados se adentraron en la significación teórica de los conceptos. Fue Antonio Llamas quien introdujo la definición de los principales elementos del artículo: nación y soberanía. Consideraba que la nación era la unión del pueblo español con su monarca y

---

7 García Monerris (2003: 49).

que la soberanía podía ser compartida entre ambos pero apuntaba una superioridad de la interpretación nacional de la soberanía sobre la real. Así, Llamas manifestaba en la Cámara que "La soberanía real y verdadera solo la admito en la Nación". Era la apuesta del liberalismo que se movía entre "el gobierno despótico" –la soberanía del rey– y el "democrático" –del pueblo–. Entramos aquí en el terreno de la mistificación liberal, pero también en la apuesta decidida del liberalismo por un Estado constitucional, equidistante entre el monarca y el pueblo, entre el absolutismo y la democracia.

Pero fue un diputado novohispano quien intervino, no para cuestionar los planteamientos políticos sobre el Estado y la nación, sino la concepción unitaria que se estaba trasladando de esa nación. José Miguel Guridi y Alcocer, diputado por la provincia novohispana de Tlaxcala, expresó, ante la sorpresa de los peninsulares y algunos americanos, el desagrado que le causaba la palabra *española* como definición de la nación: "pues no parece lo más claro y exacto explicar la Nacion española con los españoles, pudiéndose usar de otra voz que signifique lo mismo"[8]. ¿A qué nación se refería entonces? Si no era a la española, ¿era a la americana como plantearía posteriormente Rayón en sus *Elementos constitucionales*?, ¿a la hispana, tal vez, que se conformaría con las dos partes de la monarquía, la europea y la americana?

Sin duda fue trascendental que en este primer día de discusiones constitucionales ya se planteara otra denominación de nacionalidad alternativa a la hegemónica hasta entonces: la española. Y fue un novohispano quien lo hizo. Este diputado conocía perfectamente que la definición de nación, tal y como la presentaba la comisión, suponía la aceptación de una sola nacionalidad, la española, dejando fuera de ella la pluralidad nacional que podían representar los pueblos americanos. Es más, a lo largo de los debates, numerosos diputados mistificarán la nomenclatura de nación, refiriéndose tanto al ente cultural como a la formación política. Guridi no jugó con esta ambigüedad: "Tomando, pues, físicamente á la Nación española, no es otra cosa que la colección de los nacidos y oriundos de la Península, la cual se llama España. Pero aun tomando políticamente la Nación española por el Estado, no hallo exacta su definición"[9]. Es decir, la Península era la que albergaba a la "nación española", por lo tanto, América debía albergar otra nacionalidad distinta. Guridi y Alcocer lo explicó desde la concepción unitaria del Estado que, a su vez, identificaba con Gobierno. Esto es, confundía conscientemente, mix-

---

[8] *DSC,* 25 de agosto de 1811, p. 1688.
[9] *DSC,* 25 de agosto de 1811, pp. 1687-1688.

tificaba, el Estado y el gobierno. Así, la unión consistía en el gobierno, no era necesario que también consistiera en la nación, o en las distintas nacionalidades que pudieran existir. Es decir, Guridi y Alcocer no cuestionaba que los territorios de la monarquía, tanto peninsulares como americanos, compartieran una misma forma de Estado, o de gobierno, según él. Lo que cuestionaba era que a un solo Estado le correspondiera una única nación[10]. Pero lo más importante y según la definición de soberanía que se incluía en el artículo tercero, es que al proponer distintas naciones, ¿no estaba proponiendo también distintas soberanías? Concepción multisoberana que encontraba sus contradicciones y dificultades en la definición que la mayor parte de los liberales peninsulares tenían de la misma, pues quedaba claro que la soberanía era única, indivisible y no enajenable. Y además el concepto soberanía en este sentido iba unido al de nacional. Así, como venimos insistiendo, a la nación sólo le cabía una única soberanía.

Por ello, el planteamiento del novohispano derivaba hacia posturas cercanas al federalismo. Es decir, ¿a distintas soberanías no correspondería también la creación de un Estado-nación federado que englobara todos los territorios de la monarquía? Serán los diputados peninsulares liberales los que verán en estos planteamientos de los novohispanos el "peligro" del federalismo e intentarán rebatirlo argumentando que, a pesar de la diferencia de etnias, razas, gobiernos y territorios, la nación era una sola, tal y como se establecía en la Constitución. Sobre todo porque la concepción monárquica del Estado impedía la disgregación soberana en otras entidades. Lo contrario remitía a experiencias radicales no monárquicas y democráticas, es decir, por ejemplo, a la república francesa jacobina. La fracción liberal peninsular se escoraba así hacia posturas centralistas presionada por los planteamientos federales de los americanos. Como vemos, el federalismo que se plasmará en la Constitución mexicana de 1824 ya estaba en las propuestas de los diputados novohispanos en 1811 y tendrá que superar la forma monárquica de gobierno para tener éxito.

Pero avancemos en la relación entre soberanía, representación y territorio. En la Constitución quedó claro que la representación política sería la

---

[10] La definición de nación que el diputado novohispano proponía como alternativa fue la siguiente: "la colección de los vecinos de la península y demás territorios de la Monarquía unidos en un Gobierno, ó sujetos á una autoridad soberana". Definición sutil y lo suficientemente ambigua para no traslucir a primera vista su intención. ¿No estaba planteando una nación hispana que incluyera varias nacionalidades, quizá americanas, junto a la española?

base para elegir al máximo órgano depositario de la soberanía: las Cortes. El sistema electoral se dividía en tres niveles que abarcaban las antiguas divisiones de parroquias, partidos y provincias. De esta forma, la participación electoral indirecta estaba garantizada a todos los miembros de la nación, aunque el derecho a ser elegido se reservaba a los ciudadanos. La creación de instituciones de gobierno local y provincial fue el punto de inflexión en los planteamientos americanos sobre el problema de organización del territorio de la monarquía. Los ayuntamientos constitucionales y las diputaciones provinciales centraron la batalla por la soberanía del territorio. Esto es, la única manera de organizar administrativamente —y de forma federal— un territorio tan inmenso como el de la monarquía era dotando al territorio de capacidad soberana. Por ello los americanos exigieron la soberanía existente en estas instituciones conseguida mediante el proceso electivo. Es decir, si las Cortes eran soberanas porque así lo legitimaba la participación en las elecciones por parte de los titulares de esa misma soberanía, también los ayuntamientos y diputaciones lo eran, puesto que el proceso electoral para conformarlos era el mismo. Florencio Castillo, diputado por Costa Rica lo explicitaba en el salón de sesiones: "Si las Córtes representan á la Nación, los cabildos representan un pueblo determinado"[11].

La respuesta del liberalismo peninsular vino de la mano del conde de Toreno, quien aclaró que el planteamiento realizado por los americanos suponía abiertamente la realización de un estado federal:

> El señor preopinante ha fundado todo su discurso en un principio á mi parecer equivocado, cuando ha manifestado que los ayuntamientos eran representantes de aquellos pueblos por quienes eran nombrados. Este es un error: en la Nacion no hay más representacion que la del Congreso nacional. Si fuera segun se ha dicho, tendríamos que los ayuntamientos, siendo una representacion, y existiendo consiguientemente como cuerpos separados, *formarian una nacion federada, en vez de constituir una sola é indivisible nacion*[12].

---

[11] *DSC*, 13 de enero de 1812. También Guridi y Alcocer había insistido en ello: "Yo tengo a los diputados provinciales como representantes del pueblo de su provincia, cuando hasta los regidores de los ayuntamientos se han visto como tales aun antes de ahora. Unos hombres que ha de elegir el pueblo, y cuyas facultades les han de venir del pueblo ó de las Cortes, que son la representación nacional, y no del Poder ejecutivo, son representantes del pueblo". *DSC*, 10 de enero de 1812.

[12] *DSC*, 10 de enero de 1812.

La descentralización autonomista que los americanos reivindicaron tanto en el poder local, ayuntamientos, como desde el poder provincial, diputaciones, suponía una asunción de la soberanía que no tenía que ser, necesariamente, nacional, sino que también podía extenderse al ámbito local y, especialmente, provincial. De esta forma hacían coincidir ésta con el criterio de la igualdad de representación. Se apuntaban ya aquí los futuros planteamientos federales de los mexicanos en el Acta constitutiva de 1824. Pero para ello, habría que dividir la soberanía, y eso no era posible en el planteamiento gaditano.

La organización administrativa del territorio de la monarquía española suponía, a su vez, una cuestión de orden político y social, pues implicaba también un profundo cambio en el sistema de recaudación de rentas que pasaba a ser competencia de los nuevos órganos políticos locales y provinciales. Un planteamiento a tener en cuenta en el contexto de guerra que se vivía en esos momentos en la Península y también en Nueva España. Aceptar la propuesta de conformación de ayuntamientos y diputaciones suponía para algunos diputados "alterar el orden y sistema tradicional, no sólo de rentas, sino del gobierno de los pueblos"[13].

LA ALTERNATIVA: LAS PROPUESTAS INSURGENTES

La insurgencia novohispana supuso, además de un levantamiento armado y la movilización de sectores populares del Bajío, la elaboración de propuestas teóricas que dibujaban un futuro Estado-nación mexicano. Entre ellas, destaca por su relevancia la formación de la Suprema Junta Nacional Americana de Zitácuaro establecida por Ignacio López Rayón en agosto de 1811, en un intento de coordinar un centro político para la insurgencia y con ella el primer texto de carácter constituyente para el México considerado independiente: los *Elementos constitucionales*. Es cierto que el propio Rayón indicaba que se trataba solamente de algunas ideas a tener en cuenta para elaborar la futura Constitución[14], de ahí su carácter provisional y en revisión, pero

---

[13] Como ha indicado magníficamente Encarna García Monerris, la construcción del Estado-nación pasaba también por los municipios y las provincias. García Monerris (2003: 88).

[14] Indicaba Rayón en el preámbulo: "No es una legislación la que presentamos: ésta sólo es obra de la meditación profunda, de la quietud y de la paz; pero manifestar a los sabios cuáles han sido los sentimientos y deseos de nuestros pueblos y cuáles sus solicitu-

ya se pueden destacar algunos elementos comunes al constitucionalismo de la época: la división de poderes, la libertad de imprenta, el establecimiento del *habeas corpus*[15], la abolición de los gremios, etc. A pesar de que en su artículo quinto se decía que "la soberanía dimana inmediatamente del pueblo", seguidamente se hacía residir en Fernando VII y su ejercicio en un Supremo Consejo Nacional Americano. Es decir, a diferencia de otras juntas americanas y peninsulares que se habían arrogado el depósito de la soberanía en nombre del monarca, la de Rayón aludía a un tradicional pacto social entre el pueblo, de quien dimanaba el poder que luego residía en el monarca y era ejercido por el Consejo. El contexto de guerra en el que se elabora este documento es fundamental para comprender las directas alusiones a distintos sectores que necesitaban ser atraídos a la causa insurgente. De ahí la proscripción de la esclavitud en el artículo 24, o de la tortura en el 32, pero también el sostenimiento de la dotación de la jerarquía eclesiástica y del tribunal de la Inquisición en los artículos 2 y 3. En cualquier caso, estos *Elementos constitucionales* no establecieron ninguna definición concreta sobre la nación o la conformación del territorio; es más: las breves alusiones a la nacionalidad y la ciudadanía hay que leerlas entre líneas y se referían, básicamente, a una concepción general, americana, de la misma, y nunca propiamente novohispana o mexicana.

De mayor trascendencia teórica aunque también sin aplicación de sus principios fue la llamada Constitución de Apatzingán, apadrinada por José María Morelos, en la que se sentaban las bases de un verdadero texto constitucional inspirado tanto en los *Elementos* de Rayón como en los *Sentimientos de la Nación* del propio Morelos. El *Decreto Constitucional para la libertad de la América mexicana* contenía 242 artículos promulgados el 22 de octubre de 1814 en los que se plasmaba un corpus teórico sobre el futuro Estado mexicano. Interesa sobre todo la definición de soberanía contenida en el artículo segundo: "la facultad de dictar leyes y de establecer la forma de gobierno que más convenga a los intereses de la sociedad". En cierta medida recuerda, sobre todo, la máxima contenida en la Constitución gaditana y que no pudo

---

des, es lo mismo que hacerlo con los principios de una Constitución que podrán modificarse por las circunstancias pero de ningún modo convertirse en otros". *Elementos de la Constitución* por Ignacio López Rayón en *Leyes y documentos constitutivos de la nación mexicana.* Vol. I, tomo I. Serie III. México: Miguel Ángel Porrúa (1997).

[15] Algunos autores han destacado la influencia inglesa en los *Elementos* constitucionales por esta referencia. Soberanes Fernández (1992: 25).

ser aprobada en las Cortes dos años antes referida a la capacidad de elegir la forma de gobierno deseada. Y, seguidamente, otra concepción doceañista de la soberanía que por su naturaleza se fijaba como "imprescriptible, no enajenable e indivisible". El modelo gaditano triunfaba también en la alternativa insurgente a la construcción del Estado-nación mexicano, pues esta concepción de la soberanía presuponía, como hemos visto, un estado centralizado, donde los gobiernos locales y provinciales no podrían asumir capacidad soberana alguna. Y así lo explicitaba en su artículo 43: "estas provincias no podrán separarse unas de otras en su gobierno, ni menos enajenarse en todo o en parte". La territorialidad expresada en la Carta gaditana se mantenía en las propuestas insurgentes explicitando una forma de gobierno unitaria que continuaría hasta 1823. Las intendencias habían dado lugar a las provincias, que de alguna manera preexistían territorialmente pero que se institucionalizaron con las diputaciones provinciales. El viejo orden colonial continuaba en las delimitaciones físicas de los territorios pero con resignificaciones políticas notablemente distintas[16]. Igualmente, el texto asumía el mismo procedimiento electoral contenido en la Constitución gaditana en tres niveles, que, como hemos indicado, había servido a los americanos para plantear la forma de Estado federal de la monarquía por la representación política asignada a los gobiernos locales y provinciales. ¿Sería lo mismo para un México independiente? Sabemos que no. El Estado-nación no iba a ser federal, al menos de momento, pero ¿cuál sería su forma de gobierno? La monarquía quedaba descartada en el artículo cuarto por la conformación de un gobierno que no sería el interés particular de ninguna familia ni hombre, sino el resultado de la voluntad general de todos los ciudadanos. Ahora bien, la república no se mencionaba a lo largo de todo el articulado a pesar de que la ciudadanía se ampliaba considerablemente a todos los nacidos en la América novohispana y la soberanía residía originariamente en el pueblo, dejando su ejercicio a la representación nacional. Los presupuestos ideológicos de la Constitución de Apatzingán avanzaban posturas claras del liberalismo clásico como la descripción de los derechos fundamentales, la libertad de imprenta, la instrucción pública, la división de poderes, etc.[17]. Pero al mismo tiempo, y como había sucedido también en Cádiz, arrastraban elementos de una tradición

---

[16] Marcello Carmagnani lo ha expresado de la siguiente manera: "La institucionalización de la territorialidad no fue entonces una simple reorganización de lo existente sino también una nueva conformación de la territorialidad" (Carmagnani 1994: 58).

[17] De la Torre Villar (1978: 64 y ss.).

monárquica difícil de superar con celeridad. Una monarquía contra la que se luchaba militarmente pero cuyos referentes mentales seguían legitimando, ahora paradójicamente, un cambio de gobierno. Por ello, Morelos reservaba al poder legislativo el tratamiento de *Majestad*, que ya se habían arrogado las Cortes gaditanas en 1810 a propuesta de un americano y antes la Junta Central. Y con ello se refería, igualmente, a la preeminencia del legislativo por ejercer la soberanía.

Contradicciones que estaban en la base de la construcción del Estado-nación mexicano, idas y venidas en un contexto bélico que definía, al mismo tiempo, para los mexicanos lo que eran y lo que querían ser. Ese *pensarse políticamente* que sólo era posible en el fragor de la propia construcción nacional pero que no quedaría definido completamente casi hasta finales del siglo XIX.

LA INDEPENDENCIA: EL DOCEAÑISMO MEXICANO

Los postulados doceañistas contenidos en la Constitución y la legislación que emanó de las Cortes volvieron a plantearse durante la segunda etapa constitucional de la monarquía hispánica. En menos de seis años el constitucionalismo volvía a ser una opción viable en la construcción del Estado, primero monárquico hispánico −entre 1820 y 1821− y después mexicano −monárquico desde 1822 y republicano a partir de 1823−. La representación política, la soberanía y la organización territorial regresaban al centro del debate político de las Cortes en Madrid. Esta vez de la mano de un destacado diputado mexicano. Pablo de Lallave planteó nuevamente la cuestión de que las diputaciones provinciales eran soberanas y parte de la representación de la nación, y por lo tanto, compartían ese atributo del poder con las Cortes. Esto chocaba frontalmente con la concepción de la soberanía impuesta en Cádiz, que ya hemos dicho que residía en todos y cada uno de los individuos que conformaban el cuerpo social, esto es, la nación. Y como la nación no podía ejercer por sí misma esta soberanía, depositaba el ejercicio de la misma en un cuerpo representativo: las Cortes. De ahí, insistimos, que desde el inicio, representación y soberanía fueran dos partes de un mismo todo, donde la soberanía era indivisible, única y exclusivamente perteneciente a la nación y no a sus cuerpos representativos. Por eso, sólo una podía ser también esa nación.

Por todo ello, el planteamiento de unos cuerpos provinciales, las diputaciones, como representativos, venía a cuestionar que en el Estado existiera una sola soberanía y por lo tanto, también una sola nación. Este problema se estableció como una pugna entre americanos y peninsulares mientras la pretensión fue construir un único Estado-nación, pero, ¿qué ocurriría a partir de la independencia de México? La cuestión se dilucidó en distintos niveles. Por un lado, la asunción de una forma de Estado monárquica a raíz del Plan de Iguala, el imperio, que se identificó desde los planteamientos gaditanos con el centralismo y la soberanía única. Por otro, la concepción autonomista de la soberanía provincial, trasladada a las diputaciones y que disputó con el Congreso la capacidad representativa y el depósito de la soberanía. Lo que, al mismo tiempo, estaría cuestionando la unidad de la nación; en este caso ya mexicana. Es decir, las propuestas federales de los americanos-novohispanos en las Cortes de Cádiz y de Madrid en 1810 y 1820 se trasladarán a la construcción del Estado mexicano a partir de 1821. O en otras palabras, la problemática no venía dada por las dimensiones del Estado que se intentaba construir, sino por la concepción de la soberanía y la territorialidad que se iba a adoptar.

La insistencia de los diputados novohispanos en estas Cortes de considerar cada intendencia como una verdadera provincia desvelaba la táctica política y de interpretación. De nuevo, la organización colonial del territorio se esgrimía como el vínculo entre una vieja territorialidad reconsiderada a la luz del contenido político que ostentaba el concepto de provincia en boca de los diputados. No era tanto el territorio, sino su órgano de gobierno y administración política en sentido amplio, la diputación, que a su vez se elegía mediante un complejo proceso electoral basado en la soberanía que poseían los que, como españoles, es decir, como nación, participaban en el mismo. El resultado de tan profundo debate fue el Decreto de 9 de mayo de 1821 que aumentaba considerablemente el número de diputaciones provinciales en México. Pero no fue suficiente, este y otros condicionantes lanzarán a los diputados a abandonar la vía autonomista sustentada desde 1810 y a centrarse en la consecución de estos logros en la esfera de un Estado únicamente mexicano.

Proclamada la independencia mexicana a finales de 1821 era el momento de materializar todos los planteamientos autonomistas que los diputados mexicanos habían exigido en las Cortes de la monarquía. Ahora las Cortes serían exclusivamente mexicanas, lo que, supuestamente, facilitaría la tarea. Pero las cosas no serían fáciles. La independencia se había fraguado desde la asunción de los Tratados de Córdoba y del Plan de Iguala, que ahora serían asumidos como bases fundamentales constitutivas del nuevo Estado-nación mexicano. El problema era que estas bases remitían necesariamente a la forma monárquica de gobierno, convirtiendo a México en un imperio, manteniendo así la continuidad monárquica constitucional que desde Cádiz tenía el poder ejecutivo. De momento los Tratados reservaban el trono a Fernando VII y en su caso a otro miembro de su familia. Era el "pacto" que Iturbide había firmado con O'Donojú y, por ahora, se mantenía.

La convocatoria de elecciones dio paso a la reunión de las primeras Cortes mexicanas el 24 de febrero de 1822. El primer acto del Congreso en la inauguración de sus sesiones fue declararse legítimamente instalado y afirmar que "la soberanía reside esencialmente en la nación mexicana"[18]. Así, doce años después de la declaración de soberanía en Cádiz, el Congreso, ahora exclusivamente mexicano, se declaraba depositario de la soberanía de la nación, en este caso de la mexicana. Faltaba por dilucidar quién o qué sería la nación y cómo se organizaría territorialmente. A la declaración de soberanía nacional le siguió la separación de los poderes. Toda una lección de liberalismo gaditano, hispano y por ello, también mexicano. Sin embargo, afloraba una paradoja: el nuevo Congreso, era "un constituyente con Constitución", lo cual crearía graves problemas a la hora de decidir en qué momento se respetaba la Constitución doceañista y cuando podían separarse de ella, pues ésta seguiría vigente hasta la elaboración de una nueva Constitución. De momento, los diputados mexicanos se lanzaron a la tarea de construir el Estado y la nación a golpe de decreto: reformulación de la administración, configuración del ejército, elaboración de fiscalidad y hacienda, organización de la instrucción pública, etc.

Pero el punto de inflexión en este primer Congreso estuvo nuevamente en la concepción de la soberanía. Mientras los diputados asumían la establecida en la Constitución de 1812, el emperador, Agustín de Iturbide, exigía una soberanía compartida que ofreciera más poder y capacidad legislativa al ejecutivo. El debate en torno a la formación de un órgano consultivo como un Consejo de Estado permitió que las distintas posturas sobre la organización territorial y soberana de México comenzaran a aflorar. Fue Rafael Mangino, diputado por Puebla, quien planteó la cuestión. Si los consejeros fueran nombrados por los representantes de cada provincia —como se había sugerido— se estaría animando a ese "provincialismo que tan conveniente era evitar" y añadía que era preferible que las elecciones se realizasen según el

---

[18] *Actas del Congreso Constituyente Mexicano,* vol. I, 8. Véase, Rodríguez (2001: 285-320).

método convenido en la Constitución gaditana. El peligro de "provincialismo" planeó en la cámara. La discusión comenzó a dirimirse entre los que proponían la normativa constitucional gaditana y los que optaban por conceder mayor libertad a las provincias. El debate sobre los derechos de las provincias a estar representadas de manera proporcional e igualitaria comenzaba a tensarse y se deslizó hacia la cuestión de la soberanía. Una vez más, soberanía y representación formaban un dúo inseparable. El ejemplo estadounidense se trajo a colación para reclamar una opción federal en la organización del Estado mexicano. El silogismo era obvio. Los Estados Unidos de Norteamérica tenían una forma de gobierno republicana. Contrariamente, un Florencio Castillo muy alejado de sus planteamientos en Cádiz apostaba por una soberanía única depositada en el Congreso[19]. Pero la quiebra se había producido, faltaba que se materializara. La argumentación de los americanos en Cádiz respecto a la formación de una monarquía federal sustentada en la representatividad de las provincias a través de sus diputaciones provinciales se había trasladado a México. Los diputados defensores del autonomismo provincial insistían en los "derechos de las provincias" que precisamente les eran otorgados por la concepción de la soberanía nacional. José María Bocanegra lo explicitaba convenientemente: "sea cual fuere la forma de gobierno, residiendo la soberanía en la nacion, como de hecho reside, los derechos de las provincias debian siempre considerarse como los principales apoyos de esta grande asociacion"[20]. Es decir, la reinterpretación de la concepción de la soberanía que se había fraguado en Cádiz, unida a la forma de elección –en donde se aprovechaban los mismos comicios para elegir a los diputados provinciales, es decir, si la base de la representación para las Cortes era la nación, la cual poseía la soberanía, la misma era utilizada para elegir diputaciones, pues en el mismo acto de elegir a los diputados nacionales se elegía también a los provinciales– era planteada en México para exigir los derechos de las provincias a ser consideradas la base sobre la que se asentaba el sistema constitucional. Era el peculiar *doceañismo* mexicano, adaptado ahora a las nuevas circunstancias, reabsorbiendo, reinterpretando, adaptando o modificando las claves del liberalismo gaditano: la soberanía, la representación y el territorio.

---

[19] Castillo argumentaba que no podía existir más que una sola soberanía y que el Estado-nación en construcción era una monarquía constitucional y como tal, sus provincias no eran independientes, sino que estaban representadas en el Congreso de la Nación. *ACCM,* 30 de mayo de 1822, p. 374.

[20] *ACCM,* 30 de mayo de 1822.

La cuestión soberana durante el imperio todavía tuvo un episodio reseñable. La elección del Tribunal Supremo de Justicia, que los diputados se arrogaban en nombre de su soberanía, desató el enfrentamiento abierto entre legislativo y ejecutivo. El resultado es conocido. Iturbide clausuró el Congreso y nombró una Junta instituyente para gobernar con amplios poderes. Pero no pudo llevar a efecto su proyecto, el germen federal asentado en la concepción soberana de las provincias se lo impidió. México estaba preparado para transitar su forma de Estado hacia el federalismo. La abdicación del emperador le abonó el terreno para cambiar también su forma de gobierno: la república estaba en ciernes.

El desenlace: la república federal

El 8 de abril de 1823 México consideraba abolidas las bases fundamentales de construcción de su Estado aprobadas dos años antes: el Plan de Iguala y los Tratados de Córdoba sucumbían ante la caída del emperador. El tránsito a la república quedaba expedito y el instrumento para realizarlo, paradójicamente, sería la Constitución monárquica de 1812. La propuesta de Bases de República federativa mantenía una concepción de la soberanía como "única, inalienable e imprescriptible". Por ello no se nombraba a los *Estados* de la federación en plural, sino que se hablaba de un solo Estado, el mexicano, compuesto de provincias que tendrían sus propios congresos. La presión de las provincias federalistas en el verano de 1823, con la guerra civil a punto de estallar, cristalizó en la proclamación de Guadalajara como Estado libre y soberano de Jalisco. El debate sobre la forma de Estado, confederal, federal unitaria o centralista se produciría durante la aprobación del Acta constitutiva federal. El temor de que si se concedía la soberanía a los estados de la federación éstos acabarían separándose del gobierno central, era una preocupación compartida por varios diputados.

La cuestión de la soberanía se trató en los primeros artículos del Acta, si bien estaba presente de manera general en toda su discusión. Laureano Castorena, diputado por México, inició con su intervención la batalla en contra de la federación indicando:"el proyecto parece quiere establecer una soberanía parcial, que es la de cada estado, y una general que es la de todos los estados"[21]. La respuesta a estas indicaciones vino de la mano de las provincias

---

[21] *Crónicas del Acta Constitutiva Federal*, 13 de diciembre de 1823.

más combativas. El zacatecano Santos Vélez, explicaba la concepción soberana del federalismo, o más bien del confederalismo. Porque en algunos
momentos, al igual que había sucedido en los debates de la Constitución
norteamericana, ambos términos se intercambiaban.

> [...] en cuanto a la observación del Sr. Castorena sobre la soberania parcial y
> general que la primera, esto es la de cada estado, consiste en el uso de los dere-
> chos que este se ha reservado, y la segunda, ó la de todos los estados, consiste en
> los derechos que cada uno ha puesto á disposición de la confederación para que
> pueda subsistir ella y los estados que la componen [...][22].

Las posturas eran claras y se plasmarán a lo largo de toda la discusión que
iniciaba con la definición de la nación mexicana en el Acta: "La Nación
mexicana se compone de las provincias comprendidas en el territorio del
antiguo virreinato llamado N. España, en el de la capitanía general de Yucatán y en el de las comandancias generales de provincias internas de Oriente
y Occidente". Por primera vez, desde 1812, la definición de nación –ahora
mexicana– se separaba de lo establecido por la Constitución gaditana. Y
notablemente, dado que la nación se definía por el territorio y no por los
habitantes del mismo. Fue la gran ruptura, el paso adelante para desbloquear
la adopción del federalismo como forma de Estado. Desde el primer artículo, el Acta desligaba la representación y la soberanía del concepto de nación,
solucionando así algunos de los problemas acontecidos en 1812 al respecto.
Se iniciaba así la construcción el Estado-nación mexicano desde la territorialidad, que ya se había arrogado la soberanía en la concepción autonomista
de las provincias trasladada desde el doceañismo, pero no explicaba, como
veremos, la configuración del mismo. En este planteamiento, la nación era
anterior a la formación de los Estados y, por lo tanto, éstos podían compartir
su soberanía con aquella pero nunca subordinarla. Se proponían así las bases
de un federalismo territorial y no poblacional[23]. El debate seguiría con la
cuestión de la soberanía. Aprobada de forma general para toda la nación en

---

[22] *Crónicas*, sesión del 5 de diciembre de 1823, p. 216.

[23] Como ha indicado el profesor Carmagnani, "En esta forma la territorialidad institu-
cionalizada en la década precedente destruye definitivamente la forma de gobierno
unitaria y da vida a una soberanía compartida entre confederación y estados" Carmagnani (1994: 60). No podemos extendernos aquí tampoco en la tensión que se va a producir
entre los estados y el Estado nacional, es decir, las luchas entre los gobiernos estatales y el
de la nación, a raíz de las competencias soberanas.

el artículo tercero −"la soberanía reside radical y esencialmente en la nación"− mantenía el vínculo indisoluble entre nación y soberanía; es decir, esta vez, entre el territorio y la soberanía. El federalismo tenía vía franca para establecerse. Desvinculada la nación de su definición por los habitantes −los españoles de ambos hemisferios o los mexicanos, en este caso− e identificada ésta con la residencia de la soberanía, ahora sí podía dividirse entre las provincias, como acontecía en el artículo sexto: "sus partes integrantes son estados independientes, libres y soberanos". Esto es, superada la definición de nación del doceañismo y trasladada ésta a los territorios, la soberanía podía dividirse porque también se había superado la forma de gobierno monárquica, a su vez, por la republicana. El bucle teórico de la revolución había sustituido la soberanía del rey por la de la nación, identificada ésta con el conjunto de la sociedad y, a su vez, los mexicanos la habían hecho coincidir con el territorio. Por ello no tenía ningún sentido seguir manteniendo la monarquía como forma de gobierno, amén de la experiencia vivida durante el imperio. La identificación entre monarquía y centralismo y, república y federalismo −que la historiografía mexicanista del período se encargaría de subrayar− se había materializado.

Pero esta teorización del federalismo mexicano conformado desde los territorios tendría otras consecuencias. La reducción de la participación electoral sería una de las más significativas. Al no vincular la nación con los nacionales −en este caso los mexicanos− y, por tanto, no residir en ellos la soberanía, se hacía innecesaria la extensión del sufragio a todos para conformarla. Es decir, la nación y la soberanía no precisaban de la representación política para existir ni para ejercerse, por lo tanto, el sufragio pasaba a ser censitario, y no universal como en el doceañismo. Ello explicaría también por qué al dividir la soberanía no se dividió también la nación. Más si cabe cuando esta última quedaba definida por el territorio de los estados en el Acta constitutiva. Pero precisamente por eso, porque la nación no se vinculaba a los habitantes de los estados que podían poseer un sentido de pertenencia al territorio, de identidad con sus "patrias", es por lo que la concepción política de la nación mexicana se mantuvo unitaria. Porque lo lógico hubiera sido que al dividir la soberanía se hubiera dividido también la nación. Pero aquí se mantuvo la concepción nacional doceañista identificada como indivisible y con un único Estado. Las teorías políticas del liberalismo dificultaron configurar el Estado federal con distintas naciones. De este modo, el paso de monarquía a república propició en México la construcción de un Estado-nación. Y precisamente por ello, a un Estado le correspondía una nación. Tal vez por eso en la Constitución federal de 1824 se evitó definir en ninguno de sus artículos tanto la nación como la soberanía. Posiblemente porque ya se definían en el Acta constitutiva que seguía vigente hasta la proclamación de la Constitución. Quizá por evitar una posible identificación de la soberanía, y por ello de la nación, con el centro, es decir, con el Estado federal, dado que ésta se compartía entre éste y los estados. O bien porque la elaboración teórica del andamiaje federal se realizaba al mismo tiempo que su puesta en práctica. Los mexicanos se *pensaban políticamente* al tiempo que se construían como tales.

BIBLIOGRAFÍA

ANNA, Timothy E. (1978): *The Fall of the Royal Government in Mexico City*. Lincoln: University of Nebraska Press.

ANNINO, Antonio (1994): "Soberanías en lucha", en Annino, A.; Castro Leiva, L.; Guerra, F.-X. (eds.): *De los imperios a las naciones: Iberoamérica*. Zaragoza: IberCaja.

— (1995): "Cádiz y la revolución territorial de los pueblos mexicanos, 1812-1821", en Annino, A. (coord.): *Historia de las elecciones en Iberoamérica, siglo XIX*. Buenos Aires: Fondo de Cultura Económica.

BARRAGÁN. J. (1978): *Introducción al federalismo. La formación de los poderes en 1824*. México: Universidad Nacional Autónoma de México.

BENSON, Nettie Lee (1955): *La diputación provincial y el federalismo mexicano*. México: El Colegio de México.

CARMAGNANI, M. (1994): "Territorios, provincias y estados: las transformaciones de los espacios políticos en México, 1750-1850", en Vázquez, J. Z.: *La fundación del estado mexicano*. México: Nueva Imagen.

CHUST, Manuel (1999): *La cuestión nacional americana en las Cortes de Cádiz*. Valencia/México: Fundación Instituto Historia Social/Universidad Nacional Autónoma de México.

DE LA TORRE VILLAR, E. (1978): *La Constitución de Apatzingán y los creadores del Estado mexicano*. México: Universidad Nacional Autónoma de México.

FRASQUET, I. (2008): *Las caras del águila. Del liberalismo a gaditano a la república federal mexicana*. Castellón: Universitat Jaume I.

GARCÍA MONERRIS, C. (2003): "El debate 'preconstitucional': Historia y Política en el primer liberalismo español (algunas consideraciones", en La Parra, E.; Ramírez, G. (eds.): *El primer liberalismo: España y Europa, una perspectiva comparada*. Valencia: Biblioteca Valenciana.

— (2003): "El territorio cuarteado o cómo organizar el gobierno de los pueblos", en La Parra, E.; Ramírez, G. (eds.): *El primer liberalismo: España y Europa, una perspectiva comparada*. Valencia: Biblioteca Valenciana.

GARRIGA, Carlos y LORENTE, Marta (2007): *Cádiz. 1812. La constitución jurisdiccional*. Madrid: Centro de Estudios Políticos y Constitucionales.

GUEDEA, Virginia (2005): "El proceso de la independencia y las juntas de gobierno en la Nueva España (1808-1821)", en Rodríguez O., Jaime E. (coords.): *Revolución, independencia y las nuevas naciones de América*. Madrid: Mapfre.

— (2007): "La Nueva España", en Chust, M. (coord.), *1808. La eclosión juntera en el mundo hispano*. México: Fondo de Cultura Económica.

GUERRA, François-Xavier (1992): *Modernidad e independencias. Ensayos sobre las revoluciones hispánicas*. Madrid: Mapfre.

HAMILL, Hugh (1966): *The Hidalgo Revolt. Prelude to Mexican Independence*. Jacksonville: University of Florida Press.

HAMNETT, Brian (1978): *Revolución y contrarrevolución en México y el Perú. Liberalismo, realeza y separatismo (1800-1824)*. México: Fondo de Cultura Económica.

HOCQUELLET, Richard (2008): *Resistencia y revolución durante la Guerra de la Independencia. Del levantamiento patriótico a la soberanía nacional*. Zaragoza: Prensas Universitarias de Zaragoza.

LEMOINE, Ernesto (1965): *Morelos: su vida revolucionaria a través de sus escritos y otros testimonios de la época*. México: Universidad Nacional Autónoma de México.

MOLINER, Antonio (1997): *Revolución burguesa y movimiento juntero en España*. Lleida: Milenio.

MORENO, Daniel A. (1972): *Derecho constitucional mexicano*. México: Porrúa.

PORTILLO VALDÉS, José María (2000): *Revolución de nación. Orígenes de la cultura constitucional en España, 1780-1812*. Madrid: Centro de Estudios Políticos y Constitucionales.

RABASA, Emilio O. (1986): *El pensamiento político del Constituyente de 1824*. México: Universidad Nacional Autónoma de México.

RODRÍGUEZ O., Jaime (1992): *El proceso de independencia de México*. México: Instituto Mora.

— (1996): *La independencia de la América española*. México: Fondo de Cultura Económica.

SIERRA BRABATTA, Carlos (1983): *La Constitución federal de 1824*. México: Departamento del Distrito Federal (Col. Conciencia Cívica Nacional, 7).

SOBERANES FERNÁNDEZ, J. L. (ed.) (1992): "El primer constitucionalismo iberoamericano", en *Ayer*. vol. 8.

TENA RAMÍREZ, Felipe (1973): *Leyes fundamentales de México*, México: Porrúa.

TIMMONS, Wilbert H. (1963): *Morelos Priest Soldier Statesman of Mexico*. El Paso: Texas Western Press.

EL PRIMER CONSTITUCIONALISMO PERUANO: DE CÁDIZ AL PRIMER CONGRESO CONSTITUYENTE

Gabriella Chiaramonti
Universidad de Padua

El 20 de septiembre de 1822 el general José de San Martín proclamó frente a los representantes reunidos en la capilla de la Universidad de San Marcos: "Desde este momento queda instalado el Congreso Soberano, y el pueblo reasume el poder supremo en todas sus partes". Inmediatamente salió del lugar de la reunión, mientras los diputados procedían a la elección de los cargos directivos, y el flamante presidente, Javier de Luna Pizarro, anunciaba que "ya el Congreso Constituyente del Perú estaba solemnemente constituido e instalado, que la soberanía residía esencialmente en la nación, y su ejercicio en el Congreso que lejítimamente la representa"[1].

Los acontecimientos bélicos rodearon las labores del Congreso, condicionándolas física y políticamente desde su misma composición, pues los departamentos ocupados por los realistas, que se suponía entrarían a ser parte del nuevo Estado independiente (Cuzco, Arequipa, Huamanga, Puno y Huancavelica), sólo pudieron ser representados por suplentes, elegidos a la manera gaditana. Los diputados, por lo tanto, emprendieron la difícil tarea de sentar las bases de un Estado cuyos contornos, geográficos y políticos, estaban todavía por definirse. Si bien fue un comienzo, al mismo tiempo fue la culmina-

---

[1] *Diario de las discusiones*, tomo I (1822: 5 y 6).

ción de un período de debates y experiencias iniciado con la crisis de la
monarquía hispánica. Una crisis que en el virreinato del Perú impulsó una
serie de procesos electorales (para la designación de un miembro a la Junta
Central y de los diputados a las Cortes Generales y Extraordinarias) y sobre
todo la intensa y precoz experiencia de la representación política moderna
vinculada a la implementación de la Constitución de Cádiz.

LA ETAPA GADITANA: SOBERANÍAS "PARCIALES"

Con la publicación en abril de 1811 del decreto de la Regencia que
introducía la libertad de imprenta creció notablemente el número de los
periódicos publicados en Lima. Las élites cultas de la capital pudieron, así,
tener información sobre los trabajos y los debates de las Cortes, en particular
sobre las intervenciones de los diputados peruanos[2]. El principio de la soberanía indivisible de la nación se volvió casi un axioma, repetido constante-
mente. No obstante, en los momentos en los que se pasaba de las enuncia-
ciones teóricas a proyectos más concretos, las lecturas que se daban sobre tal
principio podían ser discordantes. Así, en algunos números de *El Peruano* de
finales de 1811 se publicaron unas "Reflexiones políticas", en las que se sostenía que las Cortes de Cádiz estaban muy remotas para remediar los males
del momento y que, por lo tanto, la parte del soberano le tocaba a todo el
pueblo peruano como fracción de la soberanía local de la nación hispanoamericana, que las "soberanías parciales" de los pueblos debían operar sin
confundirse las unas con las otras y que cada pueblo podía escoger la especie
de soberano que se le acomodase, pues los procuradores de las ciudades
representaban las diversas soberanías parciales[3].

En estas afirmaciones tal vez se filtraba la influencia de sugestiones llega-
das de la experiencia juntista bonaerense; pero el hecho de que tales conceptos aparecieran en *El Peruano*, periódico limeño que acostumbraba seguir las
discusiones de las Cortes, permite aventurar la hipótesis de una relación con
los discursos que los diputados americanos pronunciaron en el ámbito del

---

[2] Martínez Riaza (1985), Jamanca Vega (2008), Peralta Ruiz (2010).

[3] Dunbar Temple, Ella (1971): *Prólogo*, en Colección Documental de la Independencia del Perú (en adelante CDIP): tomo III. *Conspiraciones y rebeliones en el siglo XIX. La
revolución de Huánuco, Panatahuas y haumalíes de 1812*, vol. 4°. Lima: Comisión Nacional
del Sequicentenario de la Independencia del Perú (en adelante CNSIP), pp. LXXXIII-
LXXXV.

debate sobre la desigual representación americana, en particular con la conocida intervención de Ramón Olaguer Feliú, diputado suplente por Lima, quien sostuvo:

> Las naciones diversas, las provincias de una misma nación, los pueblos de una misma provincia y los individuos de un mismo pueblo, se tienen hoy respeto de otros, como se tienen unos respeto de otros, todos los hombres en el estado natural. En él, cada hombre es soberano de sí mismo; y de la colección de esas soberanías individuales resulta la soberanía de un pueblo. Entendiendo por esta soberanía no la independencia de la legítima autoridad superior, sino una soberanía negativa, y que dice relación solo á otro pueblo igual. De la suma de soberanías de los pueblos, nace la soberanía de la provincia que componen, entendida esta soberanía en el mismo sentido: y la suma de soberanías de las provincias constituye la soberanía de la Nación[4].

Por lo tanto −continuaba Feliú− ningún pueblo y ninguna provincia podían considerarse soberanas de otra, y tampoco el conjunto de provincias que constituía España podía reputarse soberana de aquel otro conjunto de provincias que constituía América. En el contexto en el cual fueron pronunciadas, las palabras de Feliú terminaron bosquejando −como lo anota Manuel Chust− "un sugestivo discurso autonomista americano"[5]. En Lima fueron leídas como una sugerente propuesta de edificación de una soberanía "local" (peruana), construida a partir de cuerpos territoriales, las ciudades en primer lugar, cada una independiente de las demás, capaz de eligir mediante sus procuradores la forma de gobierno más apropiada a sus necesidades y deseos.

Con la llegada de la Constitución, en septiembre de 1812, los nuevos principios del constitucionalismo gaditano se difundieron en todo el país, gracias en primer lugar a las ceremonias de publicación y juramento, un "auténtico ejercicio de educación popular"[6], caracterizadas por un claro corte corporativo y una fuerte connotación religiosa.

Un segundo y decisivo momento de aprendizaje político fueron las elecciones. El sistema electoral indirecto, construido a partir de la parroquia, "se ajustaba como un guante a la trama corporativa realmente existente, asegurando así su perpetuación" y favoreciendo la sobrevivencia de tradiciones y

---

[4] El texto del discurso de Olaguer Feliú se encuentra en CDIP (1974): tomo IV, *El Perú en las Cortes de Cádiz*, vol. 1°. Lima: CNCIP, pp. 46-52.

[5] Chust (2004: 62-63).

[6] Garriga/Lorente (2007: 92, 118).

prácticas electorales alejadas de la votación individual y más cercanas a la vieja que a la nueva representación[7]. La documentación que poseemos sobre elecciones de diputados y de ayuntamientos ofrece unos ejemplos de estas prácticas, como en el caso de Espíritu Santo de Caxa, donde sufragaron sólo los alcaldes de naturales y los principales de los dos anejos (parcialidades indígenas) que, junto con la cabecera, componían el pueblo, en obsequio a la tradición por la cual eran ellos los que actuaban en la anual renovación de cargos. O en el caso de Huamachucro donde, gracias a un recuento diferenciado de los vecinos de las distintas secciones que componían la parroquia, cada una de ellas pudo elegir a sus compromisarios y obtener por lo tanto una representación reconocible y diferenciada[8].

En el virreinato del Perú, la implementación de la Constitución fue mucho más conflictiva que en otros lugares, porque el virrey José Fernando de Abascal y Sousa (en el cargo de 1806 a 1816), apelando a una interpretación muy estricta de lo establecido por aquel texto, por un lado trató a toda costa de impedir que algunos ayuntamientos se constituyeran en pueblos que no tenían las condiciones requeridas y que anteriormente no habían tenido cabildo, y por el otro se esforzó por controlar las actividades de las municipalidades de los centros principales, Lima en primer lugar[9]. Contestando en noviembre de 1814 a la Real Orden con la cual se ordenaba disolver los ayuntamientos que se hubieran constituido sin autorización, el virrey escribió que en el territorio de su mando ningún pueblo con menos de 200 vecinos o mil almas había elegido o pretendido elegir una municipalidad[10]. Leído de otra forma, esto significa que, aun con las limitaciones por él impuestas, la creación de ayuntamientos se había verificado en todo el virreinato[11].

La institución de los ayuntamientos fue considerada altamente deseable por notables y ciudadanos de muchos centros urbanos, de todo tamaño y composición étnica, por la posibilidad que conllevaba de conseguir el manejo de la justicia local. Como es bien sabido, las dificultades del momento no permitieron la reestructuración del aparato de justicia prevista por la Constitución gaditana. El vacío jurisdiccional que se creó fue llenado por los alcal-

---

[7] Garriga/Lorente (2007: 25).

[8] Chiaramonti (2005: 150-151, 191-193).

[9] Ver Peralta Ruiz (2002: 105-142).

[10] Chiaramonti (2005: 163).

[11] Para una panorámica de los estudios recientes sobre elecciones gaditanas ver Aljovín de Losada/Núñez Díaz (2006), Peralta Ruiz (2008).

des, que siguieron siendo al mismo tiempo administradores y jueces, quienes lograron aumentar sus competencias, favoreciendo la continuación de una cultura jurisdiccional que unía en un solo cuerpo justicia y gobierno. La multiplicación de los ayuntamientos constitucionales y las competencias jurisdiccionales de los alcaldes tuvieron el efecto conjunto de crear una multiplicidad de sujetos dotados de amplios poderes, todos independientes el uno del otro, lo que tuvo como consecuencia la desintegración de las tradicionales jerarquías territoriales.

En el Cuzco, un grupo de constitucionalistas liderado por el abogado Rafael Ramírez de Arellano (que será elegido diputado al primer Congreso Constituyente) presentó al cabildo un *Memorial* acusándolo de dilatar el juramento de la Constitución con el objeto de retrasar la realización de las elecciones del ayuntamiento y del diputado a las Cortes de 1813. El pueblo —escribían los 32 firmantes— esperaba con impaciencia el momento en que podría ejercer "su autoridad originaria, trasmitiéndola en los alcaldes, regidores, y síndicos que debe elegir"[12]. En vísperas de las elecciones, Ramírez de Arellano publicó una proclama, en la que se insiste en el valor del sufragio, "el sublime y mas palpable exercicio de la soberanía que se nos comunica de las Cortes como de fuente perpetua", gracias al cual, abolidos ya los cargos perpetuos, "nosotros mismos elegimos nuestros padres, formamos nuestros ayuntamientos, y atribuimos la jurisdicción á los que han de juzgar"[13]. Si se considera que en la cultura de los pueblos la justicia seguía siendo el atributo fundamental de la soberanía, no sorprende que por mucho tiempo, y por varios decenios después de la proclamación de la independencia, muchos de estos sujetos se proclamaran y actuaran como 'soberanos'.

En febrero de 1813 por fin fue elegido en el Cuzo el nuevo ayuntamiento, controlado por los constitucionalistas. La administración de la justicia y las atribuciones en la materia de los alcaldes siguieron siendo una de las principales preocupaciones del nuevo organismo en sus relaciones siempre conflictivas con las otras autoridades, desde el intendente interino Mateo García Pumacahua a la Audiencia[14]. Siendo primer síndico procurador, Ramírez de

---

[12] *Memorial de 1812*, en CDIP (1971): tomo III, *Conspiraciones y rebeliones en el siglo* XIX. *La revolución del Cuzco de 1814*, vol. 6°. Lima: CNSIP, pp. 193-195.

[13] *Proclama. Los verdaderos hijos de la Nación, son los amigos de la Constitución. Cuzco Enero 17 de 1813* (1813). Lima: Imprenta de los Huérfanos por D. Bernardino Ruiz, pp. 4, 7-8.

[14] Ver Peralta Ruiz (2002: 143-175).

Arellano entabló un pleito con García Pumacahua, al cual no reconocía competencia en el nombramiento de un teniente de Letras, que –escribía– constituía "un cargo superfluo con trasgresión de la ley y usurpación de la jurisdicción de los alcaldes", pues en base al Reglamento de Justicia emanado por las Cortes, "las causas de esos juzgados suprimidos [...] deben pasar a los jueces de Primera Instancia [que] mientras [se hace] la distribución de partidos son los subdelegados y alcaldes constitucionales [...]"[15].

En los meses siguientes las tensiones se fueron intensificando, hasta que en agosto de 1814 se llegó al enfrentamiento directo, cuando José Angulo, uno de los supuestos líderes de un complot denunciado en octubre de 1813, ordenó la detención del intendente Martín Concha y de cuatro oidores, acusados de múltiples infracciones a la Constitución. Desde que el 4 de agosto José Angulo asumiera la comandancia militar de la ciudad y constituyera una Junta Protectora, el contenido de discursos y proclamas fue cambiando radicalmente, desapareciendo esa adhesión al texto gaditano que había sido la característica del período 'constitucional'. De una declarada fidelidad a la Constitución, a Fernando VII, a las Cortes y a la Regencia y de la denuncia de los malos gobernantes como causa de una sublevación "justa en el caso que los magistrados abusen del poder que les conceden las leyes"[16], se llegaría pronto a la definición de España como la "madrastra patria"[17] y por fin al enfrentamiento armado y a la derrota de Umachiri. Con el fracaso de la rebelión de 1814 el epicentro de las dinámicas que llevarían a la constitución del nuevo Estado independiente se desplazó hacia Lima y la costa, mientras Cuzco devino en la última capital virreinal.

LA ETAPA "SANMARTINIANA": INDEPENDENCIAS Y REPÚBLICA

Después de la restauración fernandina, el viraje decisivo y una brusca aceleración en el desarrollo de los acontecimientos se produjo con el resta-

---

[15] *Reparos hechos por el Dr. Rafael Ramírez de Arellano a Mateo Pumacahua, con motivo del nombramiento interino en el cargo de juez de letras a favor del licenciado Norberto Torres*, en CDIP (1974): tomo III, *Conspiraciones y rebeliones en el siglo XIX. La revolución del Cuzco de 1814*, vol. 7°. Lima: CNSIP, pp. 55-59.

[16] *Manifiesto de José Angulo al pueblo del Cuzco*, en CDIP (1971): tomo III, vol. 6°, cit., pp. 211.

[17] *Mensaje de la ciudad del Cuzco al virrey de Lima*, en CDIP (1971): tomo III, vol. 6°, cit., pp. 216.

blecimiento de la Constitución gaditana y la llegada de José de San Martín, en septiembre de 1820. Las vicisitudes del período que va de aquel momento a la proclamación de la independencia en Lima en julio de 1821 y a la instalación en la capital del Congreso Constituyente han sido analizadas detenidamente por la historiografía. Este ensayo, por lo tanto, concentra la atención sólo en algunos aspectos.

En primer lugar, se destaca el proceso de "independencia municipalista" desarrollado en particular en el norte del país, donde entre diciembre de 1820 y enero de 1821 varios ayuntamientos constitucionales reunieron a los vecinos y proclamaron la independencia[18]. Así pasó en Lambayeque, Trujillo, Cajamarca, Piura, Chota, Huamachuco, Tumbes, Jaén, San Pedro de Lloc y varios otros pueblos. Sabemos muy poco acerca de estos hechos, aunque es conocido que la iniciativa provino de José Bernardo de Tagle y Portocarrero, marqués de Torre Tagle, en aquel entonces intendente de Trujillo, quien pudo contar con el apoyo de muchos de los notables locales. En el acta firmada en Lambayeque el 27 de diciembre de 1820 se lee que el ayuntamiento había resuelto "jurar la independencia absoluta del gobierno español por sí y a nombre de toda esta población a quien representa [...] subordinandose totalmente al sistema de constitución y leyes que el gobierno supremo de la Patria estableciere"[19]. Los ayuntamientos actuaron, por lo tanto, como sujetos políticos autónomos, soberanos, decidiendo, cada uno por su cuenta, cortar los lazos con España sin esperar las decisiones que se habrían tomado en la capital; al mismo tiempo, ejerciendo la que Olaguer Feliú había definido una "soberanía negativa", expresaban su voluntad de obedecer las normas que en el futuro la patria peruana decidiera darse[20].

El segundo aspecto que interesa analizar es el debate acerca de la disyuntiva monarquía/república. Como es bien sabido, San Martín y su principal

[18] Breves referencias a estos hechos se encuentran por ejemplo en Rodríguez (1998: 259) y Peralta Ruiz (2010: 293). Para la elección del ayuntamiento constitucional en Trujillo en diciembre de 1820, ver Paniagua (2003a: 261).

[19] Leguía y Martínez (1972, tomo III: 383-387). Según Rodríguez estos acontecimientos "no implicaban el compromiso de cortar lazos con España, sino más bien una especie de acuerdo con el ejército invasor por la personas que habían sido elegidas para los ayuntamientos constitucionales. Regresarían con presteza a la autoridad real de lograr ésta el triunfo definitivo". Sin embargo —concluye el autor— "en 1821 todo el territorio constituyó una importante fuerza de apoyo a las tropas de San Martín". Ver Rodríguez (1998: 259).

[20] Una actitud parecida de parte de las provincias-Estados del área rioplatense describe Chiaramonte (1995: 183-185).

consejero, Bernardo de Monteagudo, compartían el proyecto de instaurar en el Perú una monarquía constitucional[21]. Propiciaron, a tal efecto, el desarrollo de un debate en el interior de la Sociedad Patriótica, fundada en enero de 1822, acerca de cuál sería la forma de gobierno "mas adaptable al estado peruano, según su extensión, población, costumbres y grado que ocupa en la escala de la civilización". Juan Ignacio Moreno, fundándose en Montesquieu, sostuvo que la difusión del poder político tenía que estar en razón directa de la ilustración y civilización del pueblo, y en razón inversa de la grandeza de su territorio. Por lo tanto en el Perú, por la heterogeneidad de la población y la extensión del territorio, la solución mejor no podía ser más que la monarquía.

La respuesta de Manuel Pérez de Tudela se centró en dos puntos. En primer lugar, en el hecho de que la oposición a la monarquía y la voluntad de conseguir la libertad se habían difundido en todo el continente, dejando en los espíritus "unas semillas que no se pueden fácilmente arrancar". En segundo lugar, si había en el país una "heterogeneidad en los colores", había en cambio un único espíritu, que llevaba a reunirse para luchar contra la tiranía, sin causar celos en los demás Estados independientes, que habían establecido gobiernos republicanos[22].

De mayor envergadura fueron las dos cartas que José Faustino Sánchez Carrión, futuro diputado al Congreso Constituyente, publicó bajo el apodo de "El Solitario de Sayan". En la primera, que apareció en *La Abeja Republicana* el 15 de agosto de 1822[23], el autor se centraba en la libertad, "coelemento de nuestra existencia racional, sin la cual, los pueblos son rebaños y toda institución inútil". Partiendo de Montesquieu y Rousseau, afirmaba querer que "el gobierno del Perú fuese una misma cosa que la sociedad peruana [...]", porque, si la exigencia social tiende al orden, es decir, a la salvaguardia de los derechos imprescriptibles e irrenunciables –libertad, seguridad y propiedad– este objetivo no puede conseguirse sin algunas reglas fundamentales que son las que forman el gobierno. Por lo tanto, "establecer el régimen del Perú, es fijar la salvaguardia de nuestros derechos, es constituir la sociedad peruana"[24]. La monarquía no podía ser la forma de gobierno adap-

---

[21] Acerca de la personalidad y las ideas de Monteagudo, ver McEvoy (1999: 18-21); Montoya (2002: 152-188).

[22] Los dos discursos se encuentran en CDIP (1974): tomo XIII, *Obra de Gobierno y Epistolario de San Martín*, vol. 1°. Lima: CNSIP, pp. 449-460.

[23] El texto de ésta como de la otra carta se encuentra en CDIP (1974): tomo I, *Los Ideólogos*, vol. 9°, *José Faustino Sánchez Carrión*. Lima: CNSIP, pp. 348-359; 366-378.

[24] CDIP (1974): tomo I, vol. 9°, cit., p. 353.

table al Perú porque, considerando la "blandura del caracter peruano", fruto de la opresión colonial, aquélla no haría sino perpetuar esta situación puesto que siempre "seríamos excelentes vasallos, y nunca ciudadanos".

En la segunda carta, publicada en el *Correo Mercantil Político-Literario* el 6 de septiembre, Sánchez Carrión declaró a todas letras que "república queremos, que solo esta forma nos conviene [...]. Tal es, según entiendo, la voz general de los moradores del Perú". Después de aclaradas todas las precauciones que había que tener en dividir los tres poderes, organizar las elecciones y los organismos municipales, Sánchez Carrión proponía con convicción la necesidad de crear un Estado federal: había que construir una sola *república peruana*, pero, como lo decía George Washington, edificando "un gobierno central, sostenido por la concurrencia de gobiernos locales, y *sabiamente* combinado con ellos"[25]. No se trataba, por supuesto, de la independencia absoluta de las provincias respecto de Lima, ni de fundar tantas repúblicas de cuantas provincias existían en el territorio del Perú. La sabiduría consistía en combinar el gobierno central con los gobiernos locales de manera que

tenga cada provincia la soberanía correspondiente; y fíjense las racionales dependencias, que deben unirlas con su capital; no sea ésta la única que le dé la ley; ni se erija en árbitra exclusiva de sus destinos, y se conservarán unidos y concordes los departamentos[26].

Con este tipo de organización las virtudes cívicas, fundamento de la república, tendrían un vivo, perenne y eficaz estímulo para desenvolverse; aun los que vivían alejados del centro percibirían, de hecho, el ejercicio de su soberanía; cada departamento, o Estado, tendría sus leyes análogas a su respectivo suelo, clima y tipo de producción. Sánchez Carrión concluía: "Plantifíquese la constitución americana con las pequeñas modificaciones, que corresponde a nuestras circunstancias, y veranse sus efectos".

La seguridad con la cual Sánchez Carrión afirmaba expresar la "voz general" requiere una explicación. Diversamente de lo que pasó en México, donde el texto gaditano quedó en vigencia hasta la promulgación de la Constitución de 1824[27], San Martín (después de haber asumido el cargo de "protector") la abolió por decreto del 9 de agosto de 1821, considerándola

---

[25] Las cursivas son del texto.
[26] CDIP (1974): tomo I, vol. 9°, cit., p. 374.
[27] Ver Frasquet (2004).

incompatible con "los altos destinos del Perú, y con la voluntad universal"[28].
Elaboró después un *Estatuto provisional* y nombró una comisión para que
redactara el reglamento para las elecciones de los diputados al Congreso
Constituyente, que fue publicado en abril. El gobierno, y Monteagudo en
particular, trataron de acondicionar estas elecciones, para formar un Congreso
favorable a la opción monárquica. En mayo fueron enviadas al presidente del
departamento de Tarma (y probablemente a los otros también) unas *Instrucciones reservadísimas* en las que se pedía favorecer por todos los medios la elección
de personajes propensos al gobierno, hombres de cultura y "docilidad" que
entendieran cuál era la forma de gobierno más conveniente para el país, que
pertenecieran o estuvieran relacionados con "títulos del Perú" o grandes propietarios[29]. En julio, en ausencia de San Martín (que había viajado a Guayaquil para entrevistarse con Simón Bolívar), un decreto dispuso una nueva
elección en la parroquia del Sagrario de Lima para substituir a tres personajes
hostiles al gobierno elegidos para formar la mesa preparatoria (entre ellos
Sánchez Carrión), que –según se dijo– presentaban incompatibilidades[30].

Estos hechos, sumados a muchos otros problemas (las dificultades económicas, las tensiones provocadas por la voluntad de Monteagudo de desterrar
del Perú a todos los españoles y las medidas tomadas en contra de ellos, la
sensación de ser gobernados por extranjeros, el clima de miedo y sospecha)
precipitaron la reacción de unos sectores de la población de la capital. Un
grupo de "personas visibles y del pueblo", que se definían "verdaderos hijos
del Perú", suscribieron una representación dirigida al supremo delegado
Torre Tagle para solicitarle que colaborara en la remoción de Monteagudo.
Intervino la municipalidad, presidida por José de la Riva-Agüero y, por fin,
Torre Tagle tuvo que reunir el Consejo de Gobierno, ante el cual, el 25 de
julio, Monteagudo renunció a su cargo de ministro de Estado[31]. En *Lima justificada*, uno de los documentos producidos por la municipalidad en aquellos

---

[28] El texto del decreto se encuentra en Leguía y Martínez, tomo IV (1972: 509-510).

[29] Biblioteca Nacional del Perú, Colección de manuscritos de la Sala de Investigaciones, D8632, *Instrucciones reservadísimas que el gobierno supremo del Perú dá al Presidente del
Depto. de Tarma, sobre lo que debe practicar en razon de las elecciones de Diputados para el próxi-
mo Congreso Constituyente. 8 de mayo de 1822.* Como es sabido, un decreto de diciembre
de 1821 había establecido que "los títulos existentes en el territorio del estado, que antes
se llamaban *títulos de Castilla*, se denominarán en los sucesivo *títulos del Perú*".Ver Leguía
y Martínez, tomo V (1972: 40-41).

[30] Leguía y Martínez, tomo VII (1972: 446-448).

[31] McEvoy (1999: 38 ss.); Montoya (2002: 99-151).

días, se proponen las motivaciones de la actuación de aquella institución y de sectores calificados de la capital[32]. Lo que los movía era el amor por la libertad, que no era sólo el "voto general" sino "la opinion más ilustrada", la voluntad de recuperar la dignidad de una ciudad que se autodefinía "Ciudad de los libres", el respeto debido a la religión de los padres, cuyos templos habían sido despojados y los ministros perseguidos. Objeto de tanta cólera no era San Martín sino Monteagudo, hombre "astuto, díscolo y atrevido", "despota insolente, que hacía ostentación del atheismo y de la ferocidad". Con la libertad recuperada "renació el entusiasmo y el patriotismo".

Como lo señala Carmen McEvoy, este proceso significó la eliminación de la nobleza como proveedora de símbolos políticos y el definitivo fracaso de la opción monárquica[33]. Por eso Sánchez Carrión pudo escribir que la elección de la opción republicana representaba la voluntad general de los peruanos, o por lo menos de los limeños. De hecho, la alternativa monarquía/república prácticamente no se volvió a debatir en el Congreso Constituyente. En el *Discurso preliminar* a la segunda parte del proyecto de constitución se afirma rotundamente que

> Los peruanos [...] se hallan en el caso de constituirse bajo la forma más racional y conveniente; y sería una imprudencia que [...] se vinculasen otra vez bajo una monarquía, con el degradante título de vasallos. [...] ellos quieren ser republicanos, y esta voluntad solamente declarada, por medio de sus representantes, basta para sostener el Gobierno que han jurado[34].

EL PRIMER CONGRESO CONSTITUYENTE: UNA NACIÓN DE PROVINCIAS

La reunión del Congreso Constituyente por fin tuvo lugar, como se dijo, el 20 de septiembre. La instalación oficial fue precedida por una misa solem-

---

[32] *Lima justificada en el suceso del 25 de julio. Impreso, de orden de la ilustrísima Municipalidad. Lima: 1822.* En CDIP (1976): tomo XIII, *Obra de Gobierno y Epistolario de San Martín*, vol. 2°. Lima: CNSIP, pp. 201-207.

[33] McEvoy (1999: 33).

[34] Obin/Aranda (1895: 231-232). El Congreso decidió desautorizar a todos los agentes diplomáticos nombrados por San Martín, entre ellos también la misión Del Río-Paroissien, encargada de buscar a un príncipe europeo para el Perú. *Decreto del Congreso, declarando insubsistentes los poderes dados por el Consejo de Estado durante el Protectorado, en cuanto se refieran a la forma de gobierno, 23 de Noviembre de 1822.* En: CDIP (1975): tomo XV, *Primer Congreso Constituyente*, vol. 3°. Lima: CNSIP, pp. 82-83.

ne, al final de la cual y antes del *Te Deum* los representantes elegidos pronunciaron un juramento que repetía casi a la letra el que habían formulado los diputados de las Cortes el 24 de septiembre de 1810: juraron la "Santa Religión Católica Apostólica Romana" como propia del Estado, mantener en su integridad el Perú y no omitir medio para libertarlo de sus opresores. Una diferencia importante se advierte en la última parte: los diputados a Cortes juraron desempeñar fiel y legalmente "el encargo que la Nación ha puesto a vuestro cuidado", mientras que en el caso peruano la fórmula decía "los poderes que os han confiado los pueblos"[35]. En los días y meses sucesivos siguieron muchos otros juramentos: como en Cádiz, sobre la suma de ellos, más que sobre el carácter constituyente, fundado en este caso en el decreto de convocatoria emitido por San Martín, se apoyaba la legitimidad del Congreso y de sus actos[36]. A todas las autoridades civiles, militares y religiosas, a las corporaciones así como a todos los individuos se les pidió el "reconocimiento y juramento de obediencia al Congreso Soberano" y más adelante a las *Bases* de la Constitución y por fin a la Constitución misma[37].

Al día siguiente de su instalación, se desarrolló un largo debate sobre la cuestión de quién tenía que ejercer el poder ejecutivo. Apoyándose en el hecho de que se había declarado que el ejercicio de la soberanía residía en el Congreso y que estaba generalmente aceptado que la soberanía comprendía tres poderes –legislativo, ejecutivo y judicial– y estando además convencido de la necesidad de que el Congreso mantuviera "cuanta autoridad sea dable" para no tener dificultades parecidas a las que habían tenido las Cortes con la primera Regencia[38], el diputado José Mariano de Arce presentó una proposición según la cual el Congreso tenía que conservar "por ahora" el poder ejecutivo, ejerciéndolo por medio de una comisión formada de tres individuos, elegidos de su seno, que expiraría en el momento en que, formada la Constitución, se nombrase un poder ejecutivo propietario.

---

[35] *Diario de Sesiones de las Cortes Generales y Extraordinarias-1810*, p. 2, reproducido en <http://bib.cervantesvirtual.com/servlet/SirveObras/c1812>, y *Diario de las discusiones* (1822: 5). En el juramento gaditano junto a la religión estaba también la monarquía, "los dos pilares básicos [necesarios] para cerrar filas ante un ejército poderoso tras el que avanzaban peligrosas ideas contra la sociedad tradicional". Ver Lasarte (2009: 26).

[36] Garriga/Lorente (2007: 20).

[37] Ver los decretos respectivos de 23 de septiembre, 25 de septiembre, 17 de diciembre, 19 de diciembre de 1822, y de 5 marzo y 15 de noviembre de 1823. En: CDIP (1975): tomo XV, vol. 3°, cit., pp. 22-24, 101, 105-106, 144, 221-224.

[38] Ver Lasarte (2009: 60-80, 225-230).

Los diputados favorables a la propuesta ponían en el centro de sus argumentaciones la naturaleza del Congreso, constituyente y no meramente legislativo, el cual, al tener que regenerar una nación, se encontraba en un caso extraordinario, en que asumía la plenitud de la soberanía en toda la extensión de su ejercicio, sin tener que sujetarse a los límites de una constitución preexistente. El diputado Ignacio Ortiz sostuvo que el Congreso no podía desprenderse del poder ejecutivo, porque esto "implica á su propia soberanía, que consiste esencialmente en la suprema potestad de hacer la ley, de ejecutarla y aplicarla: atributos, que en cuanto á su origen, son inseparables; pues nacen de un mismo principio, cual es la representación nacional". Luna Pizarro reforzó esta afirmación agregando que "la nación, confiando a sus representantes el poder de constituirla, delega en ellos la Soberanía, para que ellos y no otros la ejerzan"[39].

Los diputados opuestos a la propuesta, al tiempo que coincidían en afirmar la unidad e indivisibilidad de la soberanía, ubicada esencialmente en la nación y ejercida por el cuerpo que legítimamente la representaba, sin embargo, insistían en el principio irrenunciable de la división de poderes, un "dogma político" sin el cual veían "gravar sobre el pueblo, y sobre el Congreso mismo la ferrea vara del despotismo"[40]. Hacían referencia a las trágicas actuaciones de la Comisión de Salud Pública francesa, hijas del error de la Convención de haber querido retener para sí la facultad de hacer y ejecutar las leyes. La mayoría aprobó la proposición de Arce: el Congreso decidió conservar provisionalmente el poder ejecutivo y encargar su administración a una Junta Gubernativa de tres miembros, elegidos de su seno[41].

Regresando al debate, todos los participantes repitieron substancialmente los conceptos enunciados por el presidente al declarar instalado el Congreso, fundados en la triada soberanía, nación, representación, que fueron fielmente reproducidos en el tercer artículo de la Constitución[42]. Sin embargo, al tratar de definir la nación y quiénes la constituían, el cuadro se complica bastante.

---

[39] *Diario de las discusiones*, tomo I (1822: 26, 36).

[40] *Diario de las discusiones*, tomo I (1822: 33).

[41] Decreto del 21 de septiembre de 1822, en CDIP (1975): tomo XV, vol. 3°, cit., pp. 19-20.

[42] "La soberanía reside esencialmente en la nación, y su ejercicio en los magistrados, á quienes ella ha delegado sus poderes", en Oviedo, tomo I (1861: 31). Al poco tiempo, en febrero del año siguiente, el Congreso tuvo que volver sobre sus pasos, siendo acosado por las necesidades de la guerra, las presiones de los jefes militares y de la población de la capital, y decidió disolver la Junta y elegir como presidente a José de la Riva Agüero.

El diputado Tomas Méndez había afirmado con precisión que "esencial es la Soberanía á toda la nación, esto es á la reunión de todos los ciudadanos"[43]. Pero revisando las otras intervenciones, así como los discursos pronunciados por los presidentes del Congreso y los que acompañaron la presentación a los diputados de las *Bases* de la futura Constitución y de las tres partes en que fue dividido el relativo *Proyecto*, y por fin las proclamas y manifiestos lanzados por el Congreso mismo, se advierte que los sujetos que actúan casi siempre son los pueblos, entendidos en el lenguaje de la época como las corporaciones municipales del antiguo régimen español, a las cuales se supone había revertido la soberanía anteriormente imputada al monarca. Ellos son los sujetos políticos que confieren los poderes, que los representantes elegidos consideran "sus comitentes"[44], que juran las *Bases* y la Constitución, y a ellos se dirigen las proclamas y los manifiestos. Los ejemplos podrían multiplicarse.

Más allá de las formulaciones de principios y a pesar de que leyeran y citaran a los autores de las modernas teorías del Estado, los constituyentes peruanos no podían y no querían partir de una concepción del sujeto de la soberanía de tipo individualista. El primer artículo de las *Bases* (que entrará sin modificaciones en el texto de la constitución) afirmaba: "Todas las provincias del Perú reunidas en un solo cuerpo forman la nación peruana"[45]. Las actas refieren que hubo al respecto "un largo y acalorado debate", del cual sin embargo nada sabemos, porque lamentablemente la documentación publicada se limita en general a escuetas expresiones de este tipo[46]. De mane-

---

[43] *Diario de las discusiones*, tomo I *(*1822: 23).

[44] Obin/Aranda (1895: 200, 215).

[45] Oviedo, tomo I (1861: 23, 31).

[46] Ver Obin/Aranda (1895: 201); CDIP (1973): tomo XV, *Primer Congreso Constituyente*, vol. 1°. Lima: CNSIP, p. 195. El artículo primero no se volvió a discutir ni a votar cuando se debatió el proyecto de Constitución, por ser parte de las *Bases*, y por lo tanto ya oportunamente discutido, aprobado y jurado. Ver CDIP (1973): tomo XV, vol. 1°, cit. p. 338. Por lo que se refiere a la documentación, el tomo primero del *Diario de las discusiones y actas del Congreso Constituyente del Perú* contiene amplias citas de los discursos pronunciados por los diputados, pero este primer tomo y el segundo y tercero sólo se refieren a unos pocos días de los meses de septiembre, noviembre y diciembre de 1822. Para todo el resto del período es muy posible que no exista información más amplia tampoco en los archivos del Congreso y de la Cámara de Diputados porque, de lo que afirman en las introducciones los compiladores de los *Anales parlamentarios del Perú* (M. J. Obin y R. Aranda) y de los tres tomos de la CDIP relativos al primer Congreso Constituyente (G. Pons Muzzo y A. Tauro), se deduce que compulsaron todo el material disponible.

ra que sólo es posible formular preguntas y adelantar hipótesis. ¿Qué había
que entender por el término 'provincia', siempre muy ambiguo, como lo
habían demostrado los debates gaditanos? El discurso de presentación resulta
bastante oscuro al respecto, pues se limita a decir que "la Nación peruana
[…] está difundida en fracciones, que el antiguo régimen denominaba provincias, sujetas á una cabeza superior, con el título de virrey", con lo cual
parece referirse a las divisiones administrativas coloniales[47]. Unas líneas más
adelante, al hablar de la demarcación interior del país, aclara que "la denominación de Departamento significa hoy lo que antes se llamaba provincia, […]
este nombre se ha aplicado á lo que se conocía por Partido y el de distrito á
las secciones en que aquel pueda dividirse"[48].

Por un lado, en la formulación del artículo se escucha un eco de las propuestas de Sánchez Carrión, aunque quizás también sobre lo que estaba
sucediendo en otras regiones, en particular en la rioplatense: tanto es así que
el diputado Arce propuso que al artículo 3, "la nación se denominará República Peruana", se añadieran las palabras "ó provincias unidas del Perú"[49]. Es
cierto que en aquel momento debían estar funcionando en el territorio ya
liberado muchos ayuntamientos, como lo demuestran las declaraciones de
independencia a las cuales se ha hecho referencia páginas atrás, pero no se
habían dado procesos parecidos a los que se habían desarrollado al otro lado
de los Andes, con provincias-Estados que actuaban como sujetos independientes. A las sugestiones que llegaban de experiencias cercanas hay que añadir el hecho de que, si los departamentos en su mayoría recalcaban los confi-
nes de las intendencias, recién introducidas a partir de 1782, las provincias
coincidían con los partidos borbónicos, que a su vez se habían superpuesto a
los corregimientos de la época de los Habsburgo, y por lo tanto poseían una
fuerte radicación y legitimación histórica.

Por otro lado, es igualmente evidente que la mayoría del Congreso no
quería adoptar soluciones de corte federalista: el artículo decía claramente
que las provincias se entendían "reunidas en un solo cuerpo"[50]. En el ámbito
de la Comisión encargada de redactar las *Bases*, el diputado Justo Figuerola
había pronunciado una acalorada intervención en contra de todo proyecto

[47] Obin/Aranda (1895: 216). Sobre la "equívoca definición de provincias", ver Chiaramonte (1995: 167).

[48] La Constitución añadía que los distritos se dividían en parroquias (art. 7).

[49] Obin/Aranda (1895: 201).

[50] Sobre el uso indistinto y confundido de los términos federación-confederación
ver Chiaramonte (2004:69-72).

de este tipo, afirmando que, en un país en el cual no había hombres, ni luces, ni recursos, todo llamaba a la unidad[51]. Así que la adición de Arce fue rápidamente desechada[52].

Coherente con la voluntad de construir "un solo cuerpo" fue la organización dada a departamentos, provincias y distritos, cuyos jefes políticos, respectivamente los prefectos, intendentes y gobernadores, tenían atribuciones que se reducían a mantener el orden y la seguridad pública en sus respectivos territorios, con subordinación gradual al Gobierno Supremo (art. 122-125)[53].

Particularmente significativo es el hecho de que, si bien se estableció que se elegirían municipalidades en todas las poblaciones "sea cual fuere su censo" (art. 138), en el debate acerca de sus atribuciones emergieron fuertes preocupaciones sobre sus posibles actuaciones: a las objeciones de quienes sostenían ser excesivo detallarlas menudamente, el diputado Francisco Javier Mariátegui contestó que era necesario hacerlo, porque "erradamente se había creido que la soberanía del pueblo estaba representada por los cabildos" y, en virtud de esta creencia, "habían cometido las municipalidades, durante la guerra en América, atentados escandalosos hasta el extremo de ser necesario extinguir los ayuntamientos, como lo había practicado la Cámara de Representantes de Buenos Aires, reciente". En sus palabras, las municipalidades debían ser tan solo "el mayordomo de los pueblos", meros ejecutores de los diferentes ramos de policía o de beneficio público[54].

El rol de las provincias se volvía central en el proceso de construcción de la representación: el sistema electoral indirecto de dos grados comenzaba a partir de los colegios parroquiales, encargados de nombrar cada uno a sus electores, los cuales, reunidos en colegios electorales de provincia, designa-

---

[51] Figuerola, Justo (1827): *Discurso pronunciado por el D.D. Justo Figuerola, representante al Congreso Jeneral Constituyente, en la discusión de las Bases*. Lima: Imprenta de la Instrucción primaria por Juan Rossi, p. 4. El debate sobre la disyuntiva federalismo/centralismo volverá a proponerse con más intensidad en el Congreso Constituyente de 1827-1828. Ver Paniagua (2003-b).

[52] La misma suerte tuvieron las propuestas avanzadas por los diputados Ramírez y Sánchez Carrión: éste proponía para el Perú una forma de gobierno "popular representativa, bajo la base federal que entre sus provincias detallare la Constitución". Ver Obin/Aranda (1895: 202). Sánchez Carrión en realidad no tenía una idea muy definida sobre cuáles serían las entidades a partir de las cuales construir su proyectada federación, pues en su carta hablaba tanto de provincias como de departamentos.

[53] Estos funcionarios eran elegidos por el Senado conservador entre la terna de nombres propuesta por las Juntas Departamentales (art. 135, 6).

[54] Obin/Aranda (1895: 260).

ban a los diputados, cuyo número se establecía a partir de la población de cada provincia[55]. A los candidatos a la diputación se les pedía, además de cierto nivel de renta, haber nacido en la provincia o estar avecindado en ella diez años antes de su elección (art. 60). La publicación de los resultados se hacía proclamando que la provincia había nombrado a determinados diputados, y en los poderes entregados a los elegidos, aun si se afirmaba que ellos desempeñarían sus funciones con los demás diputados a Congreso, como representantes de la nación peruana, se subrayaba también que habían sido designados "en nombre y representación" de la provincia (art. 55), la cual tenía la obligación de garantizar su subsistencia en el tiempo del mandato. Los colegios electorales de provincia elegían también a los miembros del Senado conservador (tres por departamento) y de las juntas departamentales (uno por cada provincia).

Bien mirado, los constituyentes peruanos legislaron bajo una doble y tal vez contradictoria preocupación. Por un lado, considerando las condiciones actuales de su país y recelosos ante los ejemplos de fragmentación producidos por un ejercicio sin freno de soberanías 'municipales', trataron, limitando las atribuciones de los municipios y de los jefes políticos locales, de garantizar la sobrevivencia del nuevo Estado y evitar tentaciones centrífugas. Por otro lado, su propia cultura política, la percepción y el conocimiento que tenían de una sociedad todavía fundada sobre valores muy tradicionales, los llevaba a concebir la nación no como una asociación voluntaria de individuos iguales, sin ninguna distinción de pertenencia a pueblos, estamentos y cuerpos, sino como el conjunto de múltiples identidades territoriales colectivas; una concepción bastante parecida a la planteada en Cádiz por Olaguer Feliú. Además, las modalidades sobre las que se había desarrollado el proceso de independencia, en particular en la región septentrional, apuntaban a una realidad a propósito de la cual no era atrevido afirmar, como lo hizo Víctor Andrés Belaúnde, que "la integración nacional sólo aparece como la consagración de la unión libre de las soberanías locales"[56]. Su nación, por lo tanto, fue un cuerpo

---

[55] Ver *Ley 30 de Enero de 1824. Ley reglamentaria de elecciones*, en Oviedo, tomo I (1861: 325-333).

[56] Belaúnde (1942: 40). Sobrevilla (2010: 27) anota que "no se requirieron [ni se promovieron autónomamente] ceremonias de aceptación o jura de la independencia por parte de los pueblos y ciudades después de la capitulación de Ayacucho". En cambio el Congreso solicitó la elección por parte de las ciudades y provincias recién liberadas de sus diputados al Congreso. Ver CDIP (1974): tomo XV, *Primer Congreso Constituyente*, vol. 2°. Lima: CNSIP, pp. 276, 282.

de cuerpos, las provincias-partidos, a partir de las cuales construyeron la representación. Cierta ambigüedad siguió rodeando a los diputados así elegidos: ¿fueron éstos representantes de la nación o procuradores de las provincias?

Continuidades

Los diputados de 1822, concientes de la precariedad de la situación en la cual ejercían su mandato, afirmaron desde un comienzo ser el suyo un ensayo, al cual en lo sucesivo se harían las modificaciones que "dictare la experiencia y demandare la voluntad de los pueblos"[57]. Finalizando su trabajo, escribieron que la Constitución quedaba sujeta a la ratificación o reforma de parte de un Congreso general compuesto por los representantes de todas las provincias, una vez que la guerra concluyera (art. 191). En realidad, las necesidades bélicas recortaron aún más su vida: la Constitución, jurada solemnemente el 13 de noviembre de 1823, limitó su existencia a este acto, pues unos días antes el Congreso había acordado la "inevitable medida" de suspender el cumplimiento de los artículos incompatibles con el ejercicio de las amplias facultades otorgadas al Libertador[58]. Volvió a regir a partir de enero de 1827, desde la caída del régimen vitalicio hasta la promulgación del nuevo texto en marzo de 1828, aunque con algunas modificaciones, dirigidas en primer lugar a robustecer el poder ejecutivo.

Algunas normas contenidas en ella cambiaron rápidamente, mientras otras tuvieron una duración mucho más prolongada, demostrando que, a pesar de todo, seguían ajustándose a la sociedad peruana. La nación asumió de inmediato una definición más moderna, como conjunto de sujetos individuales, "los peruanos" en la Constitución bolivariana, "los ciudadanos del Perú" en el texto aprobado en 1828, mientras se volvió más dudosa, al desaparecer la formulación gaditana, la ubicación de la soberanía[59]. Siguió en vigencia hasta

---

[57] Obin/Aranda (1895: 200).

[58] *Ley 11 de Noviembre de 1823. Sobre suspensión de algunos artículos constitucionales*, en Oviedo, tomo I (1861: 30).

[59] En la constitución bolivariana la soberanía "emana del pueblo, y su ejercicio reside en los poderes que establece esta Constitución"; en la de 1828 la nación peruana "delega el ejercicio de su soberanía en los tres poderes, legislativo, ejecutivo, y judicial, en que quedan distinguidas sus principales funciones". Con las Constituciones de 1856 y de 1860 se volvió a una formulación más clara, por la cual la soberanía residía en la nación y su ejercicio correspondía a los funcionarios nombrados por la Constitución misma.

la reforma electoral de 1896 (con la única excepción de los años 1855-1856) el sistema electoral indirecto de dos grados, ese "guante" que tan bien seguía ajustándose a una sociedad que guardaba rasgos corporativos. Hasta bien entrado el siglo XX, las provincias sobrevivieron como distritos electorales, cada una de las cuales elegía un número de diputados proporcional al de sus habitantes, a pesar de que fueran tempranamente percibidos los vicios de este sistema. Como la población de estas circunscripciones podía ser muy diferente (las había de 80.000 habitantes así como de 7.000, y a cada una le correspondía como mínimo un diputado), los colegios electorales provinciales (contemplados por el sistema electoral indirecto) podían tener un número de miembros muy distinto. Así que —como lo anotaba José Silva Santisteban— en un mismo departamento podía existir un colegio provincial de 120 electores y otro de 25: "este proclamará diputado al que obtenga 13 votos, mientras que el otro, aun cuando uno de los candidatos alcance cuatro veces este número, no podrá ir á la Cámara; y luego, en las decisiones, el voto de ese diputado de los 13 sufragios pesa tanto como el de los 61"[60].

Finalmente, se destaca la supervivencia del protagonismo de los pueblos, que hasta 1860 siguieron apareciendo en los preámbulos de las Constituciones como los sujetos que conferían los poderes a sus representantes y que continuaron declarándose 'soberanos' al redactar actas con las cuales, empleando un lenguaje que reproducía el de la retroversión de la soberanía, desautorizaban a presidentes en el cargo y daban su apoyo a nuevos caudillos[61].

---

[60] Silva Santisteban (1874: 139). Jorge Basadre (1980: 155-158) señala que las discrepancias se volvieron más acentuadas después de la introducción en 1895-1896 del sufragio directo de los alfabetizados, pues los diputados de provincias andinas, que tenían un número más reducido de votantes, necesitaron para ser elegidos de una menor cantidad de sufragios. Según los cálculos de Basadre, si en teoría cada representante elegido al Congreso Constituyente de 1931 necesitaba por término medio alrededor de 3.000 votos, en realidad un representante de Cuzco sólo necesitaba 992, mientras que uno de Lima tenía que obtener 6.679.

[61] Chiaramonti (2005: 224, 320-332).

BIBLIOGRAFÍA

ALJOVÍN DE LOSADA, Cristóbal y NÚÑEZ DÍAZ, Francisco (2006): "Ensayo bibliográfico: las elecciones peruanas decimonónicas", en: *Elecciones*, 6.

BASADRE, Jorge (1980): *Elecciones y centralismo en el Perú. Apuntes para un esquema histórico.* Lima: Centro de Investigación de la Universidad del Pacífico.

BELAÚNDE, Víctor Andrés (1942): *La Constitución Inicial del Perú ante el Derecho Internacional. Tomo I. Relaciones con el Ecuador.* Lima: Imprenta Torres Aguirre.

CHIARAMONTE, José Carlos (1995): "¿Provincias o Estados?: Los orígenes del federalismo rioplatense", en Guerra, François-Xavier (dir.): *Revoluciones hispánicas: independencias americanas y liberalismo español.* Madrid: Universidad Complutense, pp. 167-205.

— (2004): *Nación y Estado en Iberoamérica. El lenguaje político en tiempos de las independencias.* Buenos Aires: Editorial Sudamericana.

CHIARAMONTI, Gabriella (2005): *Ciudadanía y representación en el Perú (1808-1860).* Lima: Universidad Nacional Mayor de San Marcos/SEPS/ONPE.

CHUST, Manuel (2004): "Rey, Soberanía y Nación: las Cortes doceañistas hispanas, 1810-1814", en Chust, Manuel; Frasquet, Ivana (eds.): *La Trascendencia del Liberalismo Doceañista en España y América.* Valencia: Generalitat Valenciana.

Diario de las discusiones y actas del Congreso Constituyente del Perú (1822), tomo I. Lima: Imprentas de D. Manuel del Río y Compañía.

FRASQUET, Ivana (2004): "El liberalismo doceañista en el México independiente, 1821-1824", en Chust, Manuel; Frasquet, Ivana (eds.): *La Trascendencia del Liberalismo Doceañista en España y América.* Valencia: Generalitat Valenciana.

GARRIGA, Carlos y LORENTE, Marta (2007): *Cádiz, 1812. La Constitución jurisdiccional.* Madrid: Centro de Estudios Políticos y Constitucionales.

JAMANCA VEGA, Marco (2008): "El liberalismo peruano y el impacto de las ideas y los modelos constitucionales a inicios del siglo XIX", en Ugarte del Pino, Juan Vicente; Chanamé Orbe, Raúl; Palomino Manchego, José F.; Rivera Acuña-Falcón, Alberto (coords.): *Historia y Derecho. El Derecho Constitucional frente a la Historia*, tomo I. Cuzco: Universidad Inca Garcilaso de la Vega.

LASARTE, Javier (2009): *Las Cortes de Cádiz. Soberanía, separación de poderes, Hacienda, 1810-1811.* Madrid/Sevilla: Marcial Pons/Universidad Pablo de Olavide.

LEGUÍA Y MARTÍNEZ, Germán (1972): *Historia de la Emancipación del Perú: el Protectorado.* Tomos I-VII. Lima: CNSIP.

MARTÍNEZ RIAZA, Ascensión (1985): *La prensa doctrinal en la independencia del Perú 1811-1824.* Madrid: Ediciones de Cultura Hispánica/Instituto de Cooperación Iberoamericana.

McEVOY, Carmen (1999): "El motín de las palabras: la caída de Bernardo de Monteagudo y la forja de la cultura política limeña (1821-1822)", en íd.: *Forjando la nación. Ensayos sobre historia republicana.* Lima/Sewanee: Pontificia Universidad Católica del Perú/The University of the South.

Montoya, Gustavo (2002): *La independencia del Perú y el fantasma de la revolución*. Lima: Instituto Francés de Estudios Andinos/Instituto de Estudios Peruanos.

Obin, Manuel Jesús y Aranda, Ricardo (1895): *Anales parlamentarios del Perú*. Lima: Imprenta del Estado.

Oviedo, Juan de (1861): *Colección de leyes, decretos y ordenes publicadas en el Perú desde el año de 1821 hasta 31 de diciembre de 1859*. Tomo I. Lima: Felipe Bailly Editor.

Paniagua Corazao, Valentín (2003a): *Los orígenes del gobierno representativo en el Perú. Las elecciones (1809-1826)*. Lima: Pontificia Universidad Católica del Perú/Fondo de Cultura Económica.

— (2003b): "La Constitución de 1828 y su proyección en el constitucionalismo peruano", en *Historia Constitucional (revista electrónica)*, n°. 4, <http://hc.rediris.es/04/index.html>.

Peralta Ruiz, Víctor (2002): *En defensa de la autoridad. Política y cultura bajo el gobierno del virrey Abascal. Perú 1806-1816*. Madrid: Consejo Superior de Investigaciones Científicas-Instituto de Historia.

— (2008): "El impacto de las Cortes de Cádiz en el Perú. Un balance historiográfico", en *Revista de Indias*, vol. LXVIII, 242.

— (2010): *La independencia y la cultura política peruana (1808-1821)*. Lima: Fundación M. J. Bustamante de la Puente/Instituto de Estudios Peruanos.

Rodríguez O., Jaime E. (1998): *La independencia de la América española*. México: El Colegio de México/Fideicomiso Historia de las Américas/Fondo de Cultura Económica.

Silva Santisteban, José (1874): *Curso de derecho constitucional*. Lima: Imprenta de Pablo Dupont.

Sobrevilla, Natalia (2010): "Entre proclamas, actas y una capitulación: la independencia peruana vista en sus actos de fundación", ponencia presentada en el Coloquio internacional "Declarando Independencias. Textos fundamentales", coorganizado por El Colegio de México, Universidad Nacional Autónoma de México, Archivo General de la Nación, México, 22 al 24 de septiembre.

HUELLAS, TESTIGOS Y TESTIMONIOS CONSTITUCIONALES. DE CHARCAS A BOLIVIA 1810-1830[1]

Marta Irurozqui
GEA, CCHS-CSIC

Preguntarse sobre la naturaleza del constitucionalismo desarrollado en la República de Bolivia remite no sólo a la crisis de la monarquía española, sino también al peso que en la resolución institucional de la misma tuvieron las tradiciones jurídicas hispanas, los esfuerzos de reinvención política de España, las experiencias desligadas de la guerra civil y las necesidades impuestas por la creación republicana. Pese al bagaje constitucional de la Audiencia de Charcas, a su proyección y enseñanza en el virreinato del Río de La Plata y a su retroalimentación a través del enfrentamiento expansionista entre la Junta Superior Gubernativa de Buenos Aires y el virreinato del Perú, su peso apenas ha sido reconocido por la historiografía y, aún menos, su proyección en la primera etapa nacional. Teniendo presente el debate académico comenzado en la década de 1990 a partir de la Nueva Historia Política y la Nueva Historia Cultural referente a insertar lo ocurrido en Charcas en el contexto de crisis de la monarquía hispánica, rescatar una tradición cultural mancomunada y reconocer la trascendencia del constitucionalismo gaditano, este artículo abordará las tres dimensiones del proceso constitucionalista –constitucionalismo y soberanía; constitucionalismo y representación política; y

[1] Este texto se inscribe en el proyecto de investigación HAR2010-17580.

constitucionalismo y territorios– a través de la impronta que dejaron en el mismo tres fenómenos: la crisis de autoridad, los experimentos representativos-participativos y el contexto de guerra resultante de las rivalidades entre virreinatos que convirtió a Charcas en una región militarmente ocupada. A partir de esos tres ejes se desarrollará una reflexión de carácter historiográfico sobre el tema en la que se dará cuenta del grado y tipo de conocimientos que se tienen actualmente sobre el mismo. En ella estará presente una visión que entrelaza los principios de autoridad y de consentimiento (o ilusión de consentimiento) de la sociedad para explicar los problemas de legitimidad del poder que discurren en paralelo a la construcción de una legalidad constitucional y de un equilibrio de las fuerzas políticas.

DE LA SOBERANÍA DEL REY A LA SOBERANÍA DE LOS PUEBLOS

Gran parte de la historiografía bolivianista ha interpretado la Junta de La Plata del 25 de mayo y la Junta de La Paz del 16 de julio como las primeras experiencias independentistas americanas. Esta aseveración suele ir acompañada de la suscripción del tópico de "la hipocresía altoperuana", consistente en que los charqueños habrían enmascarado su movimiento de rechazo del despotismo español y de liberación nacional bajo consignas monárquicas[2]. Sin polemizar con la visión teleológica y nacionalista de la emancipación charqueña, los trabajos de José Luis Roca[3] cuestionaron la tradicional rivalidad juntista[4] al analizar ambos acontecimientos como partes de un mismo proceso de autogobierno cuyo detonante general fue la crisis de la monarquía española de 1808 y cuyo detonante particular fue el posterior intento de convertir el virreinato del Río de La Plata en un protectorado de la Corona portuguesa. Con una intención de defensa y autogobierno jurisdiccionales, la Junta de La Plata y la Junta de La Paz dieron, respectivamente, lugar a dos textos: el *Acta de los Doctores* y el *Estatuto constitucional o Plan de Gobierno*. Estos documentos no tuvieron una naturaleza fundacional, ya que no se proponían instituir nada nuevo, sino oponerse a la usurpación de los derechos históricos propios de los dominios españoles. Sin embargo, ello no impidió que actuaran de marcos jurídicos para organizar el cuerpo político, garantizar

---

[2] Entre otros, Just (1994), Arnade (1972), Klein (1988).
[3] Roca (1998 y 2007).
[4] Ello se recoge en Mendoza (1997).

derechos antiguos y erigir barreras contra las amenazas francesa y portuguesa. De hecho, contenían una serie de medidas administrativas, representativas, propagandísticas, fiscales y defensivas que limitaban las prerrogativas del virreinato del Río de la Plata y que implicaban la usurpación de funciones pertenecientes a otros cuerpos. Si en el caso de la Junta de La Plata las principales medidas estuvieron destinadas a asentar la hegemonía gubernamental del tribunal en todo el territorio charqueño frente a otras autoridades coloniales sospechosas de traición, en el caso de la Junta de La Paz las decisiones fueron más extremas. Además de la deposición y nombramiento de autoridades y el envío de emisarios a diversas localidades del virreinato de Perú, figuraron proclamas, la ampliación de la representatividad de la junta con la incorporación de nuevos diputados a la misma y su posterior participación en "un congreso representativo de los derechos del pueblo", la asunción de una autonomía rentística y, como no se eliminó el tributo ni la mita, por ser ambos fundamentales para el mantenimiento de la riqueza regional, se fijó que la población india no pagara alcabala de los frutos de libre comercio, proponiendo también incorporar al "congreso representativo de los derechos del pueblo" a un indio noble por cada partido "de las seis subdelegaciones que forman esta provincia"[5].

En opinión de Roca, tales acciones regionales y locales de gobierno en ausencia del monarca no implicaron un gesto independentista, sino una expresión de patriotismo hispánico frente a una posible dominación extranjera identificada con Francia y Portugal. A partir de esa hipótesis, María Luisa Soux y Marta Irurozqui han indagado en cómo desde una posición legitimista y ante la crisis de representación se inició un proceso de desestructuración institucional que dio paso a la construcción de una nueva legitimidad ajena a los intereses del monarca. Dado que la segunda autora ha asumido la represión militar y judicial de las juntas por parte de las cabeceras virreinales del Río de La Plata y Perú como una de las causas que imposibilitaron la reconstitución del orden legal, este apartado se centrará en sus argumentos, exponiéndose en los siguientes la investigación de Soux sobre los experimentos constitucionales a partir de 1811 y la conversión de los cabildos en los legítimos depositarios de las soberanías fragmentadas.

Para Irurozqui[6] el juntismo de La Plata y La Paz encerraba un problema básico: una crisis de autoridad en diversas instancias, cada una correspon-

---

5 Además de Roca (1998), véanse Rivera (1972); Arze (1987: 137).
6 Irurozqui (2009: 193-234; 2011).

diente a las distintas dignidades americanas. Ésta dio lugar a un problema de legitimidad gubernamental que implicaba, por un lado, el asentamiento del proceso de dispersión de la soberanía cuya unidad ya se había quebrado en 1808 y, por otro, la amenaza de remodelación de la jerarquía de autoridades. De todo ello fueron conscientes los diferentes cuerpos e instancias de gobierno, tratándolo de subsanar de cuatro formas básicas: destituciones de autoridades acusadas de traición, juntas, exigencias de sumisión institucional y procesos represivos–judiciales ejecutados por los virreyes. Mientras las dos primeras modalidades estuvieron encabezadas por cuerpos colegiados como la Audiencia, los cabildos civil y eclesiástico o la universidad, la tercera y cuarta fueron lideradas por los máximos agentes individuales de poder en América, virrey e intendente. En los cuatro casos se trató de precautelar los derechos del monarca, resultando de ello dos fenómenos: la reivindicación institucional y popular de la soberanía y el abuso de autoridad. Veámoslo más en detalle.

Ante la acefalía real, la atención prestada a la oferta portuguesa hizo que las máximas autoridades civiles y eclesiásticas de La Plata y La Paz perdieran su legitimidad gubernamental en sus vecindarios, siendo los miembros de la Audiencia y del cabildo los llamados y reconocidos por el pueblo como detentadores provisionales de su soberanía. Debido a que el poder de gobernar de la Audiencia derivaba de ser un órgano representativo de la Corona, ésta podía apelar a la unidad de la soberanía sin que la institucionalidad quedase rota. Ello hizo que la Junta de La Plata buscase convertirse en la única instancia legítima de poder que gobernaría Charcas a partir de una jerarquizada red de juntas provinciales instaladas en las principales ciudades, siendo la Junta de la Paz la primera en secundarla. Sin embargo, los intendentes y los virreyes del Río de La Plata y Perú no estuvieron de acuerdo. Aunque sabían del peso institucional del tribunal, optaron por disolver la Junta de La Plata y las a ella asociadas por considerar que la tutela de la soberanía bajo el amparo de los virreyes evitaría mejor el caos político, quedando la Audiencia en una posición de supeditación jerárquica mayor que la mantenida en el pasado. El problema fundamental vino cuando la disolución de las juntas, con la consecuente negación de la autoridad gubernativa de la Audiencia y el cabildo, fue ejecutada mediante la fuerza militar. Atacar al tribunal chuquisaqueño implicaba una desarticulación fidelista de una institución regia, lo que no sucedía con el municipio paceño ya que éste no poseía el mismo peso institucional al no ser representante de la Corona. De ahí que, aunque los miembros de ambas juntas fueron encausados, sólo se acusó a los de La Paz de querer la "sustracción de la monarquía" y se les castigó con la pena capital. La gravedad de esa sentencia ha desdibujado el significado que tuvo la negación de la capacidad de la Audiencia para instituirse en una junta ostentadora de la tutela de la soberanía indivisa del rey y articuladora del territorio charqueño a través de un sistema de juntas provinciales subordinadas. Desdeñada su doble legitimidad —proceder de una institución delegativa real y ejercer el poder "por aclamación popular"— no sólo se dio paso a la fragmentación de la soberanía al desaparecer el único cuerpo que podía contenerla, sino que quedó ampliado el poder del cabildo como entidad depositaria de la misma.

La represión de las juntas formadas en 1809 mostraba, por tanto, cómo la autoridad de los virreyes se sobrepuso a la de las juntas en su esfuerzo paralelo de restaurar una soberanía indivisa. Aunque éstos no violaron la ley al hacerlo, sí vulneraron la legalidad en el sentido de que se impusieron por la fuerza y desautorizaron a instituciones que también habían obrado conforme al derecho español, dando lugar a un abuso de autoridad que favoreció una futura emancipación. Aunque la actuación de los virreyes contra la capacidad gubernativa de otras autoridades americanas no fue ratificada desde la Península[7], las dificultades de la Junta Central y Suprema del Reino y la formación de la Junta Gobernativa de Buenos Aires de 1810 impidieron un resarcimiento de lo ocurrido quedando confirmada *de facto* la autoridad del virrey Abascal sobre la Audiencia de Charcas. Y aunque ello hizo pensar en un principio en la pacificación del territorio, la violencia virreinal represora había sembrado la simiente de la fragmentación de la soberanía del rey en la soberanía de los pueblos de tres maneras. Primera, al celo fidelista con el que diferentes autoridades reales habían tratado de conservar su autoridad y espacios de acción favoreció que los roces institucionales se convirtiesen en una inagotable fuente de pérdida de legitimidad gubernamental. Segunda, la fuerza despótica de los virreyes había sustituido el derecho del rey a los territorios americanos basado en el consentimiento de los súbditos en uno asentado en el dominio de la fuerza, convirtiéndose el monarca ausente en el representante de los nuevos conquistadores peruanos. Y, tercera, la intervención militar, los procesos judiciales y las sentencias hicieron consciente a la

---

[7] Fernando VII expidió una Real Orden el 27 de junio de 1820 en la que reconocía que los procedimientos de los miembros de la Junta de La Plata habían sido dictados por la lealtad más acendrada "y el más recomendable celo en defensa de los derechos de S. M. y de la integridad de la nación", estableciendo que se diese satisfacción a los magistrados castigados. "Real orden". *El Triunfo de la Nación*. Lima, 16 de febrero de 1821.

población de su vulnerabilidad legal y social, ya que si antes del proceso juntista la defensa del rey equivalía a la defensa de sus espacios, estatus e intereses locales, invalidado el mismo por la fuerza militar tal salvaguarda regional significaba ahora un crimen de lesa majestad, siendo agentes no implicados con el medio local los encargados de determinarlo.

Una solución a la fractura acaecida en el cuerpo político estuvo en la Constitución de 1812. Ante el peligro de que las respuestas de fuerza dadas a la crisis de la Monarquía derivasen en declarar ilegítima la potestad del rey en los territorios de Ultramar era preciso establecer una regeneradora constitucionalización del orden político. Sólo la adopción de un nuevo conjunto de derechos escritos podía redimir a la comunidad de ambos lados del Atlántico de las arbitrariedades cometidas por todos los bandos en nombre del patriotismo español. Pero la pacificación de la sociedad a través de un proceso de constitucionalización del poder conllevaba una transformación de la condición del rey. De él ya no emanaría la soberanía, y, por tanto, tampoco la ley, quedando su autoridad sujeta a ella, con lo que también dejaba de ser el ente fiador/protector del orden y de la unidad. Y aunque con la sustitución del rey por la nación española se buscaba una reelaboración constitucional de la monarquía que reconociese las voluntades soberanas de "todos los españoles de ambos hemisferios", la aseveración de que la soberanía ya no residía en el rey dejaba abierta la puerta a la guerra civil a partir del entrecruzamiento de dos principios: el principio constitucional de consentimiento del pueblo a delegar su soberanía a la nación y del principio tradicional de retroversión de la soberanía a "los pueblos" ante un acto de tiranicidio. Más aún cuando el experimento constitucional que debía instaurar la paz en el territorio no era objeto de consenso en las regiones insurgentes o sufría violaciones y suspensiones en las áreas realistas. Esa situación de fragilidad constitucional se complicaba a partir del hecho de que la Constitución hacía compatibles una nación de individuos con el principio de autonomía territorial expresado en la reorganización administrativa y política del espacio municipal, con el consiguiente refuerzo de los núcleos locales que con la represión juntista habían asumido el depósito de la soberanía del rey. De ahí que el riesgo de fractura y, por tanto, de guerra civil no estuviera referido al enfrentamiento entre españoles peninsulares y españoles americanos. Hacía alusión al producido entre las unidades territoriales en que se subdividiera la soberanía, ya que la ruptura de las jerarquías territoriales hispanas había favorecido el deseo de autonomía de cada unidad territorial contra cualquier pretensión hegemónica de sus vecinas.

EXPERIMENTOS CONSTITUCIONALES EN TIEMPOS DE GUERRA:
BUENOS AIRES Y CÁDIZ

A partir de 1810 Charcas se convirtió en un territorio disputado por las fuerzas del virreinato del Perú y por las de la Junta de Buenos Aires. Y si en un inicio la lógica de oposición juntista había sido, como reitera Roca, lo antifrancés y lo antiportugués y no lo antiespañol; en un segundo momento lo fueron lo bonaerense y lo peruano en tanto fuentes de poder virreinal que ante la crisis de la monarquía sobreponían unilateralmente el principio de autoridad a la defensa de los amenazados intereses locales charqueños. Esa lectura de oposiciones territoriales no significaba que el territorio de Charcas coincidiera con y se pensase como un Estado "protonacional" que los héroes de 1809 dieron a luz, sino que se inscribía en dinámicas de competencia entre autoridades por obtener dignidad y estatus territoriales y sociales, mantener o ampliar el control de recursos, dirimir la gestión local de los territorios o conservar áreas geográficas y ámbitos públicos/privados de influencia social. La instauración en Charcas de los experimentos constitucionales bonaerense y español mantuvo activada la dinámica de rivalidades descrita, evidenciándose en ambos casos las dificultades de los poderes centralizadores de restaurar en una unidad las soberanías dispersas.

Corresponde a Soux[8] la realización del trabajo más completo sobre las experiencias constitucionales previas al nacimiento de la República de Bolivia. Respecto a la elección de representantes y autoridades, ante la inminente llegada del ejército porteño a La Plata se acordó la adhesión a la junta bonaerense, siendo elegidos por aclamación general los diputados que se enviarían al congreso convocado por esta junta. Roca también ha proporcionado referencias acerca de que en estos comicios, como en los relativos a los de la Asamblea Constituyente del Río de la Plata de 1813 y al Congreso que de manera sucesiva se celebró en Tucumán y Buenos Aires entre 1816 y 1820, los candidatos fueron electos mediante designación[9]. Tanto él como Alberto Crespo, Clement Thibaud y Esther Ayllón llaman la atención sobre la importancia que tuvieron en la naturaleza y el desarrollo de tales eventos los exiliados de las primeras juntas y los egresados de la Academia Carolina y la Universidad Mayor de San Francisco Javier[10].

[8] Soux (2010: cap. IV).
[9] Consúltense los textos sobre el tema aparecidos en las revistas de *Historia y Cultura* y *Anuario ABNB* desde 1982 hasta 2005.
[10] Roca (2007), Crespo (1997), Thibaud (1997: 39-60), Ayllón (2008: 39-60).

En apoyo a la junta de Buenos Aires y también en nombre del legítimo rey Fernando VII se organizaron en Charcas juntas en rechazo al Consejo de Regencia como las de Cochabamba del 14 de septiembre de 1810, Santa Cruz de la Sierra del 24 de septiembre, Oruro del 6 de octubre y Potosí del 10 de noviembre. Al igual que en el primer experimento juntista tampoco se afirmaba que la soberanía hubiera transitado del rey a los pueblos, sino que permanecía bajo su custodia y tutela, estribando la diferencia en que este depósito de soberanía se hacía para defender al rey de los abusos de los déspotas peruanos, siendo el cabildo la expresión del cuerpo político.

Soux relata que, tras su llegada a la capital de la Audiencia el 27 de diciembre de 1810, Juan José Castelli puso en marcha una serie de medidas. Con la "Orden de esta Junta Superior del 10 febrero de 1811" dictaba la organización de una red jerarquizada de juntas en toda la región que se subordinaría a la junta bonaerense. La elección de sus vocales era responsabilidad de los "vecinos españoles (…) sin excepción de empleados" y miembros de "los cabildos eclesiásticos y seculares", estando el voto individual territorializado a partir de los cuarteles. A ese documento se sumaba otro escrito en castellano, quechua, aimara y guaraní, en el que, en nombre de Fernando VII, se instruía la elección por cada intendencia de un diputado indio para integrarse en el congreso que se realizaría en Buenos Aires. Si bien esta convocatoria no llegó a ejecutarse, dejaba constancia de dar representación a los indígenas. Al anterior documento se unieron otros tres manifiestos de naturaleza rupturista con el orden virreinal que contrastaban con el espíritu de los elaborados por los aliados charqueños. En ellos permanecía una narrativa de fidelidad y vasallaje a Fernando VII como fuente de soberanía aducida a que la gran mayoría de los habitantes de la Audiencia no dudaba que desde Buenos Aires se apoyara al monarca, entendiendo que había sido el virreinato del Perú el que había desobedecido el orden del rey al anexarse Charcas. Es decir, pesaba más la legitimidad de la junta, como cuerpo organizado en la legítima capital del virreinato, que los discursos ideológicos emitidos por los miembros de ésta.

Respecto a la Constitución de Cádiz, fueron Marie Danielle Demélas y Marie Laurie Rieu–Millán[11] quienes primero alertaron sobre su impronta en la Audiencia de Charcas, mostrando que las elecciones y la coreografía que las acompañaba contribuyeron a una nueva comprensión del territorio y del depósito de la soberanía popular. Para Soux, aunque la situación de guerra

---

[11] Demélas (1992), Rieu-Millan (1990: 184).

permanente vivida en Charcas entre 1812 y 1813 no favoreció el debate ideológico sobre el significado de las Cortes y la Constitución, sí fue fundamental en la reorganización política del territorio –ayuntamientos constitucionales y diputaciones provinciales–, la reforma de la administración o el ejercicio de la justicia. Sobre este último aspecto Nuria Sala i Vila ha estudiado la aplicación del modelo de justicia conciliatoria en los ayuntamientos constitucionales, estando su organización y competencias jurídicas desarrolladas en el *Reglamento de las Audiencias y Juzgados de primera instancia* del 9 de octubre de 1812. De un lado, el tribunal de Charcas perdió sus atribuciones gubernativas y económicas, quedando conformado para los asuntos legales por un regente, nueve ministros y dos fiscales, con una sala de cuatro ministros para las causas civiles y criminales en segunda instancia y otra de cinco para las causas en tercera instancia. Por otro, se daba a los alcaldes electos el oficio conciliador, con competencias en causas civiles e injurias. En caso de que hubiera apelación por una de las partes debía dirimirla una instancia judicial superior presidida por el juez de Letras. Ello suponía que la justicia poseía una naturaleza dual, podía ser letrada y ajena a las corporaciones municipales, o lega, electiva y vinculada a éstas[12].

En lo relativo a la configuración constitucional del sujeto de la soberanía, Irurozqui[13] muestra que ésta no se basó en criterios de propiedad o fiscalidad, sino en los de vecindad, un concepto asociado a los valores locales que presuponía una identidad social notoria vinculada a la imagen pública que cada miembro tenía frente a su comunidad de pertenencia. La vecindad, en tanto noción premoderna poseedora de calidades representativas y participativas que a los contemporáneos les resultaban compatibles con un nuevo universo normativo basado la soberanía popular y al pueblo soberano, fue una noción extrapolable de un orden a otro gracias a tres atributos: primero, su significado de reconocimiento y movilidad sociales; segundo, su refrendo en el ámbito local; y, tercero, su capacidad dúctil e inclusiva tanto para favorecer reconocimientos sociales en un clima bélico, como para hacer compatibles la heterogeneidad de los cuerpos sociales del antiguo orden y la homogeneidad implícita como ideal en la comunidad de ciudadanos.

Teniendo en cuenta los datos proporcionados por las autoras mencionadas se sabe que los textos de las Cédulas promulgadas en Cádiz el 9 de febre-

---

[12] Sala i Vila (2001). Sobre el tema de la justicia local, véase también Soux (2010: caps. IV-V).

[13] Irurozqui (2005: 251-284).

ro y el 13 de marzo de 1811 llegaron a Charcas en marzo de 1812. En ellas
se establecía la igualdad entre españoles peninsulares y americanos, siendo
corregidas para ello tanto las restricciones en los puestos de la administración
y en el reparto de mercancías, como las diferencias en materia fiscal. El 13 de
mayo de 1812 se celebró en La Plata la elección para diputados a Cortes,
siendo elegido el canónigo de la catedral, el doctor Mariano Rodríguez de
Olmedo, después de que el oidor interino, don Lorenzo Fernández de Cór-
dova, y el conde de San Miguel de Tarma renunciaran al puesto. Participó en
las sesiones extraordinarias de septiembre de 1810 a septiembre de 1813 y en
las sesiones ordinarias del 1 de octubre de 1813 al 10 de mayo de 1814. Aunque todavía son muy pocos los datos que se tienen sobre otros comicios,
correspondiendo la mayor parte de los casos conocidos a la provincia de La
Paz, se han localizado actos electorales celebrados en 1811, 1812, 1813 y
1814. Se trató de elecciones en las que estuvieron involucrados todos los sectores de la población, demostrándose a partir de las realizadas en los pueblos
con mayoría indígena que no sólo su participación electoral fue activa y
amplia, sino que también este colectivo se comprometió en el desarrollo
municipal por las posibilidades que éste proveía en términos de gestión y
reorganización territorial, de autoridad y de justicia.

Aunque las Reales Órdenes de 30 de julio de 1814 derogaban las medidas constitucionales, su erradicación social no llegó a concretarse. La resistencia no se refería tanto a la sustitución de la soberanía de la nación por la
del rey, como a la anulación de aquellas medidas políticas y económicas que
gozaban de apoyo de la población: eliminación del tributo y la mita o la
implantación de los ayuntamientos constitucionales. Además, como la resti-
tución de las antiguas prácticas y autoridades se llevaba a cabo en un clima
de constante militarización de la vida pública, el retorno al pasado se identificaba con el despotismo de las autoridades. Aunque la vuelta del constitucionalismo en el Trienio Liberal, iniciado en septiembre de 1820 con el reci-
bimiento de la orden de jura, significó para algunos la corrección de las
arbitrariedades y de los abusos de las fuerzas militares, la fidelidad al rey ya
estaba minada no sólo por lo incumplido por España, sino porque la auto-
gestión territorial en tiempos de guerra había abierto nuevas soluciones de
territorialización de la soberanía. En marzo de 1821 se eligió un diputado a
Cortes y, en torno a 1822, se sustituyó la diputación provincial de Charcas
por diputaciones correspondientes a cada una de las antiguas intendencias,
siendo la reposición constitucional una oportunidad para los charqueños de
controlar el poder local a través de los cargos concejiles. De hecho, el valor

concedido por la población a muchas de las medidas y prácticas constitucionales favoreció que el nuevo regreso al absolutismo en 1823 no implicara su modificación, vislumbrándose el peso de la experiencia constitucional en la futura y completa liquidación de la soberanía del rey y en la definición de una nación basada en el imperio de la ley.

CONSTITUCIONALISMO Y REPÚBLICA

La proyección de los experimentos y experiencias constitucionales de pre-emancipación en el régimen constitucional boliviano han sido abordados principalmente por Félix Ciro Trigo, Tristan Platt, Roca, Soux, Barragán, Peralta e Irurozqui. A partir de sus estudios se va exponer el modo en que fórmulas representativas y asociativas del Antiguo Régimen y prácticas públicas activadas por el clima bélico influyeron tanto en los contenidos del texto constitucional como en la lectura social del mismo.

Aunque los trabajos sobre el devenir de la Audiencia tras la disolución de la Junta de La Plata en 1810 son inexistentes, testimonios indirectos inciden en la relevancia de su gestión gubernativa durante la guerra y en el diseño nacional. Se mantuvo como instancia judicial, pese a que en algunas ocasiones cambió de lugar de residencia y en otras pudo ver disminuida su función ejecutiva tanto porque estaba presidida por un cargo militar que recibía órdenes desde el virreinato del Perú, como porque la primera diputación provincial se radicó en La Plata y comprendía la Audiencia de Charcas. Además, durante el largo proceso bélico en el que este territorio fue reclamado y ocupado por los ejércitos auxiliares rioplatenses, por las fuerzas peruanas y, finalmente, por las tropas de Bolívar, los miembros del tribunal, en tanto detentadores de puestos de poder en la administración española y, por tanto, autoridades realistas, mantuvieron una complicada y privilegiada posición negociadora con el virrey del Perú, con los oficiales peninsulares, con otras instituciones de la región, con las guerrillas, con altoperuanos exiliados que luchaban por la adhesión de Charcas a las Provincias Unidas y con las fuerzas colombianas de Sucre[14]. Ello no sólo hizo a los funcionarios de la Audiencia centrales en un juego de equilibrios de poder tendente a garantizar la materialización y supervivencia del autogobierno charqueño a partir del control de las tensiones locales, sino también en el nacimiento de una Bolivia inde-

---

[14] Roca (2007), Soux (2010: 197), Arnade (1972: 208), Arze Quiroga (1973: 249-266).

pendiente al demostrar su control sobre las instituciones inferiores en tanto representantes legítimos de los intereses locales. De su supervivencia institucional pueden aventurarse dos conjeturas. De un lado, terminada la guerra con España, la fortaleza simbólica de la Audiencia en un espacio militarizado y dominado por el bando del rey no sólo impidió el surgimiento de fuertes gobiernos autónomos procedentes de los municipios o de los focos insurgentes, sino que también condicionó la estructura y la territorialidad republicana de Bolivia. De otro, las primeras asambleas constituyentes o el congreso y el senado pueden verse como un trasunto republicano del tribunal de la Audiencia, siendo sus progresivas hostilidades al gobierno de Sucre y sus pretensiones de fiscalizar las decisiones de Andrés de Santa Cruz, actos de independencia y hegemonía institucionales que resignificaban las potestades de un cuerpo de Antiguo Régimen. Ello evidenció una primera discusión sobre el modelo de Estado, en la que la opción de los antiguos oidores coincidía con un proyecto centralista de fuerte presencia del legislativo. Este sistema entraba en conflicto con la posición presidencialista más cercana a la herencia de Bolívar del "hombre fuerte" que obtenía el poder mediante las armas para ratificarlo posteriormente a través de elecciones populares. Resultado de esa polaridad fue un proceso de legitimación de los gobernantes en el que la fuerza militar buscó neutralizarse mediante una hegemonía civil del recurso a la violencia.

Por el Decreto del 9 de febrero de 1825 José Antonio de Sucre (1826-1828) convocó la Asamblea de Representantes del Alto Perú para definir la naturaleza territorial y nacional de la Audiencia de Charcas e instalar un gobierno provisorio, iniciándose la reunión el 10 de julio en La Plata. Bajo el influjo de la Constitución de 1812, para la elección de los diputados se aplicó el sufragio indirecto en tres niveles, siendo la vecindad la condición para ser elector y elegible. El peso de la carta gaditana también se expresó en el principio de representación basado en la población, ya que se calculaba "un diputado por cada veinte o veinticinco mil almas". Tras ser suscrita por la asamblea el Acta de Declaración de la Independencia el 6 de agosto de 1825, su primer acto legislativo fue la Ley del 11 de agosto de 1825 o Ley de Glorificación, que dispuso la denominación del nuevo Estado como República Bolívar, pasando más tarde a denominarse República Boliviana. De cara al gobierno de ésta se proyectó la Ley Constitucional del 6 de agosto de 1825 por José María Mendizábal, Eusebio Gutiérrez y Manuel María Urcullu. Concebida en siete artículos, la asamblea solo aprobó los tres relativos a la forma de gobierno representativa republicana, a un gobierno concentrado o unitario y a la existencia de tres poderes. La asamblea clausuró sus sesiones el 6 de octubre de ese año y dispuso que el 25 de mayo de 1826 se reuniera un Congreso General Constituyente que elaborase una Constitución definitiva. Mientras, el 15 de diciembre de 1825 se decretó la creación de una Corte Superior de Justicia en La Paz con las mismas atribuciones de las antiguas Audiencias, el 21 de diciembre se legisló observar la Ley del 9 de octubre de 1812 y demás decretos de las Cortes españolas sobre administración de justicia. El artículo 10 del Decreto de 23 de enero de 1826 negaba, en consecuencia, la intervención de prefectos y gobernadores en la administración judicial.

Para la elaboración de la Constitución se solicitó a Simón Bolívar un proyecto sobre la misma, que fue remitido desde Lima el 6 de junio. Después de ser analizado por la Comisión de Negocios Constitucionales, se sancionó el 6 de noviembre y se promulgó por Sucre el 19 de noviembre de 1826, siendo jurado el 2 de diciembre. En contraste con las anteriores experiencias constitucionales, la Carta de 1826 negaba la autonomía municipal y disponía de una serie de medidas entre las que destacaban la implantación del sufragio calificado[15], la presidencia vitalicia, un vicepresidente como sucesor del presidente, la división del poder público en cuatro secciones —electoral, legislativa, ejecutiva y judicial— y la estructuración del poder legislativo en tres cuerpos —tribunos, senadores y censores—. En la correspondencia del 26 de mayo de 1827 Bolívar dijo de ella que reunía "la monarquía más liberal con la república más libre", ya que conllevaba un régimen mixto capaz de asentar un gobierno fuerte basado en los principios de orden y equilibrio. Para garantizar la libertad, la seguridad y la estabilidad políticas debían mantenerse los rasgos oligárquicos implícitos en una presidencia vitalicia porque éstos evitarían los bruscos movimientos institucionales del paso del sistema colonial al republicano. Detrás de la anulación de la autonomía municipal y del nombramiento de un vicepresidente al frente de la administración y con derecho de sucesión presidencial, estaba el objetivo de evitar la anarquía pro-

---

[15] El sufragio calificado, censitario o restringido se basa en el cumplimiento de todas o algunas de estas tres condiciones: (1) la *utilidad*, imprescindible para el desarrollo productivo de la nación, se demostraba mediante el desempeño de un trabajo o el pago de un impuesto, aunque fuera reducido; (2) la *autonomía personal*, necesaria para ejercer los derechos políticos sin ceder a las presiones de los poderosos, se constataba en el hecho de que la renta de un sujeto no proviniese de trabajar como doméstico, ya que en ese caso se debería al padre de familia y carecería de independencia; (3) la *capacidad*, básica para ejercer el arte de pensar, se manifestaba en saber leer y escribir.

ducto de la atomización del poder y de las luchas por la sucesión. En contraste, el principio de soberanía popular quedaba realzado a través del poder electoral o poder constituyente y mediante una estructura tricameral con capacidad de arbitrar entre los cuerpos con funciones de control de diversos sectores de la actividad estatal[16].

Aunque el proyecto constitucional de Bolívar fue aprobado con leves enmiendas de detalle y la adición del artículo 6 que sentaba el principio de unidad religiosa, no lo hizo sin generar una ardua discusión que dejó patente futuros problemas de potestad y control entre el ejecutivo y el legislativo, como ejemplificaba la crítica a que en una presidencia vitalicia siempre había el riesgo de la dictadura, no pudiéndose resolver las crisis políticas salvo con un golpe de Estado. Su vigencia como Ley Fundamental fue de dos años. Dejó de funcionar tras el motín del 18 de abril de 1828, no siendo refrendadas las principales propuestas de Bolívar en la Constitución de 1831 y siguientes. De hecho, del proyecto bolivariano sólo pervivió el sufragio calificado. Sus requisitos fueron matizados a partir de la experiencia representativa gaditana y de una lectura republicana del liberalismo que compatibilizaba individualismo y corporativismo. Sobre la exigencia de saber leer y escribir, su exigencia se pospuso hasta la década de 1830 después de un complejo debate en la Asamblea Constituyente de 1826 cuyas principales conclusiones al respecto fueron: (1) el analfabetismo no equivalía a desconocimiento de lo público o a falta de aptitudes políticas; (2) la exclusión electoral de los analfabetos dejaría a la mayor parte del país sin representación y provocaría la nulidad del pacto social; (3) impedir el voto a los indígenas sería negar su madurez política demostrada durante los años de guerra. La consiguiente decisión de que "no era gracia sino justicia la que se haría a los indígenas y demás clases que se hallan en el mismo caso concediéndoles la ciudadanía" subrayaba que el bienestar nacional sólo sería posible mientras estuviera garantizada la madurez de juicio y acción de la población para ejercer como pueblo soberano y saber delegar la soberanía en representantes dignos y capaces. Por tanto, si se admitía retrasar constitucionalmente la exigencia de saber leer y escribir era por un doble convencimiento. De una parte, el supuesto descuido educativo del que se acusaba al régimen colonial no podía mantenerse bajo un régimen representativo; de ahí que se asumiera que las instituciones estatales fueran las responsables de insuflar el espíritu público entre la población mediante el desarrollo de la instrucción pública.

---

[16] Trigo (1958: XXI-XXV, 32-46 y 68-82); Sala i Vila (2011).

De otro, aunque se era consciente del alto porcentaje de iletrados, se consideraba también que adquirirla estaba "en manos de todos"; lo que implicaba creer en el esfuerzo y el mérito personales como elementos acreditativos de ciudadanía. Es decir, la extensión de ésta era responsabilidad del Estado, pero la sociedad debía también demostrar interés en su adquisición porque con ello probaba su voluntad de contribuir al bien general.

Si el requisito de saber leer y escribir fue muy discutido en 1826, no ocurrió así con los otros, existiendo unanimidad acerca de que no tener "industria o profesión" era contrario al mantenimiento del orden y la tranquilidad pública. Sin embargo tal criterio quedó relativizado y ralentizado en la práctica por el peso de la vecindad en la categoría de ciudadano. El principio de redistribución de cargas y cargos de la vecindad hacía que fuesen muchos y variados los que podían ser asumidos socialmente como ciudadanos, ya que la renta, la independencia profesional y saber leer y escribir sólo existían si había refrendo comunitario, no importando el rango social en términos absolutos, sino en relación al cumplimiento de deberes y al reconocimiento local que se desligase del mismo. En este sentido, el trabajo ejercido y reconocido en un entorno comunitario al representar una forma de vida respetable y respetada por la comunidad garantizaba la vida política de un individuo. No sólo era un principio ilustrado de dignidad y un factor de producción, sino también una expresión identitaria definida por la adscripción y el prestigio locales. En suma, la interacción entre vecindad y ciudadanía tuvo tres consecuencias: primera, favoreció que el domicilio constituyera un factor más poderoso que la nacionalidad o el parentesco en la definición de una identidad grupal; segunda, permitió que el trabajo/propiedad/renta y la residencia se erigieran como las dos calidades básicas que identificaban al ciudadano; y, tercera, hizo que la restricción electoral estuviese basada en el principio de que los derechos estuviesen en relación a las cargas. Así, la ciudadanía ofertada a la población boliviana en la primera mitad del siglo XIX mostraba que los principios vecinales de reconocimiento local y de enraizamiento socioterritorial coadyuvaban con el principio republicano de la devoción a las causas públicas en la caracterización y la catalogación de los individuos como ciudadanos, con el consiguiente hincapié en las nociones de responsabilidad, de utilidad/servicio y de lealtad al Estado[17].

[17] Irurozqui (2006: 35-66), Soux (2010: cap. IV).

Con la Constitución de 1826 volvió a establecerse el sistema electoral indirecto[18] presente en la Carta gaditana y a juzgar por el número de diputados correspondientes a cada departamento y a cada partido/provincia se conjugó el principio de representación poblacional con el de representación territorial[19]. Si las medidas presidencialistas de Bolívar no habían cuajado totalmente, ello no fue contrario a un diseño nacional centralista que no reconocía a los municipios como sujetos políticos, siendo sus funciones reducidas a las de ornato y policía. Las razones esgrimidas por Sucre y los asambleístas fueron de índole diversa. Por un lado, el municipalismo mantenía latente la dispersión de la soberanía entre los pueblos y dificultaba la construcción de una unidad territorial. Por otro, el funcionamiento trinitario de las Cámaras dejaba sin razón de ser la acción representativa municipal. La consiguiente pérdida local de prerrogativas jurisdiccionales y de justicia implicó que la población afectada buscara que el Estado le proporcionara otras fórmulas de autogobierno. Durante la presidencia de Andrés de Santa Cruz (1831-1839), ejemplo de ello fue la reivindicación por parte de las comunidades indias de su reconocimiento como cuerpos legales a través de la reposición del tributo y del protector de naturales. No se trataba de una vuelta al pasado, sino de la defensa de preexistentes potestades y prácticas territoriales de ejercicio del poder potenciadas con el constitucionalismo gaditano. La política fiscal y protectora no resultaba, así, contraria a los principios liberales de desarraigo de todo corporativismo de Antiguo Régimen, sino que se insertaba en la lógica de que el Estado debía propiciar y garantizar la adquisición entre los bolivianos de las condiciones morales y materiales que les redimieran del pasado colonial y les tornara sujetos amantes del progreso y orden del país, de las leyes, de la buena moral y de la civilización. Además, la demanda india sería potenciada y propiciada por el poder central siempre que ello reafirmase su autoridad y la eficacia de las instituciones del Estado en adquirir presencia territorial y en rearticular una administración nacional[20].

Dado que la fundación nacional provenía de una previa dispersión de la soberanía a nivel continental, regional y provincial, la legitimidad guberna-

---

[18] Éste rigió los comicios bolivianos ininterrumpidamente hasta la reforma de 1839, aunque fue en 1855 cuando se impuso de manera definitiva el sufragio directo, ya que el indirecto se aplicó en las elecciones para representantes de 1844, 1846 y 1850.

[19] Barragán (2005: 95-109).

[20] Platt (1982), Irurozqui (2006: 35-66), Soux (2010: 222-236).

mental de las nuevas autoridades residía en que la "delegación activa" de la soberanía que les hacía el pueblo diese lugar a un equilibrio entre la igualdad de consentimiento y la igualdad de poder. Para su materialización, y la de una unidad nacional incuestionable, se confiaba en la naturaleza fundadora de una Constitución nacida de una Asamblea Constituyente. Su defensa como un derecho y un deber de todo boliviano dio lugar a una doble concepción del sistema representativo: *democracia pacífica* y *democracia armada*. La primera estaba referida a las transformaciones del orden político por parte de la sociedad a través de los comicios populares, las asociaciones, la prensa o los escritos de petición. La segunda hacía mención al poder marcial desplegado por el pueblo cuando la ley, en tanto expresión de su voluntad soberana, era vulnerada. Tal acción se llamó revolución, remitiendo este vocablo a los principios de restauración y de regeneración, y no a la ruptura del orden implantado con la independencia. Ante su perversión por parte de los gobernantes, el pueblo tenía el derecho y la obligación cívicos de hacer uso de la fuerza para restaurar las libertades perdidas, quedando esa acción sintetizada en la figura del ciudadano armado. Su impronta en el discurrir político cuestiona la conexión entre la heterogeneidad del cuerpo social y político del período con la dificultad para conseguir la gobernabilidad nacional[21].

Conclusión

En este artículo se ha ofrecido un panorama limitado sobre el estado de los estudios bolivianistas en torno a la interacción entre los constitucionalismos históricos ibéricos y los nuevos constitucionalismos aparecidos entre 1808 y 1825, así como su proyección en las primeras constituciones republicanas. Pese a que las lagunas son muy superiores a los conocimientos consensuados, sí puede afirmarse la impronta constitucional pre-emancipación en la configuración del Estado-nación y el sujeto político del mismo, quedando pendiente una caracterización mucho más pormenorizada del proceso que los ha conformado.

De las variadas conclusiones que pueden extraerse de las investigaciones mencionadas son tres las escogidas. Primera, bajo la influencia de la tradición representativa hispánica, las Cortes de Cádiz, la Constitución de 1812 y las medidas de la Junta Superior Gubernativa de Buenos Aires, se desarrollaron

---

[21] Véase un desarrollo de ello en Galante, Irurozqui y Argeri (2001).

un conjunto de prácticas públicas y políticas que fragmentaron la soberanía, transformaron el sentido de la representación y posibilitaron el protagonismo de un nuevo sujeto político. Segunda, durante las primeras décadas del siglo XIX el principio republicano prefiguró lo nacional permitiendo que el liberalismo no fuera un cuerpo de doctrinas puramente individualistas, incompatible con las soluciones corporativas. Éstas, lejos de regodearse en formulaciones representativas estamentales, sufrieron resignificaciones ideológicas y generaron oportunidades de cambio social y de renovación política. Tal hecho ha estado historiográficamente opacado tanto por no reconocerse que muchos referentes del Antiguo Régimen actuaron de valores constitutivos del Estado-nación, como por realizarse una identificación simplista entre el liberalismo y el individualismo debido al constreñimiento de ambas nociones en una idea de modernidad predeterminada en la que las nociones de individuo, sociedad y gobierno resultan unívocas y en la que las relaciones establecidas entre ellos son deterministas en exceso. En este sentido, la fuerte politización de la sociedad experimentada en el espacio charqueño tras la crisis de 1808 y expresada en exigencias corporativas se interpreta como un símbolo de salud política en la naciente República de Bolivia y prueba del debate sobre el modelo de Estado y las competencias institucionales de los sujetos políticos, y no como un obstáculo para la existencia nacional[22].

Y, tercera, la dificultad de los poderes centralizadores –virreinales y republicanos– de restaurar en una unidad las soberanías dispersas a causa de la militarización del hecho político. En la dispersión de la soberanía del monarca entre los pueblos habían sido determinantes tanto la negativa de los virreyes del Río de La Plata y Perú de aceptar el proyecto de la Audiencia de Charcas de precautelar la soberanía del rey a través de una red jerarquizada de juntas, como la consecuente represión militar y judicial de que fueron objeto las juntas de La Plata y La Paz. Esta inicial fragmentación de la soberanía incidió directamente en las dificultades que los experimentos constitucionalistas pre-emancipación y republicano enfrentaron para rearticular pacíficamente un cuerpo político nacional. Ello se produjo, por un lado, porque la represión virreinal en tanto ejercida por autoridades reales deslegitimó el sistema legal español al desatender su naturaleza polisinodial; y, por otro, porque la supeditación del principio de legalidad al de autoridad dificultó la fijación de la soberanía a un territorio dado. Si la represión de los virreyes

---

[22] Irurozqui y Galante (2011).

dejó en libertad una soberanía múltiple y multiforme, la dinámica bélica del proceso independentista asentó un modelo constitucional basado en la perpetua capacidad restauradora del hecho independentista. El nexo entre nación y revolución a partir de los principios de restauración y regeneración en un contexto en el que soberanía y territorio se anclaban a través de asambleas constituyentes y nuevos textos constitucionales dio lugar a un problema de legitimidad gubernamental. En ningún caso ello afectó al consenso social en torno al principio de la ley como rectora y garantía de la república, es más, lo reforzó en la medida en que el texto constitucional apelaba a la obligatoriedad de la movilización popular en caso de su violación. Pero la concesión a la población de una capacidad autogestionada de la soberanía hizo evidente la tensión entre el principio de autoridad y el de soberanía popular; lo que implicó a lo largo del siglo XIX una variada y hasta contradictoria interpretación del sistema representativo, una militarización de la sociedad en clave civil y un esfuerzo gubernamental por resolver la paz social a través de procesos judiciales.

BIBLIOGRAFÍA

ARNADE, Charles (1972): *La dramática insurgencia de Bolivia.* La Paz: Ed. Juventud.

ARZE, René (1987): *La participación popular en la independencia de Bolivia.* La Paz. Fundación Cultural Quipus.

ARZE QUIROGA, Eduardo (1973): "La Constitución Boliviana de 1826 y la desintegración política de la América del Sur", en *Historia y Cultura* 1.

AYLLÓN, Esther (2008): "Los emigrados altoperuanos de la Guerra de la Independencia: patricios, españoles y guerrilleros", en *Anuario de Estudios Bolivianos, Archivísticos y Bibliográficos* 14.

BARRAGÁN, Rossana (2005): "Los elegidos: en torno a la representación territorial y la re-unión de los poderes en Bolivia entre 1825 y 1840", en Irurozqui, Marta (ed.): *La mirada esquiva. Reflexiones históricas sobre la interacción del Estado y la ciudadanía en los Andes (Bolivia, Ecuador y Perú), siglo XIX.* Madrid: Consejo Superior de Investigaciones Científicas.

CRESPO, Alberto (1997): *Los exiliados bolivianos (siglo XIX).* La Paz: Anthropos.

DEMÉLAS, Marie-Danielle (1992): *L'invention politique. Bolivie, Equateur, Pérou au XIX siecle.* Paris: Editions Recherche sur les Civilizations.

GALANTE, Mirian; IRUROZQUI, Marta y ARGERI, María (2001): *La razón de la fuerza y el fomento del derecho. Conflictos jurisdiccionales, ciudadanía armada y mediación estatal. Tlaxcala, Bolivia y Norpatagonia, siglo XIX.* Madrid: Consejo Superior de Investigaciones Científicas.

IRUROZQUI, Marta (2005): "De cómo el vecino hizo al ciudadano en Charcas y de cómo el ciudadano conservó al vecino en Bolivia, 1808-1830", en Rodríguez, Jaime O. (ed.): *Revoluciones, Independencia y las nuevas naciones de América*. Madrid: Fundación Mapfre/Tavera.

— (2006): "Sobre el tributo y otros atributos ciudadanos. Sufragio censitario, fiscalidad y comunidades indias en Bolivia, 1825-1839", en *Bicentenario 2*.

— (2009): "La sombra del reino. El proceso juntista en la Audiencia de Charcas (1808-1810)", en Breña, Roberto (ed.), *El umbral de las revoluciones hispánicas: el bienio 1808-1810*. México: CM/CEPC.

— (2011): "Soberanía y castigo en Charcas. La represión militar y judicial de las juntas de la plata y la paz, 1808-1810", en Irurozqui, Marta (coord.): *La institucionalización del Estado: justicia y violencia política. América Latina en la primera mitad del siglo XIX*, Dossier *Revista Complutense de Historia de América*.

IRUROZQUI, Marta y GALANTE, Mirian (eds.) (2011): *Sangre de Ley. Justicia y violencia políticas en la institucionalización del Estado. América Latina, siglo XIX*. Madrid: Ed. Polifemo.

JUST, Estanislao (1994): *Comienzo de la Independencia en el Alto Perú: los sucesos de Chuquisaca 1809*. Sucre: Ed. Judicial.

KLEIN, Herbert S. (1988): *Historia general de Bolivia*. La Paz: Ed. Juventud.

MENDOZA, Javier (1997): *La mesa coja. Historia de la proclama de la Junta Tuitiva del 16 de julio de 1809*. La Paz: PIEB.

PERALTA, Víctor/IRUROZQUI, Marta (2000): *Por la Concordia, la Fusión y el Unitarismo. Estado y caudillismo en Bolivia, 1825-1880*. Madrid: Consejo Superior de Investigaciones Científicas.

PLATT, Tristan (1982): *Estado boliviano, ayllu andino: tierra y tributo en el norte de Potosí*. Lima: Instituto de Estudios Peruanos.

PIEU-MILLAN, Marie Laurie (1990): *Los diputados americanos en las Cortes de Cádiz*. Madrid: Consejo Superior de Investigaciones Científicas.

RIVERA, Ana (1972): *Murillo. Oficios y Cartas*. La Paz: Cooperativa de Artes Gráficas E. Burillo Ltda.

ROCA, José Luis (1998): *1809. La revolución de la Audiencia de Charcas en Chuquisaca y en La Paz*. La Paz: Plural.

— (2007): *Ni con Lima ni con Buenos Aires. La formación de un Estado nacional en Charcas*. Lima: IFEA/Plural.

SALA I VILA, Núria (2011): "Ayuntamientos constitucionales y justicia conciliatoria durante el Trienio Liberal en Perú (1820-1824): el caso de Huamanga", en *Revista de Indias*.

SOUX, María Luisa (2010): *El complejo proceso hacia la independencia de charcas: (1808-1826). Guerra, ciudadanía, conflictos locales y participación indígena en Oruro*. Lima: IFEA/Plural/ASDI/IEB.

THIBAUD, Clément (1997): "La Academia Carolina de Charcas: una 'escuela de dirigentes' para la independencia", en Barragán, Rossana; Cajías, Dora; Qayum, See-
min (comps.): *El siglo XIX. Bolivia y América Latina*. La Paz: IFEA/CH.

TRIGO, Ciro Félix (1958): *Las constituciones de Bolivia*. Madrid: Instituto de Estudios
Políticos.

DE LA AUTONOMÍA A LA REPÚBLICA:
EL DEBATE CONSTITUCIONAL EN CHILE, 1808-1833

Ana María Stuven

Instituto de Historia, Pontificia Universidad Católica de Chile
Programa de Historia de las Ideas Políticas, Universidad Diego Portales

"¡Junta Suprema de Sevilla! Comunicadnos vuestras órdenes. Las obede-
ceremos como cartas y mandatos de nuestro Fernando VII, a quien represen-
táis!". La exclamación aparece en un manuscrito anónimo que circuló en
Chile a fines de 1808, en apoyo a la Suprema Junta Central Gubernativa del
Reino, a la cual definió como "punto de apoyo, donde está depositada la
soberanía representativa de nuestro Fernando"[1]. El texto, originado por la
vacatio regis, representa el primer momento del largo recorrido en que ideas y
conceptos debieron dialogar tensa y constructivamente con cambiantes contextos políticos y nuevas realidades sociales que culminaron, no sin contra-
tiempos, en la consagración oficial de un marco constitucional republicano
en 1828.

Afirmar, en consecuencia, que la invasión napoleónica, la abdicación del
rey y los sucesos que se desencadenaron en España en 1808 son el puntapié
inicial para una reflexión política propiamente hispanoamericana, aunque
dependiente de los sucesos peninsulares, abre un enorme espacio de posibili-

---

[1] El texto, con el título de "Advertencias precautorias a los habitantes de Chile exci-
tándoles a conservar su lealtad en defensa de la religión, del rey y de la patria", se reproduce en Amunátegui (1876, I: 190).

dad para una comprensión adecuada de ese hito que la historiografía chilena recoge como el momento fundacional del Estado: la formación de la Junta de Gobierno el 18 de septiembre de 1810[2].

A pesar de su carácter legitimista respecto de la soberanía regia, este primer acto de autonomía asumido por el cabildo de Santiago constituyó un acto rupturista con las estructuras de autoridad del Antiguo Régimen, en primer lugar respecto del lugar de la soberanía, concepto que sufrió un proceso de resignificación en el nuevo contexto. A su vez, ese proceso, en un segundo momento, desencadenó la reflexión y la necesidad de actualizar políticamente la representación del pueblo, o de los "pueblos", como nuevos sujetos soberanos. Pueblo y pueblos se convirtieron así en conceptos que remitían a categorías distintas y también conflictivas. Mientras el primero se define en el marco del contrato social y se asocia con la modernidad política; el segundo se entiende como una comunidad habitada, es decir, definida territorialmente, de acuerdo con la concepción tradicional del *iusnaturalismo*. Aunque en todo este proceso el concepto de república fue el referente obligado en tanto régimen político opuesto a la monarquía, la afirmación constitucional del país como una república sólo se consagró en la carta de 1828.

La evolución política chilena se dio, comparativamente al resto de los países latinoamericanos, en un clima donde las rivalidades entre los miembros de su élite, explosivas en las primeras décadas de Independencia, no fueron lo suficientemente violentas como para quebrar su cohesión interna. Este relativo consenso en Chile fue producto de que el grupo dominante estaba formado por personas con intereses afines tanto en la hacienda como en el comercio, los cuales venían establecidos desde el período de la dominación española[3]. Ello no impidió que se puedan detectar momentos de tensión política, expresados en debates "constitucionales" durante la década de 1820, producto de los desajustes estructurales surgidos en el tránsito del Antiguo Régimen al régimen representativo. Estos corresponden al momento constitucional atlántico al que ha aludido Aguilar Rivera, caracterizado por su radical novedad. En realidad, tanto el constitucionalismo como el propio liberalismo sorprendieron en el continente por la inusual precocidad con la que fueron implementados, tratándose además de conceptos políticos relativamente recientes en la época[4]. Si los conceptos políticos y la ideología que

---

[2] Para una síntesis historiográfica sobre este problema ver San Francisco (2007).
[3] Collier (1977), Heise (1978).
[4] Aguilar Rivera (2000).

los sustentaba eran históricamente novedosos, la aceleración temporal propia de todo período revolucionario, a la que se ha referido Javier Fernández Sebastián,[5] contribuyó a complejizar más aún el escenario político e intelectual para los forjadores del primer constitucionalismo iberoamericano.

Este trabajo intentará dar sentido al discurso político-constitucional chileno entre 1810 y 1833, año en que se aprueba la Constitución que rigió hasta 1925. En este período se da una rica y compleja argumentación sobre la institucionalidad política que corresponde al país, en una interlocución entre conceptos y contextos que va tejiendo una legitimidad política de reemplazo a la monarquía, donde la preservación del orden y el control político y social del grupo dirigente se convierte en la medida que permite el tránsito hacia la república. El liberalismo, entendido en su acepción hispana o francesa moderada, cercano a Montesquieu o Constant, dialoga con una concepción autoritaria de la política, en un ir y venir cuya pauta va definida por el temor a la anarquía que asola a países hermanos, y a los potenciales excesos del pueblo cuya soberanía se impone. En ese marco de referencias, la Constitución se concibe como el medio a través del cual se debe garantizar un orden que represente las concepciones de poder prevalecientes al interior del grupo dirigente.

La cuestión de la soberanía

Las "Advertencias precautorias a los habitantes de Chile", el manuscrito citado inicialmente, no solamente reafirman el pacto de sujeción con la monarquía, sino también responden a sus detractores en el país. Efectivamente Juan Antonio Ovalle, José Antonio Rojas y Bernardo de Vera y Pintado, habían negado la autoridad de la Junta Central argumentando que ésta no tendría legitimidad, en tanto quien podría habérsela delegado "había obedecido los decretos de Napoleón"[6]. Es decir, al ser cuestionado el acto de delegación de poder por parte del monarca, de inmediato debía regir el principio de retroversión de la soberanía, dando origen así al debate sobre sus nuevos depositarios. Lo anterior es una demostración que el tema de la soberanía se impuso, como en otros territorios, con anterioridad a la instalación de la Junta de Gobierno en septiembre de 1810, lo cual se comprende den-

---

[5] Fernández Sebastián (2011).
[6] La cita en Amunátegui (1876, I: 190-191).

tro del triple vacío que se origina con la abdicación real, y que involucra la disociación entre Estado y monarquía en la Península, la desaparición del régimen de gobierno y el quiebre de la constitución jurisdiccional que, en América, estaba basada en el binomio presidente-audiencia[7]. De allí que la cuestión de la soberanía haya desembocado en la cuestión de la Constitución[8].

Los sucesos peninsulares que obligaron, luego de la ocupación de Sevilla en diciembre de 1809, al traslado de la Junta Central a Cádiz y luego a la dimisión de ésta a favor del Consejo de Regencia en enero de 1810, fueron decisivos para que el debate sobre la soberanía adquiriese nuevos ribetes, especialmente en el contexto de dos textos provenientes de dicho consejo. El primero afirmaba que los dominios americanos eran parte "integrante y esencial" de la monarquía, lo cual los convertía en sujetos de iguales derechos y, por lo tanto, de igual representación[9]. El segundo fue un oficio de la Junta Superior de Cádiz de febrero de 1810 instando a que los modelos de representación gaditana fueran acogidos por los pueblos "que quieran elegirse un gobierno representativo digno de su confianza"[10]. Estos textos implicaron, en la lectura de los chilenos, la igualdad entre las partes de la monarquía y una invitación a formar juntas. Asimismo y en consecuencia queda claro que, ya en 1810, la cuestión de la soberanía es también la cuestión de la representación.

Tres hitos son relevantes para comprender el tránsito de la cuestión de la soberanía a la cuestión de la representación. El primero, de carácter político, se puede filiar aún con el conflicto que se traspasa desde la Península al territorio chileno, y puede identificarse con la justificación que hace el procurador del Cabildo, José Miguel Infante, para la instalación de la Primera Junta de Gobierno en septiembre de 1810, y luego con la disputa que enfrenta al cabildo de Santiago con la Real Audiencia con motivo de la misma. Para Infante, la reasunción de la soberanía estaba validada por los documentos peninsulares que proclamaban la igualdad entre las partes de la monarquía. En efecto, de acuerdo a su argumentación: "Si se han declarado que los pueblos de América forman una parte integrante de la monarquía, si se han reco-

---

[7] Bravo Lira (2010: 23-24).

[8] Annino (2008: 119).

[9] Decreto del Consejo de Regencia, 14 de febrero de 1810, en Etchart (1979: 123-124).

[10] *La Junta Superior de Cádiz a la América Española* (1810: 3).

nocido que tienen los mismos derechos y privilegios que los de la península y en ellos se han establecido juntas provinciales, ¿no debemos establecerlas también nosotros?". Más adelante agregó:"No puede haber igualdad cuando a unos se niega la facultad de hacer lo que se ha permitido a otros, y que efectivamente lo han hecho"[11].

El segundo hito, se identifica con un momento ideológico, y puede comprenderse desde la lectura del *Catecismo Político Cristiano*[12], uno de tantos que circuló en el continente, y que se conoció en Chile en los meses anteriores a ese primer acto autonomista que fue el establecimiento de la junta. El manuscrito, al mismo tiempo que declaraba su fidelidad a Fernando VII, consignó que todo monarca "debe proceder y obrar con arreglo a las leyes y a la constitución del Estado". Las Cortes son el mecanismo que impide los abusos de poder; su eliminación, establece "el despotismo sobre las ruinas de la libertad". La Constitución es el instrumento que protege la libertad, estando así por encima del poder real, lo que el redactor especifica al afirmar que incluso cuando el monarca recupere su autoridad, "formaremos una constitución impenetrable en el modo posible a los abusos del despotismo, del poder arbitrario, que asegure nuestra libertad, nuestra dignidad, nuestros derechos y prerrogativas como hombres y como ciudadanos"[13]. El siguiente documento importante respecto del debate representativo, con influencias republicanas, es aquel que admite la vigencia de un nuevo escenario político, y postula la necesidad de establecer un Congreso con carácter constituyente, procesos justificados en la reasunción de la soberanía. Se trata de la "Proclama de Quirino Lemachez", anagrama de fray Camilo Henríquez, uno de los líderes intelectuales de la revolución. En este texto, Henríquez afirmaba el origen contractualista de la soberanía, lo que vinculaba con el constitucionalismo en tanto expresión jurídica de la libertad política: "Estaba escrito, ¡oh pueblos!, en los libros de los eternos destinos, que fueseis libres y venturosos por la influencia de una Constitución vigorosa y un código de leyes sabias... que ocupaseis un lugar ilustre en la historia del mundo, y que se dijese algún día: la República, la potencia de Chile, la majestad del pueblo chileno"[14].

[11] Infante (1810: 222-223).
[12] La historiografía chilena aún no ha dilucidado la autoría del texto, siendo considerados en distintas épocas como autores del manuscrito Juan Martínez de Rozas, Bernardo de Vera y Pintado y Jaime Zudáñez. Sobre el uso de los catecismos como mecanismos de socialización política, véase Sagrado (1994).
[13] *Amor de la Patria* (1810: 35-39).
[14] Henríquez (1811-a: 317).

El tercer hito corresponde a la instalación del Congreso Nacional en 1811, donde tanto Juan Martínez de Rozas como Camilo Henríquez terminan de definir el momento rupturista con España, y especialmente este último plantea el conflicto interno que surge de la necesidad de fundar una nueva comunidad desde un ordenamiento político. El pueblo, sostuvo Henríquez, "debe ser considerado en las circunstancias actuales como una nación"[15]. Es el momento, en consecuencia, en que la nación chilena debe comenzar a dialogar con la comunidad tradicional, a la cual teóricamente se ha retrovertido la soberanía. Los "pueblos" aparecen en este momento como un interlocutor necesario para el "pueblo", o la nación. Es el momento inicial del problema de la representación y la primera constatación que una soberanía fragmentada territorialmente está lejos de las intenciones de las nuevas autoridades. La clase dirigente, al convocar a un Congreso y asignarle la representación del pueblo soberano, busca dar forma a un Estado nacional, concebido como unitario. Lo expresó claramente Juan Martínez de Rozas en su Discurso Inaugural al Primer Congreso Nacional, el 4 de julio de 1811: "Debemos emprender este trabajo… porque nos lo ordena el pueblo, depositario de la soberana autoridad". Y pide entonces a los representantes "de Chile", que contengan "al pueblo (que) se inclina a la licencia"[16]. De este modo surge una tercera acepción de la voz "pueblo": en plural aludía al territorio habitado; en singular, al sujeto del contrato. El nuevo momento permite entenderlo como un conjunto de personas, una "clase", distinta del grupo dirigente, sobre la cual se impone establecer los mecanismos de autoridad que impidan la expresión de sus "inclinaciones".

La designación de un Congreso tenía como misión decidir la convivencia política que debía adoptarse en función del orden deseado. En ese sentido podemos considerarlo un momento constituyente del nuevo Estado. Los textos doctrinarios, así como las decisiones políticas tomadas por las autoridades del momento autonomista, aunque no niegan explícitamente el vínculo de sujeción, sí lo hacen en sus formulaciones. El sermón de Camilo Henríquez, dirigido a los primeros legisladores chilenos es elocuente: "Como la autoridad pública se ejerce sobre hombres libres por naturaleza, los derechos de la soberanía, para ser legítimos, han de fundarse sobre el consentimiento libre de los pueblos". Afirmando la expresión política de la libertad natural del hombre, así como la autorización que otorgaría la religión

---

[15] Henríquez (1811-b: 54).
[16] Martínez de Rozas (1811: 41).

católica "a nuestro Congreso Nacional para establecer una Constitución", el fraile dominico reconocía que con ello "el pueblo ni compromete su vasallaje, ni se aparta de la más escrupulosa justicia". El argumento se apoya en que la religión conmina a los individuos a la quietud y obediencia; sin embargo, cuando ellos integran una nación, erigida en "cuerpo político", pueden "elegir la constitución y forma de gobierno que más les convenga, o que más les agrade". Agregaba: "porque, con esta elección, puede establecer su permanencia, seguridad y felicidad: tres grandes fines de la formación de los gobiernos que dirigen a los cuerpos sociales"[17].

Utilizada ya por Camilo Henríquez en su "Proclama de Quirino Lemachez", la voz república aparece en el Proyecto de Constitución para el Estado de Chile, compuesto por Juan Egaña por encargo del Congreso en 1811. Aunque la propuesta no prosperó por la disolución de la asamblea impuesta por José Miguel Carrera, el texto establecía que "la república de Chile es una e indivisible" (art. 28), lo cual demuestra que el autor no veía incompatibilidad entre monarquía y república o, más bien, que siguiendo a Montesquieu, entendía que podía mantenerse la fidelidad al rey en un contexto donde "la soberanía de la república reside plenaria y radicalmente en el cuerpo de ciudadanos", católicos, mayores de 21 años, alfabetizados, con cierta instrucción "de las leyes más necesarias para la vida social… que haya servido a su patria cumpliendo el mérito cívico"[18].

Sin duda, el texto oficial que consigna la síntesis de las discusiones hasta ese momento es el Reglamento Constitucional Provisorio de 1812, el primero en establecer que "el pueblo hará su Constitución por medio de sus representantes", que su rey es Fernando VII, quien aceptará la Constitución del mismo modo que acepta la de la Península, y que en su nombre gobernará la Junta Superior Gubernativa[19]. Se inaugura así el momento de la monarquía constitucional. Descartado por la Junta de Corporaciones en 1813, le reemplazó una copia, casi textual de la Constitución de Cádiz, aunque no entró en efecto. Sin embargo, y a pesar de las dificultades para acordar un ordenamiento institucional, la idea independentista se plasmaba en una serie de escritos, donde el concepto de soberanía popular era defendido desde las páginas de La Aurora de Chile. El pacto social aparece como el origen de la

---

[17] Henríquez (1811b: 54).

[18] Egaña (1811: 212-217). Como consigna su título, el documento fue publicado en 1813.

[19] Reglamento constitucional provisorio (1812).

autoridad suprema, donde "los contratantes son el pueblo y la autoridad ejecutiva". El pacto social exige, afirmaba Henríquez, "por su naturaleza, que se determine el modo con que ha de ejercerse la autoridad pública; en qué casos, y en qué tiempos, se ha de oír al pueblo". Lo anterior exige un reglamento fundamental, "y este reglamento es la Constitución del Estado"[20].

La idea de independencia de España se apoyó también en un argumento que tiene en cuenta no sólo la situación interna de la metrópolis, sino también el contexto europeo, el cual permite a América el aprovechamiento de la coyuntura internacional. "En efecto, una de las circunstancias que más nos convida a dar el paso necesario de la declaración de la Independencia, es la actual impotencia de los poderes de Europa para oponerse a nuestra libertad", escribieron en *La Aurora de Chile* Henríquez e Irisarri, bajo los sintomáticos seudónimos de Julio Publio y Cayo Horacio[21].

Hacia 1813 se hace más visible la vinculación entre Independencia y república. El *Catecismo de los Patriotas*, de Camilo Henríquez, es explícito en afirmar: "Puede decirse que el Cielo se ha declarado a favor del sistema republicano". Siendo que el único cuerpo intermedio con capacidad de convocatoria extensa y control social era la Iglesia católica, el fraile apoyó su convocatoria en que "El amor de la Patria es un sentimiento inspirado por la naturaleza y sancionado por la religión". Desde ahí consideró que puede desprenderse legítimamente que "los gobiernos se han instituido para conservar a los hombres en el goce de sus derechos naturales y eternos. Estos… son la igualdad, la libertad, la seguridad, la propiedad y la resistencia a la opresión". El documento consigna dos modos de libertad, a las cuales denomina nacional y civil. La primera es la independencia, y la segunda, aquella de la ciudadanía. En realidad, lo que Camilo Henríquez está adelantando es el proceso que llevará a la república en el largo recorrido desde su establecimiento como régimen político hacia la consignación de una ciudadanía inclusiva, y que ocupa prácticamente los tres tercios del siglo XIX. Henríquez afirma que éste es un itinerario que debe ser contextualizado: "El pueblo tiene siempre derecho de prever y reformar su Constitución. Una generación no puede sujetar irrevocablemente a sus leyes a las generaciones futuras"[22]. Es la visión de progreso iluminista, la cual pone en el ordenamiento institucional la confianza necesaria para el tránsito hacia el nuevo régimen.

---

[20] *La Aurora de Chile*, 13 de febrero de 1812.
[21] *La Aurora de Chile*, 8 de octubre de 1812.
[22] Henríquez (1813:147-154).

Un republicanismo *avant la lettre*, fue el tono que asumió *El Semanario Republicano*: "Entiendan todos que el único Rey que tenemos es el Pueblo Soberano; que la única ley es la voluntad del Pueblo; que la única fuerza es la de la Patria; y decláhese enemigo del Estado al que no reconozca esta soberanía única a inequivocable, que sin más diligencia que la exacta ejecución de nuestras leyes, lograremos la misma seguridad, que cualquier Estado independiente"[23]. No obstante, al mismo tiempo que asumió la tarea de socializar el concepto de república, el periódico se encargó de exponer simultáneamente sus riesgos. El texto que mejor representa la disyuntiva es de Antonio José de Irisarri: "No hay en el orden civil una voz más dulce, ni más sonora, que la de República. Esta voz nos envía una idea de justicia, de equidad y de conveniencia que nos hace amable el significado. Nos figuramos un Estado regido sabiamente por la voluntad general, en donde las leyes más justas protegen los derechos del hombre… No hay más que decir república para decir felicidad". Sin embargo, a renglón seguido, el articulista previene: "La astucia de algunos individuos sobre la falta de ilustración de la masa popular, ha sido siempre el escollo en que perecen las repúblicas. El pueblo, entusiasmado por la libertad, tal vez trabaja por destruirla"[24].

El discurso independentista y crecientemente republicano, no solamente provocó la reacción de las autoridades que se arrogaban la representación del monarca, sino que también desató el problema de la confianza, en la posibilidad efectiva de constituir un nuevo Estado donde la nación, aunque soberana, aún no contaba con los mecanismos de cohesión necesarios para actuar como una unidad. El temor a la república, explicitado en el artículo mencionado de Irisarri, que era en realidad el temor al pueblo soberano y también al surgimiento de caudillos, debía cautelarse, a juicio de la clase dirigente, con un ordenamiento legal. En ese contexto, la Constitución se vuelve no tanto un mecanismo que legitima el lugar de la soberanía, sino un instrumento para el disciplinamiento social y político. Es decir, de orden social.

LA CUESTIÓN CONSTITUCIONAL

En 1814 termina el período que la historiografía ha llamado la Patria Vieja, con la reconquista del territorio chileno por las tropas a mando del

---

[23] *El Semanario Republicano*, 1 de agosto de 1813.
[24] *El Seminario Republicano*, 25 de septiembre de 1813.

brigadier español Antonio Pareja. Como destaca Simon Collier, es también el momento final de la formulación de la ideología revolucionaria[25]. En 1818, declarada definitivamente la Independencia, se inicia el momento enfocado hacia la construcción de un Estado en condiciones de controlar las facciones dentro del grupo dirigente, lo cual explica el consenso en torno a Bernardo O'Higgins, general triunfante en las batallas finales contra las tropas enviadas por el virrey peruano, el cual asume el poder ejecutivo en calidad de "director supremo", con instrucciones de dictar una Constitución. Los derechos, definidos por Camilo Henríquez en su *Catecismo de los Patriotas* de 1813, como "la igualdad, la libertad, la seguridad, la propiedad y la resistencia a la opresión" deberán dialogar, a partir de ese momento, con una sociedad definida constitucionalmente como católica, y con una clase dirigente temerosa del pueblo que, como "nación chilena", representa una abstracción que solo podrá adquirir corporeidad cuando asimile, por medio de la educación, los valores tradicionales del grupo que controla el poder.

La Constitución también tuvo en su comienzo una intención de pedagogía cívica y de conciliación entre pasado, presente y futuro. Lo sancionó *El Argos de Chile* cuando se discutía la futura Constitución de 1818: "Una sabia Constitución, al paso que determina los atributos del poder ejecutivo, conciliándolo con los derechos de los pueblos, es el dique más fuerte contra las malas pasiones". Asimismo, la Constitución debía adecuarse a los tiempos, "porque de nada servirá una recopilación de bellas teorías, si éstas no son adaptables a las costumbres, religión y aún (*sic*) a la forma de Gobierno antiguo". A juicio del articulista, los abusos a la libertad cesarán, "a medida que los hombres ilustrados se dediquen a comunicar sus ideas filantrópicas, iluminando los principios reconocidos en la civilización"[26]. Las ideas de Montesquieu, ampliamente citadas por el periódico, especialmente en lo referente a lo que Collier llama su "vena conservadora de lo natural",[27] y su consideración hacia la virtud como requisito público, aportaban un piso de seguridad a la élite. "Si queremos ser libres, seamos virtuosos", aparecía en las páginas de un periódico en esos días[28].

La Constitución promulgada en octubre de 1818 expresó bien la visión de la clase dirigente, para la cual ésta tiene como misión crear un ordena-

---

[25] Collier (1977: 124).
[26] *El Argos de Chile*, 4 de junio de 1818.
[27] Collier (1977: 161).
[28] *El Duende de Santiago*, 6 de julio de 1818.

miento funcional a la preservación del orden, justificándose así que mantenga el mismo carácter fuertemente centralizado que habían tenido todos los ensayos anteriores. En este sentido, el texto no sólo buscaba imponer "una ley que dirija al bien público las voluntades, y los intereses desunidos de los ciudadanos", como afirmó Mariano Egaña, sino que también cumpliese el propósito de "calmar las inquietudes, fijar las esperanzas públicas, y restablecer el imperio del orden y de la justicia"[29]. De ahí que buscara evitar el conflicto entre los poderes del Estado sobre la base de radicar la soberanía en el director supremo, al cual no se fijaba término a sus funciones, y en un Senado designado por éste, demostrándose así que la intención del constituyente era reproducir el esquema de autoridad monárquico, cuya restauración no fue nunca una opción viable para la clase dirigente chilena. Ésta confió al director supremo el "mando y organización de los ejércitos, armada y milicias", la recaudación y destino de los recursos nacionales, las relaciones internacionales, y la provisión de los cargos públicos y judiciales. Aunque la Constitución no se pronuncia sobre la forma de gobierno del país, es interesante constatar que el republicanismo declarado de O'Higgins, aun gobernando con poderes omnímodos, se puede detectar en el comienzo del texto, donde se afirman "los derechos y deberes del hombre en sociedad" (título I, capítulo I): libertad e igualdad civil, seguridad individual, honra y hacienda. También establece disposiciones como la consagración del principio de libertad de expresión. La llamada "dictadura de O'Higgins", instrumentada para pacificar el país, donde todavía permanecían tropas realistas al sur del territorio –particularmente en el enclave de Chiloé– satisfizo las intenciones de la élite de organizar un Estado que evitara lo que *El Argos* diagnosticó como la realidad hispanoamericana: "Volvamos la vista sobre Méjico, la nueva Granada y Venezuela y hallaremos objetos de comparación. Allí vemos que los pueblos sucumben, a pesar de sus esfuerzos, y que después de grandes sacrificios no han tenido la gloria que hoy resplandece en Chile". La excepcionalidad de la institucionalidad chilena surge así de la mano de lo que el periódico llama "jefes hábiles y desinteresados"[30].

El uso del poder que la clase dirigente había puesto en manos de O'Higgins se convirtió en su sentencia de muerte. Lo que Alberto Edwards denominó el espíritu de la "fronda aristocrática" característico de la élite decimonónica, es decir, la estrategia de sobrevivencia basada en el apoyo a una

---

[29] *Gazeta Ministerial de Chile*, 24 de octubre de 1818.
[30] *El Argos de Chile*, 4 de junio de 1818.

personalidad autoritaria para mantener la tranquilidad pública, en tanto ésta no vulnerara sus prerrogativas,[31] operó de manera que, pacificado relativamente el país, ésta sintió llegado el momento de prescindir de la figura autoritaria que ella misma había creado, y que ahora amenazaba parte de sus intereses. En ese contexto se inserta la convocatoria a redactar la Constitución aprobada en 1822, poco antes de la renuncia definitiva de O'Higgins.

Los procesos constitucionales que se inician en estos años son claves tanto en la construcción del Estado chileno como en la definición de las características que deberá asumir la nación. Para una élite inmersa en la ideología del progreso propia del siglo XIX, ésta se irá develando en el tiempo, siendo el presente el espacio donde se procesa el rompimiento con las dependencias del pasado. En ese espacio, reino de una imprevisibilidad permanente, se trata de que el tránsito mantenga el delicado equilibrio entre cambio y estabilidad. Las Constituciones eran las encargadas de regular el proceso, abiertas siempre a las modificaciones que se requirieran en función de los acontecimientos. Eran, en consecuencia, documentos concebidos como instrumentos temporales. Como dijo Camilo Henríquez en la Convención Preparatoria de 1822: "Las leyes solo deben durar mientras perseveren útiles. Cuando la experiencia las demuestre nocivas, ellas deben ser y serán revocadas"[32].

En ese contexto, las Constituciones que se promulgaron hasta la Carta de 1828, que consagra definitivamente la república como forma de gobierno, intentaron construirse en mecanismos que delimitaran, por el censo y las exclusiones, una clase política, provista de un poder distinto de la sociedad civil, y que ejercía en nombre de la nación. En su discurso ante la convención redactora de la Constitución de 1822, O'Higgins explicitó las limitaciones de la representación que se imponían en Chile. Aunque confesó su adhesión al gobierno representativo, aceptaba que "la opinión general, apoyada en la razón y la experiencia, está porque el Supremo Poder ejecutivo se confíe a un solo magistrado cuya autoridad se debe limitar por medio de instituciones garantes"[33]. Esa tesis fue también defendida por el *Mercurio de Chile*, que postulaba que la soberanía no reside en la nación, "sino en las personas a quienes la nación lo ha delegado", lo cual es congruente con el temor al pueblo asociado al régimen republicano. La nación empoderada, a juicio del periódico, crearía un escenario donde "habría dos poderes en ejercicio, el

---

[31] Edwards (1952: 39-44).
[32] Collier (1977: 175).
[33] *El Mercurio de Chile*, n° 7, julio de 1822.

de la masa total y el de sus representantes: en una palabra habría dos gobiernos, el uno democrático y el otro representativo". Ello confirma que en el contexto o'higginiano, el gobierno representativo no se concebía como una instancia de participación ciudadana. La idea de representación, aunque contenida en todas las Constituciones, no por ello consagraba el sufragio como fuente de poder originaria, sino más bien como fórmula de consagración de autoridades y actores políticos. *El Mercurio de Chile* también sentenciaba en el mismo artículo: "En el gobierno representativo, el ejercicio de la soberanía, o la soberanía actual reside donde la constitución haya colocado el poder supremo"[34]. El argumento del periódico se apoyaba en que la Constitución de Cádiz lo situaba en la persona del rey, como jefe supremo del poder ejecutivo, y en las cortes; en Inglaterra, en cambio, el monarca concentraría todos los poderes.

La Constitución de 1822 fue descartada en breve lapso, coincidente con el repudio a O'Higgins. François-Xavier Guerra ha sostenido que el problema de la creación nacional asumió caracteres esencialmente políticos, en tanto lugar desde donde se definía la autoridad y se creaban las condiciones de gobernanza que evitasen los riesgos de disolución social que tempranamente la élite percibió como posibles[35]. En el caso chileno, las Constituciones buscaron personificar la nación en las autoridades consagradas debido al temor a la anarquía, así como a atentados contra la hegemonía de las expresiones culturales que mantenían cohesionado al grupo dirigente. De ahí que no pueda considerarse descabellado la Constitución redactada por Juan Egaña, aprobada en 1823, la cual, aunque no logró su puesta en efecto, representa bien un *ethos* valórico y un concepto de autoridad propio de la clase dirigente del período. Junto con proclamar la igualdad de los chilenos ante la ley, Egaña promueve una forma de gobierno mixto entre aristocracia y democracia. Esta última, en la expresión del jurista, en su forma "pura" tendería a un gobierno "defectuoso e impracticable"[36]. Un Senado conservador con poder de veto sobre los actos del ejecutivo, un Consejo de Estado con carácter consultivo y compuesto por funcionarios que podían intervenir en la designación de ministros, y una Cámara Nacional que dirimía conflictos

---

[34] *El Mercurio de Chile*, n° 10, 31 de agosto de 1822.
[35] Guerra (1989).
[36] Hay que recordar que el concepto de democracia había sufrido un descrédito desde las revoluciones haitiana y francesa, de ahí la desconfianza hacia sus excesos es común tanto en sectores conservadores como liberales.

entre el ejecutivo y el Senado representaban la intención "de alejar al pueblo de toda participación e intervención en la cosa pública",[37] pero también de restringir las facultades del ejecutivo. Estamos en presencia de lo que Vasco Castillo ha denominado como el modelo republicano de la "aristocracia cívica", sistema sustentado tanto en su desconfianza frente al pueblo, al que habría que modelar para frenar sus excesos imponiendo normas éticas que aseguraran la práctica de la virtud, como también receloso del autoritarismo presidencial[38].

La paradoja de este momento constitucional es que, llevando al extremo la desconfianza en el pueblo y la intención de imponer normas, la Constitución de 1823, surgida como resultado de la rebelión de las provincias contra el autoritarismo o'higginiano, terminaba haciendo aún más engorroso el sistema de administración territorial, abriendo camino para que las tendencias federalistas, propias del liberalismo de la época, buscaran su expresión en un nuevo ordenamiento que pusiera fin a la supremacía de la capital. El federalismo, también de corta duración, y que alcanzó su máximo apogeo a mediados de la década de 1820, fue un momento de interrupción en la línea autoritaria y centralista que concebía de todo ordenamiento legal un instrumento de orden social. En este sentido son significativas las palabras de crítica social contenidas en la introducción al proyecto de reglamento provisorio para las provincias de 1825, redactada por Joaquín Campino: "Pero tanta es la fuerza de nuestras preocupaciones y antiguos hábitos, que ciudadanos instruidos y bien intencionados no divisan otro medio para la conservación del orden, que la continuación del sistema de comprensión y desconfianza de los pueblos, que como una herencia del despotismo de los españoles se han seguido hasta aquí en Chile"[39].

No obstante su intención de crear una verdadera representación, la desorganización política y social, producto en parte de años de ensayos, provocó fricciones insalvables entre los poderes del Estado y una nueva crisis política que culminó con la llegada a la recién creada Presidencia de la República del general Francisco Antonio Pinto. Ello, sumado a la aprobación de la Carta de 1828, puso fin a lo que se ha llamado bien "la primera república" que, aunque no formalizada como tal constitucionalmente hasta ese año, afianzó "los conceptos de soberanía popular y de gobierno popular representativo". La

---

[37] Amunátegui Solar (1939: 43)
[38] Castillo (2009: 129-146).
[39] *Proyecto de un reglamento provisorio* (1825: 2).

Constitución de 1828 declaraba a Chile una "república representativa popular", lo cual hizo decir al presidente Francisco Antonio Pinto que así desaparecía "esa monstruosa disparidad que se observa entre las necesidades de una República y las leyes anticuadas de una monarquía"[40].

El redactor del código fue José Joaquín de Mora, un español que emigró al restablecerse el absolutismo de Fernando VII[41]. El texto disminuía considerablemente las atribuciones del ejecutivo. Uno de sus aportes más importante está no solamente en su afirmación de que la sociedad se funda en un pacto del cual surge la autoridad y que consagra 3 derechos fundamentales: igualdad, libertad y propiedad, sino también en que niega a la seguridad su calidad de valor fundamental de la sociedad[42]. Mora, autor del *Curso de Leyes del Liceo de Chile* de 1830, el primer texto de Derecho Constitucional del país, consideraba que la seguridad y el orden no podían diferenciarse de la igualdad y de la libertad. Declaraba: "En la mayor parte de los tratados de legislación política… se incluye la seguridad en el catálogo de los derechos primitivos que la sociedad concede y forma… La seguridad no me parece un derecho separado de los otros que he mencionado, sino una cualidad indispensable a cada uno de ellos"[43]. La Constitución de 1828 fue un avance decisivo hacia el reconocimiento de libertades inéditas en el país. Incluso, a pesar de establecer la oficialidad de la religión católica, consagraba el principio de que nadie sería perseguido ni molestado por sus opiniones privadas.

Durante el corto gobierno de Pinto se fueron superando los antiguos clivajes de tipo caudillista y apareciendo tendencias ideológicas en ciernes, que avanzando el siglo representarían a conservadores y liberales. El descontento en el ejército, el intervencionismo electoral y finalmente un atropello a la forma constitucional de designación del vicepresidente, se sumaron a la rebelión de las provincias de Concepción y Maule. La crisis política que se desencadenó en 1829 y que culminó como guerra civil en la batalla de Lircay en 1830, aporta los antecedentes necesarios para comprender la estructura interna de la élite chilena, y otorga sentido al proceso que se inició con la llegada del general José Joaquín Prieto al poder junto a su ministro Diego Portales. Los "estanqueros" y "pelucones" de inspiración conservadora y aristocratizante, unidos a los o'higginistas de cuño más autoritario fueron la base

---

[40] *Constitución política de la República* (1828: IV).
[41] Cid (2009: 11-37).
[42] Cristi y Ruiz Tagle (2006: 89).
[43] Mora (1849 [1ª ed. 1830]: 111).

de apoyo para la instalación de un nuevo gobierno y del período que la historiografía ha llamado la "república autoritaria", cuyo ordenamiento estuvo dado por la Constitución de 1833.

El gobierno de Prieto, origen del llamado "régimen portaliano", representa también el fin de un proceso de búsqueda de soluciones políticas por la vía de la arquitectura constitucional. Los ideales de libertad e igualdad, así como los conceptos cuyo uso y aplicación imponía la realidad de un Estado republicano, dieron paso a un tipo de realismo del cual Diego Portales es un gran exponente, y que puede sintetizarse en la idea de que la política está al servicio de las fuerzas sociales que detentan el poder. En ese sentido, es el abandono momentáneo de la utopía del liberalismo del primer republicanismo, y su reemplazo por la búsqueda de una institucionalidad funcional a la oligarquía. La democracia, operando aún como fantasma, inspiró en Andrés Bello una definición de la Constitución de 1833 como el resultado de la combinación de "un gobierno vigoroso, con el goce completo de una libertad arreglada; es decir, dar al poder fuerza para defenderse contra los ataques de la insubordinación, producida por los excesos de la democracia, y proporcionar a los pueblos y a los hombres recursos con que preservarse del despotismo"[44]. Para este fin, Mariano Egaña, redactor de la carta, concentró el poder en el primer mandatario, reelegible, sin responsabilidad política durante su mandato, con poder para designar y remover ministros, veto absoluto en la formación de leyes y derecho a intervenir en todas las etapas de los procesos electorales[45]. Estos y otros poderes presidenciales, reproducían atribuciones similares que tenía el capitán general en la Colonia.

Por cierto, en el preámbulo de la Constitución se expresa: "Despreciando teorías tan alucinadoras como impracticables, solo han fijado su atención (los constituyentes) en los medios de asegurar para siempre el orden y la tranquilidad pública"[46]. Efectivamente, apelando incluso a la influencia del clero y la necesidad de utilizarlo como un poderoso instrumento de gobierno, Portales triplicó el presupuesto del culto al tiempo que aseguró que, en virtud del Patronato, también la Iglesia estaba bajo su tuición. Asimismo, la Constitución de 1833 estableció el sufragio censitario limitando el ejercicio de la soberanía a los propietarios de un bien raíz; la renta exigida para ser diputado o senador aseguraba por su parte que sólo ejercería sus derechos políticos el grupo diri-

---

[44] *El Araucano*, 17 de mayo de 1833.
[45] Castillo (2009: 191-207), Brahm (2007).
[46] *Constitución de la República* (1833: I).

gente, que controlaba, gracias a la elección presidencial indirecta, el acceso al poder ejecutivo[47]. Bastaba el desacuerdo del Congreso, que actuaba como calificador, para anular a los electores de presidente, o la desaprobación de la ley de presupuestos, de la autorización del cobro de las contribuciones o la que fijaba las fuerzas de mar y tierra (leyes periódicas) para que el presidente de la República viera sus atribuciones mermadas o prácticamente anuladas.

Benjamín Vicuña Mackenna definió el estado de sitio y las facultades extraordinarias otorgadas al presidente como las "dos grandes palancas de poder" de la Constitución del 33[48]. Ambas se articularon de manera que ambos poderes se requerían mutuamente asegurando que el orden social y la estabilidad en el ejercicio del poder pudieran convivir en una república "popular y representativa".

Conclusión

La confianza en las Constituciones como el instrumento que llenaba el espacio vacío dejado por la ausencia del monarca, y como garantía de un tránsito ordenado hacia la modernidad política se ubica en el centro del proyecto político chileno desde la acefalía de 1808. Su expectativa inicial era fijar una forma de existencia política que impidiera la dispersión del poder, garantizara la continuidad de la "nación católica" y ratificara un orden social excluyente. En ese sentido, aunque Mario Góngora sostiene que el Estado chileno antecedió a la nación, los diseños constitucionales debían prestar servicio tanto a crear el Estado como a dar forma a la nación que la élite avizoraba[49]. Esa tensión fue fuente de dificultad para el nuevo sistema republicano: las disposiciones constitucionales y la práctica política no coincidían necesariamente. No obstante, la creación constitucional se fundamentaba en la creencia de que buenas leyes harían buenos hombres. La utopía del progreso convertía a las Constituciones en el gran mecanismo de cambio, no sólo político, sino también social, aunque no por ello debían consagrar una igualdad equivalente entre derechos políticos y derechos civiles.

El consenso excluyente respecto del ejercicio de la soberanía popular convivió con diferencias respecto de la organización interna del país, las cua-

---

[47] Pinto y Valdivia (2009: 207-227).
[48] Vicuña Mackenna (1863: 133).
[49] Góngora (1986).

les permiten identificar las primeras rivalidades entre facciones de la clase
dirigente. Quizás el documento más representativo de este conflicto fue la
propuesta federal que en 1826 realizó la Asamblea de Coquimbo sobre la
base de que la "centralidad" estaba contra la idea de república: "A la Asamblea le parece una quimera esa república central. República es aquella en que
los pueblos, mirando por su interés particular, protegen el todo de la asociación; pero si el bien y el mal han de venir precisamente del centro, los pueblos no son otra cosa que el instrumento de la tiranía", sentenciaba[50]. El
temor a la democracia y las reservas hacia la dispersión del poder tornaban la
descentralización impracticable para la mayoría de la clase dirigente, postura
que finalmente se impuso. Ya en 1825 Juan Egaña había afirmado que "las
pasiones populares" y la "libertad ideal y gigantesca" movilizada por el federalismo eran "incompatibles con el orden público y respeto a las autoridades"[51]. Más enfático fue Mariano Egaña cuando, en una carta a su padre
desde Inglaterra, sostenía: "Esta democracia, mi padre, es el mayor enemigo
que tiene la América, y que por muchos años le ocasionará muchos desastres
hasta traerle su completa ruina. Las federaciones, las pobladas… en fin tantos crímenes y tantos desatinos como se cometen desde Tejas hasta Chiloé,
todos son efectos de esta furia democrática que es el mayor azote de los pueblos sin experiencia y sin rectas nociones políticas". De esta forma, la solución consistía en reconstruir el orden apelando a una mayor concentración
de poder en el ejecutivo y en una mayor centralización territorial, explicaba
Egaña hijo[52].

A pesar del temor de Egaña a la "furia democrática", y en parte debido a
los resguardos tomados, Chile no sucumbió a "las pobladas". Parte de la historiografía tradicional ha designado a la década de 1820 con el nombre de
"anarquía"; efectivamente, se ensayaron cuatro Constituciones, lo cual, com-
parado con otros países del continente, es un número significativamente
pequeño. La relativa estabilidad política de esos años permite llamarles "años
de aprendizaje político", como hizo Julio Heise[53]. Tan sólo la propuesta de
1826, de carácter federalista, de contenido más democrático especialmente
en cuanto al proceso de elección popular de las autoridades como intendentes, gobernadores y curas párrocos, puso una nota de desvío muy temporal

---

[50] "Manifiesto que hace la Asamblea de Coquimbo" (1826: 30-34).
[51] Egaña (1825: 62).
[52] *Cartas de Mariano Egaña* (1948: 263-267).
[53] Heise (1978).

del rumbo trazado por la clase dirigente respecto de la organización del Estado. Puede considerarse también como una reacción al autoritarismo o'higginiano, así como una muestra de la penetración de un liberalismo más radical que preconizaba un régimen popular representativo, con un ejecutivo débil, disperso en cada provincia.

En 1822, desde Lima, Diego Portales envió una carta a su socio donde expresaba no sólo la desconfianza hacia el pueblo que subyacía a toda planificación política por parte de la élite chilena, sino también la conciencia de que la instauración de la república no implicaba necesariamente la asignación inmediata de los derechos que, en una adecuada figura representativa, correspondían al pueblo soberano. Su credo político exigía: "Un gobierno fuerte, centralizador, cuyos hombres sean verdaderos modelos de virtud y patriotismo, y así enderezar a los ciudadanos por el camino del orden y de las virtudes. Cuando se hayan moralizado, venga el gobierno completamente liberal, libre y lleno de ideales, donde tengan parte todos los ciudadanos"[54]. Respecto de la Constitución, a Portales ésta no parece haberle seducido mucho; más bien la encontraba ineficiente para efectos de asegurar el orden. Dramática es su reacción epistolar con motivo de lo que llama el "legalismo doctrinario" de Mariano Egaña: "... ¡para qué carajo! Sirven las Constituciones y papeles si son incapaces de poner remedio a un mal que se sabe existe, que se va a producir?". Su propuesta al respecto era contundente, además de irónica: "Con ley o sin ella, esa señora que llaman la Constitución, hay que violarla cuando las circunstancias son extremas!"[55]. Así, siguiendo estas directrices, entre 1833 y 1860, es decir, durante los gobiernos conservadores herederos del legado portaliano, casi la mitad del tiempo el país estuvo bajo estados de excepción constitucional[56].

El debate político en torno a la Constitución de 1833 demuestra que los ensayos de los años anteriores habían desilusionado a la clase dirigente respecto de que la república pudiera sobrevivir con ese solo resorte de autoridad, al menos mientras el pueblo, civilizado a través de la educación, no estuviera en peligro de caer en "esa senda peligrosa de contingencias políticas", como escribió Andrés Bello en 1831[57]. Los primeros 20 años de autonomía

---

[54] Diego Portales a José M. Cea, marzo de 1822, en Fariña (2007, I: 9).

[55] Diego Portales a Antonio Garfias, 6 de diciembre de 1834, en Fariña (2007, II: 589-590).

[56] Loveman y Lira (2002: 9).

[57] *El Araucano*, 19 de febrero de 1831.

habían modificado el punto de atención de los políticos chilenos, desde el proyecto de creación estatal y su institucionalización hacia el pueblo, lo cual exigía dar curso al proceso de constitución de una sociedad civil. Nuevamente Bello sostenía: "No es la forma de gobierno la causa primordial de la prosperidad de los estados, sino la consonancia de las instituciones con el carácter de los pueblos, y la moral de los hombres. Mientras la sociedad se halle en choque con las leyes que la rigen, y que éstas den ocasión a turbulencias, y priven al poder supremo de los medios de sofocarlas, se verá siempre amenazada por la inquietud"[58]. El futuro redactor del código civil chileno considera, además, que "la experiencia ha demostrado que... el poder de las leyes es ninguno sin costumbres"[59]. Apoyada en esa visión del mundo, que Natalio Botana ha definido como "inevitabilidad republicana y restauración del orden",[60] la Constitución de 1833 dio inicio a una "segunda república", de corte autoritario,[61] empeñada en dar las condiciones para la consolidación nacional. En ese período transicional, la mente del constituyente admitía el divorcio respecto de las prácticas entre sociedad civil y sociedad política, entre derechos civiles y derechos políticos. De ahí que el sistema electoral no debía afectar la marcha del sistema político debido a la ausencia de instancias de deliberación unidas a la elección, que la libertad no debía afectar el exclusivismo religioso y que la igualdad republicana estuviera supeditada a la existencia de una virtud cívica definida y sancionada por la clase dirigente.

Entendida la república, como escribió Mariano Egaña, en oposición a "la anarquía a la sombra o con el poder popular",[62] y amparada en la Constitución de 1833, luego del asesinato de Portales en 1837, y del triunfo en guerra contra la confederación peruano-boliviana, Chile iniciará el proceso de consolidación nacional y de creación de un espacio cultural autónomo donde voces disidentes irrumpirán lentamente en la opinión pública, permitiendo que la inclusión social y política del pueblo soberano se convierta en el tema de debate durante las siguientes décadas del siglo XIX[63]. Cuando en 1925 se dicte una nueva Constitución, en efecto hasta el golpe militar de

---

[58] *El Araucano*, 27 de noviembre de 1830.
[59] *El Araucano*, 9 de octubre de 1830.
[60] Botana (2003: 665).
[61] Cristi y Ruiz Tagle (2006: 93-106).
[62] Veneros (2009: 1300).
[63] Stuven (2000).

1973, ésta deberá representar a un pueblo que demanda no sólo la república, sino la plena vigencia de la democracia.

BIBLIOGRAFÍA

AGUILAR RIVERA, José Antonio (2000): *En pos de la quimera. Reflexiones sobre el experimento constitucional atlántico.* México: Fondo de Cultura Económica/CIDE.

AMOR DE LA PATRIA, José (1969 [1810]): *Catecismo político cristiano.* Buenos Aires: Editorial Francisco de Aguirre.

AMUNÁTEGUI SOLAR, Domingo (1939): *Pipiolos y pelucones.* Santiago de Chile: Imprenta y Litografía Universo.

AMUNÁTEGUI, Miguel Luis (1876): *La crónica de 1810.* Santiago de Chile: Imprenta de la República, 2 tomos.

ANNINO, Antonio (2008): "Imperio, constitución y diversidad en la América hispana", en *Historia Mexicana,* LVIII, 1.

BOTANA, Natalio. (2003): "Las transformaciones del credo constitucional", en Annino, A.; Guerra, F.-X. (coords.): *Inventando la nación. Iberoamérica. Siglo XIX.* México: Fondo de Cultura Económica.

BRAHM, Enrique (2007): *Mariano Egaña: Derecho y política en la fundación de la República conservadora.* Santiago de Chile: Centro de Estudios Bicentenario.

BRAVO LIRA, Bernardino (2010): *Constitución y reconstitución. Historia del Estado en Iberoamérica, 1511-2009.* Santiago de Chile: Legal Publishing.

Cartas de don Mariano Egaña a su padre, 1824-1829 (1948): Santiago de Chile: Sociedad de Bibliófilos Chilenos.

CASTILLO, Vasco (2009): *La creación de la República. La filosofía pública en Chile 1810-1830.* Santiago de Chile: LOM.

CID, Gabriel (2009): *El Mercurio Chileno.* Santiago de Chile: DIBAM/Centro de Investigaciones Diego Barros Arana.

COLLIER, Simon (1977): *Ideas y política de la independencia chilena 1808-1833.* Santiago de Chile: Andrés Bello.

Constitución de la República de Chile (1833): Santiago de Chile: Imprenta de la Opinión.

Constitución política de la República de Chile (1828): Santiago de Chile: Imprenta de R. Rengifo.

CRISTI, Renato/RUIZ TAGLE, Pablo (2006): *La República en Chile. Teoría y práctica del constitucionalismo republicano.* Santiago de Chile: LOM.

EDWARDS, Alberto (1952): *La fronda aristocrática* Santiago de Chile: Editorial del Pacífico.

EGAÑA, Juan (1811): "Proyecto de una Constitución para el Estado de Chile, compuesta por don Juan Egaña, miembro de la comisión nombrada con este objeto por el Congreso de 1811, y publicado en 1813 por orden de la Junta de Gobierno", en Letelier, V. *Sesiones de los Cuerpos Legislativos*. Santiago de Chile: Imprenta Cervantes, 1887, I.

— (1825): *Memorias políticas sobre las federaciones y legislaturas en general y con relación a Chile*. Santiago de Chile: Imprenta de la Independencia.

ETCHART, Martha (1979): *Documentos de Historia Americana*. Buenos Aires: Cesarini Hnos.

FARIÑA, Carmen (ed.) (2007): *Epistolario Diego Portales*. Santiago de Chile: Universidad Diego Portales, 2 tomos.

FERNÁNDEZ SEBASTIÁN, Javier (2011): "'Cabalgando el corcel del diablo'. Conceptos políticos y aceleración histórica en las revoluciones hispánicas", en Fernández Sebastián, J.; Capellán de Miguel, G. (eds.): *Lenguaje, tiempo y modernidad. Ensayos de historia conceptual*. Santiago de Chile: Globo Editores.

GÓNGORA, Mario (1986): *Ensayo histórico sobre la noción de Estado en Chile en los siglos XIX y XX*. Santiago de Chile: Editorial Universitaria.

GUERRA, François–Xavier (1989): "Le Peuple Souverain: Fondements et logiques d'une fiction (le XIXe. Siecle)", en *Quel Avenir pour la Démocratie en Amérique Latine?* Paris: Editions du CNRS.

HEISE, Julio (1978): *Años de formación y aprendizaje políticos, 1810-1833*. Santiago de Chile: Editorial Universitaria.

HENRÍQUEZ, Camilo (1848 [1811]): "Proclama de Quirino Lemachez", en Martínez, M. *Memoria histórica sobre la revolución de Chile*. Valparaíso: Imprenta Europea, 1848.

— (1960 [1811]): "Sermón en la instalación del primer Congreso nacional", en Silva Castro, R. *Escritos políticos de Camilo Henríquez*. Santiago de Chile: Ediciones de la Universidad de Chile.

— (1813): "Catecismo de los patriotas", en Silva Castro, R. *Escritos políticos de Camilo Henríquez*. Santiago de Chile: Ediciones de la Universidad de Chile, 1960.

INFANTE, José Miguel (1810): "Discurso pronunciado por don José Miguel Infante en la asamblea del 18 de septiembre de 1810", en *Colección de Historiadores y de documentos relativos a la Independencia de Chile*. Santiago de Chile: Imprenta Cervantes, 1910, tomo XVIII.

La Junta Superior de Cádiz a la América Española (1810): Lima: Imprenta Real de Niños Expósitos.

LOVEMAN, Brian/LIRA, Elizabeth (2002): *Arquitectura política y seguridad interior del Estado. Chile 1811-1990*. Santiago de Chile: DIBAM/Centro de Investigaciones Diego Barros Arana/Universidad Alberto Hurtado.

"Manifiesto que hace la Asamblea de Coquimbo a los pueblos de la república sobre la inteligencia de sus instrucciones federales a los diputados de la provincia en el Congreso Nacional de 1826" (1826), en Letelier, V. *Sesiones de los Cuerpos Legislativos*. Santiago de Chile: Imprenta Cervantes, 1889, tomo XII.

MARTÍNEZ DE ROZAS, Juan (1811): "Discurso de don Juan Martínez de Rozas, vocal de la Junta de Gobierno, en la instalación del Congreso", en Letelier, V. *Sesiones de los Cuerpos Legislativos*. Santiago de Chile: Imprenta Cervantes, 1887, tomo I.

MORA, José Joaquín (1849 [1830]): *Curso de derechos del Liceo de Chile*. Ayacucho: Imprenta del Pueblo.

PINTO, Julio/VALDIVIA, Verónica (2009): *¿Chilenos todos? La construcción social de la nación (1810-1840)*. Santiago de Chile: LOM

Proyecto de un reglamento provisorio para la administración de las provincias presentado al Consejo Directorial por el Ministro del Interior (1825): Santiago de Chile: Imprenta de la Biblioteca.

Reglamento constitucional provisorio del Pueblo de Chile (1812): Santiago de Chile: Imprenta del Gobierno.

SAGREDO, Rafael (1994): "Actores políticos en los catecismos patriotas y republicanos americanos, 1810-1827", en *Historia, 28*.

SAN FRANCISCO, Alejandro (2007): "La Independencia de Chile", en Chust, M.; Serrano, J. A. (eds.): *Debates sobre las Independencias iberoamericanas*. Madrid/Frankfurt: Iberoamericana/Vervuert/AHILA.

STUVEN, Ana María (2000): *La seducción de un orden. Las elites y la construcción de Chile en las polémicas culturales y políticas del siglo XIX*. Santiago de Chile: Ediciones Universidad Católica de Chile.

VENEROS, Diana (2009): "Constitución- Chile", en Fernández Sebastián, J. (dir.), *Diccionario político y social del mundo iberoamericano. La era de las revoluciones, 1750-1850*. Madrid: Fundación Carolina/Sociedad Estatal de Conmemoraciones Culturales/Centro de Estudios Políticos y Constitucionales.

VICUÑA MACKENNA, Benjamín (1863): *Introducción a la historia de los diez años de la administración Montt. D. Diego Portales*. Valparaíso: Imprenta y Librería del Mercurio.

CONSTITUCIÓN Y REPRESENTACIÓN: EL ENIGMA DEL PODER CONSTITUYENTE EN EL RÍO DE LA PLATA, 1808-1830

Noemí Goldman
Instituto Ravignani, UBA-CONICET

La crisis de soberanía iniciada en 1808 con el derrumbe de la monarquía española, la revolución de Mayo de 1810, las guerras de independencia y los primeros intentos por consolidar un nuevo orden institucional en el Río de la Plata, que excluía la participación de este espacio en las Cortes de Cádiz, ha merecido en los últimos años una renovada atención por parte de la historiografía. Entre 1810 y 1820 la organización política de las provincias del ex virreinato mantuvo un carácter provisional que el Congreso General Constituyente de 1816-1819, pese a haber declarado la independencia, no logró superar. La disolución del poder central en 1820 y la posterior consolidación de soberanías autónomas prolongó la indefinición territorial de la proyectada nación e instaló una fuerte disputa entre tendencias contrapuestas a la organización de un Estado-nación: federales, o más bien confederales/autonomistas versus centralistas/unitarios.

Los estudios sobre la dinámica y el debate constitucional de ese complejo proceso se reorientaron en los últimos años para encontrar mejores claves interpretativas para explicar el fracaso de los primeros ensayos constitucionales. El estudio de los sujetos políticos emergentes de la crisis, sus diversas concepciones jurídico-políticas, así como las disputas constitucionales expresadas en los diferentes y a veces contradictorios usos de conceptos políticos clave –como *soberanía, nación, pueblo/s, Constitución*, entre otros–, se abrió camino en la nueva indagación historiográfica, junto con renovados enfoques sobre la propia dinámica política en función de nuevas líneas de investigación: las prácticas representativas,[1] el problema de la gobernabilidad en relación con la difusión y el debate sobre la división del poder[2] y la justicia como cultura, práctica y entramado social[3]. En este breve ensayo sólo me detendré en un aspecto del problema del *poder constituyente*: el de la imposibilidad de definir el sujeto del mismo y su relación con la representación, el territorio y el concepto de soberanía nacional.

SOBERANÍA, PROVISIONALIDAD DEL SISTEMA POLÍTICO Y REPRESENTACIÓN

Entre 1810 y 1819 se reunieron en el Río de la Plata dos asambleas con carácter constituyente (1813-1815, 1816-1819). La Asamblea de 1813 excluyó de su fórmula de juramento la fidelidad a Fernando VII y declaró que la representación y la soberanía de las Provincias Unidas del Río de la Plata residían en ella. Si bien esta Asamblea no logró declarar la independencia ni proclamar una Constitución, en la exclusión mencionada y en la calificación de "Soberana Asamblea" o "Soberano Sr." que se imputaba, la soberanía pasó de ser atributo del rey para constituirse en derecho propio. Por su parte, el Congreso Constituyente de 1816-1819 declaró la independencia y dictó una Constitución, que por su carácter centralista produjo la reacción de los pueblos del litoral, lo cual llevó a la invasión de Buenos Aires y a la disolución del poder central. Una nueva explicación del fracaso de estas primeras tentativas constitucionales se halló no tanto en la letra de las Constituciones, sino en la indefinición del sistema político, el carácter provisional de los gobiernos centrales desde 1810 y la noción misma de Constitución. Pero todas estas características remitían a un rasgo peculiar de la vida política del período observado por José Carlos Chiaramonte: la indeterminación del sujeto de imputación del poder constituyente. Pues el problema de la susti-

---

[1] Entre los principales trabajos se encuentran: Annino (1995), Cansanello (2003), Chiaramonte (1997), Garavaglia (2004), Marchionni (2006), Roldán (2003), Romano (2002), Tedeschi (1993), Ternavasio (2002), Tío Vallejo (2007), Verdo (2006).

[2] Ternavasio (2004 y 2007).

[3] Dentro de un campo de estudios en plena renovación y expansión, caben destacar los siguientes trabajos: Adelman (1999), Agüero (2010), Barriera (2010), Candioti (2008), Fradkin (2009).

tución de la legitimidad de la monarquía castellana encontró un lenguaje común en el Derecho Natural y de Gentes que admitía la existencia soberana de "repúblicas", "pueblos soberanos", "ciudades soberanas" o "provincias/Estados soberanos"[4].

El enfrentamiento entre dos tendencias contrapuestas hacia la conformación de un Estado-nación –la federal (confederal/autonomista) y la centralista/unitaria– que se evidenció a partir de 1810, se vinculó asimismo con el proceso de disgregación de las gobernaciones, intendencias surgidas en el marco de las reformas borbónicas, cuyas primeras manifestaciones ya habían aparecido en los conflictos jurisdiccionales entre Montevideo, Buenos Aires y la Audiencia de Charcas suscitados por el quiebre de 1808, la presión de la corte portuguesa instalada en Río de Janeiro desde 1808, las pretensiones a la regencia de Carlota Joaquina de Borbón –hermana de Fernando VII y esposa del príncipe regente de Portugal Juan VI–, y la militarización de Buenos Aires producto de las invasiones inglesas de 1806 y 1807.

En este contexto, si bien el debate constitucional fue ante todo una disputa relativa a las formas de gobierno, por sobre los derechos o la división de poderes, no es menos cierto que esta última dimensión tuvo implicancias sustanciales en la dinámica política de ese intrincado proceso. En efecto, junto con el problema de la soberanía fue la cuestión de la gobernabilidad de los nuevos espacios políticos surgidos de la crisis, lo que puso en juego la adopción de nuevos principios representativos basados en la "soberanía del pueblo", así como intentos por limitar y dividir el poder.

En la primera década revolucionaria, los pueblos que integraban las antiguas intendencias de Buenos Aires, Córdoba y Salta oscilaron entre la simple autonomía, la unión a los gobiernos centrales y las diversas tendencias confederales en oposición a las tendencias centralistas de los gobiernos revolucionarios, pero también en parcial alianza con ellos para liberarse –las ciudades subalternas– del dominio de las capitales de intendencia. De modo que no es extraño observar, en una lectura de la prensa periódica rioplatense luego de 1810, que el término nación no rivaliza con pueblos y provincias. Esto sugiere que en la época se reconocía la natural legitimidad de otras entidades –*los pueblos*– para actuar como soberanos.

Por otra parte, en la "Soberanía del Pueblo" se había fundado el otorgamiento de los primeros derechos de representación que convirtieron en electivas al conjunto de las autoridades territoriales. El Estatuto Provisional

---

[4] Chiaramonte (1997 y 2004), Goldman y Souto (1997), Verdo (2006).

de 1815 estableció que "en el nacimiento de todas las sociedades el voto público es la primera ley, y el Pueblo el único principio del poder que ejercen los Magistrados. El derecho a sufragar es el primer atributo de la Soberanía"[5]. Si bien desde 1810 este principio ya se venía aplicando, a partir del nuevo reglamento se generalizó para hacerse extensivo al director del Estado, los diputados al Congreso general, los gobernadores de provincias y los cabildos de las ciudades y las villas. Cabe observar que si bien bajo las disposiciones del Estatuto se convocó a elecciones de diputados constituyentes al Congreso que se reunió en la ciudad de Tucumán en 1816; éste había tenido una dispar aceptación por parte de las ciudades. Fue jurado en Salta, Tucumán, Chuquisaca y Potosí, aunque en estas dos últimas provincias sufrió modificaciones. La Liga de los Pueblos Libres liderada por Artigas lo rechazó, mientras la Gobernación Intendencia de Cuyo encabezada en esos momentos por San Martín aceptó al nuevo director del Estado, pero rechazó el texto por considerar que no reforzaba la figura del poder ejecutivo.

El Congreso Constituyente que se reunió en la ciudad de Tucumán entre 1816 y 1819 declaró la independencia, sostuvo que la soberanía residía "originariamente" en la nación (art. 105) y dictó una Constitución. Si bien la Constitución fue jurada en parte de las ciudades, la oposición del litoral llevó a la disolución del poder central en 1820 y a la organización de Estados provinciales que conservaron para sí la totalidad de los atributos soberanos. Por otra parte, es sabido que la declaración de la independencia se realizó en nombre de las Provincias Unidas en Sud América y no del Río de la Plata. El cambio de nombre indicaba que la nueva asociación política integraría, además de las provincias del virreinato del Río de la Plata, los territorios del virreinato del Perú y de la Capitanía de Chile. Porque para varios de los constituyentes, mientras la monarquía se engrandecía por su naturaleza, las repúblicas, o los "gobiernos populares" se concentraban y reducían al contorno de una ciudad. De modo que, si los límites territoriales del nuevo Estado-nación permanecían imprecisos, hasta tanto se liberara del dominio español todo el vasto territorio de América del Sur, las aspiraciones autonómicas de las ciudades condicionaban el diseño de la nueva forma de gobierno. Lo que condujo en el contexto de la recuperación del trono por Fernando VII y de la creación de la Santa Alianza, a inclinar la balanza a favor de una monarquía constitucional.

[5] "El director interino del Estado", *Gazeta de Buenos-Ayres*, sábado 25 de noviembre de 1815, n° 31.

Pero fracasado el experimento constitucional de 1816-1819, la disolución del poder central en 1820 llevó a una nueva fragmentación: las antiguas ciudades devinieron entonces soberanías independientes de "hecho", aunque basadas en el principio de la soberanía "originaria" del pueblo o del gobierno "popular-representativo". Y lejos de conducir a la estabilidad, este proceso se desarrolló en medio de fuertes enfrentamientos entre provincias, pronunciamientos militares y guerras civiles. Un impreso anónimo que circuló en Buenos Aires hacia fines de 1820, planteaba la posición que debería asumir la misma dirigencia porteña —en consonancia con los demás pueblos— ante la nueva *vacancia* de una autoridad central:

> Debe [Buenos Aires] separarse absolutamente de los pueblos, dejarlos que sigan sus extravagancias y caprichos, no mezclarse en sus disensiones. Debe declararse provincia soberana e independiente, darse una constitución permanente, prescindir del sistema de federación y guardar con todas paz y buena inteligencia...[6]

La provincia autónoma no sería entonces una prolongación de la antigua provincia de intendencias, sino el resultado de una ampliación del ámbito político de las antiguas ciudades que integraban ahora a sus áreas rurales en la definición de un nuevo espacio político provincial, que buscaba afirmarse en base a normas fiscales, legislativas y políticas propias. Sin embargo, muchas de estas normas y las prácticas políticas que las acompañaron siguieron ligadas a las bien arraigadas concepciones de *pueblo* como cuerpo político natural y jerarquizado. Así, por ejemplo, en una sesión de la Sala de Representantes de Córdoba en 1829, podemos leer: "...todo el pueblo de Córdoba con sus corporaciones se habían reunido en esta Sala y su barra"[7].

Si en Buenos Aires la ley electoral dictada en 1821 concedió el derecho de voto directo a todo hombre libre mayor de 21 años bajo el impulso del grupo reformador encabezado por Bernardino Rivadavia, en algunas de las provincias se mantuvo la exclusión de los derechos políticos de las personas en relación de dependencia, o de los que no sabían escribir ni leer. De manera que, por un lado, los efectos de la crisis de 1808 se evidenciaron con mayor fuerza a partir de 1820 con la segunda *vacancia* del poder central, al disgregar-

---

[6] Cit. en Ternavasio (2004: 76).

[7] *Archivo de la Honorable Cámara de Diputados de la Provincia de Córdoba* (1820-1825), Tomo I, Córdoba, La Minerva, 1912, Sesión Extraordinaria, 27-VIII-1829, pp. 152-153.

se el ex virreinato en soberanías independientes. Pero, por otro lado, esta disgregación se constituyó en punto de partida de nuevos y dispares ordenamientos estatales que plantearon un desafío mayor al tercer proyecto de organización constitucional de 1824-1827: las provincias estarían ahora regidas
por representaciones provinciales que enviarían a sus diputados al congreso
con mandato imperativo.

EL PROBLEMA DEL PODER CONSTITUYENTE: VOLUNTAD SOBERANA Y REPRESENTACIÓN

¿En este contexto qué significaba *constituir*? Los debates en los congresos
constituyentes y en la prensa periódica del período dan cuenta de esta acuciante interrogación que fue tomando diversas formas, desde la búsqueda de
una definición de la palabra "Constitución" hasta la propuesta de elaborar
diversos modelos de Constitución de "federación" y de "unidad" para distri-
buirlos entre los pueblos y promover su conocimiento y discusión. Por cierto, la "Constitución" se ubicaba dentro de un horizonte incierto de realización futura debido a la indefinición de sus principales fundamentos: el sujeto
de imputación de la soberanía, los límites de la nueva organización estatal
"nacional", la forma de gobierno y los poderes de los diputados[8].

La noción de constitución entendida como el compendio de leyes sabias
que debía garantizar la seguridad de las personas, sus derechos, así como sus
obligaciones y los límites de la obediencia, se trasluce de las primeras consideraciones sobre la cuestión constitucional, realizadas por Mariano Moreno
en la *Gaceta de Buenos Aires* entre noviembre y diciembre de 1810. En ruptura con el orden monárquico postula la necesidad de reunir un congreso
constituyente basándose en el principio de una soberanía "indivisible, e
inalienable" como fundamento de la voluntad general. En tal sentido, el
Congreso no debía limitarse a nombrar nuevos gobernantes ni a emancipar a
las provincias, sino a "fijarles la constitución y forma de gobierno"[9]. Pero
esta nueva concepción de Constitución coexistió con otra que se basaba en
una idea diferente de la soberanía y de las obligaciones sociales. En el mismo
año en que la *Gaceta* publicaba los artículos de Moreno, daba también lugar a

---

[8] Goldman (2006 y 2008: 35-49).
[9] "Sobre el Congreso convocado y Constitución del Estado", *Gaceta de Buenos Aires*,
13-XI-1810, I, pp. 559-608.

la edición de dos artículos redactados bajo el seudónimo de "Un ciudadano"; en uno de ellos podemos leer:

> La soberanía reside originariamente en los pueblos, las provincias son personajes morales y [...] nuestros ciudadanos, y cada individuo en particular, se encuentra bajo de este respecto atados con una doble obligación. La una viene inmediatamente de la naturaleza, la otra resulta de nuestro pacto social[10].

La nueva Constitución vendría a ser así una reforma de la antigua y "verdadera Constitución", por cuanto se establecía una continuidad entre el nuevo derecho de ciudadanía y "los fueros inseparables de los pueblos". Estas concepciones divergentes de la *soberanía*: una indivisible y la otra plural y agregativa –la segunda basada en el principio del consentimiento atribuido a los *pueblos*– sustentaron las dos tendencias hacia la organización del Estado que mencionáramos precedentemente. Pero esta oposición que parecía irreductible tuvo, según veremos, no sólo matices sino ciertos puntos de encuentro que derivaban de una concepción de la soberanía nacional menos distante de la que habitualmente supuso la historiografía.

Cuando en 1816 se reunió en la ciudad de San Miguel de Tucumán el nuevo Congreso Constituyente, se planteó la cuestión de si era o no conveniente redactar un código constitucional, cuando algunas de las provincias permanecían aún bajo el dominio español. Este impedimento tenía al mismo tiempo su correlato en la vigencia del mandato imperativo, en virtud del cual los representantes electos al Congreso eran considerados apoderados de sus pueblos que debían ajustar su actuación a instrucciones previas que habían recibido de sus mandantes; lo cual dejaba en manos de los pueblos el derecho de aceptar o rechazar el texto constitucional. Asimismo, las "opiniones" en los pueblos respecto a las *formas de gobierno* se hallaban divididas. Pero si bien la convocatoria a un nuevo Congreso en 1816 marcaba un cambio en la política de la élite de Buenos Aires con relación a los pueblos del interior –en el sentido de que se mostró más atenta a los intereses de los pueblos–, el Congreso no definió la forma de gobierno, pues negociaba secretamente la instalación en el Río de la Plata de algún príncipe europeo que aceptase coronarse como nuevo monarca constitucional, ni trató la organización interna de las provincias. El texto constitucional de carácter centralista votado por el cuerpo representativo, que dejaba en manos del poder ejecutivo la

---

[10] *Gaceta de Buenos Aires*, 29.XI-1810, I, pp. 406-407.

elección de los gobernadores de las ciudades, fue finalmente rechazado
–según señaláramos– por parte de los pueblos y el Congreso disuelto. En
1820 un grupo de oficiales se sublevó en la Posta de Arequito contra el directorio, iniciando así el breve proceso de derrumbe del poder central.

Cuando en 1824 inició sus sesiones un nuevo Congreso Constituyente, la
virtual autonomía en la que se hallaban las "provincias" planteó otros desafíos y dilemas a la organización constitucional de los territorios del ex virreinato. La cuestión era doblemente compleja. Por una parte, la disolución del
poder central de 1820 había llevado a los pueblos a recuperar el uso completo de sus atributos soberanos; por la otra, persistía la desconfianza hacia las
propuestas constitucionales que proviniesen de la ex capital del virreinato.
Pero lo que cabe observar es que todos partían de una concepción pactista
del acto constituyente. El periódico de tendencia unitaria, *El Nacional*, en su
edición del 27 de enero de 1825, señala:

> La constitución es propiamente un pacto, o convenio, que forman las provin-
> cias: en ella se expresan las condiciones de la asociación, y las recíprocas obliga-
> ciones bajo las cuales se reúnen a formar cuerpo de nación[11].

En efecto, el primer acto del Congreso en 1825 fue dictar la Ley Fundamental que reconoció una situación de hecho: el estado de independencia
de las provincias que se regían por sus propias instituciones. Hasta tanto se
dictase una nueva Constitución, que debía presentarse a las provincias para
su aceptación o rechazo, se delegaba en Buenos Aires el ejecutivo nacional
provisorio. El reconocimiento de esta situación iba a ubicar la discusión
constitucional en un nuevo escenario. Ya no se trataba de buscar la traducción perfecta de una combinación de formas de gobierno en un código
constitucional –como había sido el caso en el congreso anterior–, sino de
organizar previamente el Estado por medio de leyes constitucionales que
tendieran a "nacionalizar"; es decir, a preparar a los pueblos para que acepta-
ran constituirse en Estado-nación.

En los inicios del Congreso esta concepción gradualista del proceso constituyente traducía, además del reconocimiento de la efectiva disgregación de
los pueblos y la débil representación inicial de las provincias, las dificultades
para encarar una nueva empresa constitucional con cierto grado de legitimidad. Efectivamente, durante las sesiones del Congreso los diputados se pre-

---

[11] *El Nacional*, 27-I-1825, en *Biblioteca de Mayo*, T X, p. 9354.

guntaban una y otra vez si hay o no *nación* en el momento de su instalación, si los representantes lo eran de la "nación" o de las "provincias", si los diputados lo eran de los pueblos con mandato imperativo o de la nación, y si las resoluciones que tomaban eran convenios entre partes o leyes constitucionales. Dilucidar estos dilemas se había convertido en un verdadero enigma que el diputado por Salta, Juan Ignacio de Gorriti, dejaba claramente planteado ante la dificultad de establecer a quién correspondía dar *la base* de la Constitución:

> ¿No se puede saber la opinión pública y yo me he declarado constituyente. Pues cómo he hecho esto? Haberse declarado los diputados constituyentes y no saber cómo constituir me parece un enigma, que en buenos términos quiere decir que estamos envueltos en dificultades, y que no sabemos cómo entrar y salir[12].

Si el *poder constituyente* para ser tal debería presuponer la existencia de una voluntad real de darse instituciones, ésta aparecía aquí dislocada por las dos concepciones contrapuestas de la soberanía –una indivisible y la otra plural– que imponían un límite insalvable al acto constituyente. Sin embargo, la cuestión fue más compleja, porque, por una parte, ambas concepciones derivaban del Derecho Natural y de Gentes que informaba gran parte de las concepciones imperantes entre los diputados, y que si bien eran opuestas, tuvieron al mismo tiempo una preocupación común: la de determinar el origen del poder soberano. Pero, asimismo y en la medida en que el Congreso empezó a dictar "leyes constitucionales", mientras debatía la carta constitucional, diversos principios y experiencias del constitucionalismo moderno –representación política, división de poderes, función del Estado– ingresaron en el debate para sostener una u otra concepción de la soberanía.

Un buen ejemplo de ello lo tenemos en las consideraciones realizadas por el diputado Valentín Gómez en los debates del reglamento del Congreso para establecer el orden y las modalidades de las deliberaciones y el carácter de la representación de los diputados. En la discusión sobre la denominación del Congreso y el uso de la voz "señor" para referirse a los representantes, y frente a los diputados que se oponían a esta designación y defendían, por el contrario, la denominación de "representantes", pues según sostenían "el congreso no es otra cosa que los representantes reunidos", Valentín Gómez afirmaba:

---

12 Cit. en Goldman (2000: 9).

Sin duda alguna que los representantes componen el congreso, y que este resulta compuesto de los señores representantes, pero a pesar de esto; ¿se dirá que es lo mismo decir el congreso ha resuelto; que los representantes han resuelto? Ello es en substancia lo mismo; pero hay un grado de diferencia; es más abstracta la voz congreso, que el concepto personal de cada individuo; o mas bien refundida en el concepto general del cuerpo...[13].

Por el canje de poderes, y por el pacto naturalmente envuelto en la instalación de esta corporación. *Cada uno de los representantes adquiere una representación nacional, y un derecho de deliberar sobre todas las provincias*...[14].

La precisión en el uso que Valentín Gómez le da a la palabra "abstracta" con relación al verbo "refundir", o sea, "comprender, incluir" (*DRAE*, 1822), expresa una de las formas de concebir el origen de la soberanía nacional, que no remite a una concepción jurídico abstracta de la misma -en el sentido de una colectividad soberana indivisible representada por el Estado-, sino al "pacto" de instalación del Congreso que por medio del "canje de poderes" adquiere un carácter constituyente. Una idea que está presente también en Gorriti, quien insistió en el libre consentimiento de los pueblos para participar en su "pacto de asociación", mientras sostenía asimismo y según si el tema que se tratase afectase o no a los intereses de su provincia, las prerrogativas constituyentes del congreso.

El reconocimiento de la existencia de 13 provincias autónomas con sus derechos, también estuvo presente, al inicio de las reuniones del Congreso, en la postura gradualista de la Constitución, expresada por Julián Segundo de Agüero, el máximo representante del unitarismo. "Nacionalizar los pueblos —afirmaba— es hacer una transacción racional e indispensable entre todos los intereses parciales, sacrificando cada uno una parte para que de aquí resulte el interés nacional", es decir, "Nacionalizar los pueblos, es hacer que los pueblos reconozcan un centro del cual se difundan a todos los puntos del territorio todos los principios de una libertad racional...."[15]. De modo que más que afirmar la soberanía de una nación abstracta, lo que Agüero propone es reunir a las provincias en un cuerpo de nación por medio de la creación de un gobierno general a partir del reconocimiento de un centro de unidad, Buenos Aires. "Los diputados reunidos con el mayor celo —dirá— [...]

---

[13] Ravignani (1937-1939: 983-984).
[14] Ídem (1937-1939: 1011).
[15] Cit. por Myers (2002: 236).

han celebrado un pacto solemne desde el principio de su instalación, de formar una nación libre e independiente y sostener esta libertad e independencia a costa de los mayores sacrificios"[16]. Junto con ello, y a diferencia de la posición de Gorriti, quien partía del libre consentimiento de los pueblos, aunque también compartía la forma de Estado unitaria, Agüero afirmaba el principio de la indivisibilidad de la soberanía, y se fundaba en una concepción jerárquica, centralizada y activa del Estado, posiblemente vinculado con el legado borbónico. Es por ello que la coerción se inscribe también en su proyecto nacionalizador cuando no duda en proponer a los diputados:

> Es pues, necesario nacionalizar y organizar al país, y esto no se puede hacer sino de dos modos: o ha de ser por la fuerza de los principios, o por el poder de la fuerza: o ha de ser, señores, por el convencimiento que se introduzca en todos los pueblos, o ha de ser, como dije ayer con una expresión vulgar, a palos[17].

Esta concepción tenía ya su historia. Desde 1810 –según observa Nora Souto–, aunque algunos rasgos son heredados, la noción de "unidad" se asoció, en primer lugar, a la indivisibilidad de la soberanía; en segundo lugar, a "centro" –en referencia a la obediencia de los pueblos y provincias a los gobiernos instalados en Buenos Aires, la "antigua capital del reino" y a su vez la cabeza de la revolución–; en tercer lugar, se asoció a "concentración del poder", que implicaba tanto la progresiva reducción de los integrantes del poder ejecutivo, como un gobierno libre en el ejercicio y extensión de su autoridad. En contraposición, la confederación/federación en asociación a la voz "unión" expresó distintos grados de ligazón entre los pueblos y luego "provincias"[18].

Pero bien sabemos que a la prudencia de esta primera etapa, en la que primó la idea de consolidar las instituciones de cada espacio soberano antes del dictado de una carta constitucional que los uniera bajo una ley común, le sucedió una vertiginosa segunda etapa en la que prevaleció la idea de promulgar cuanto antes una Constitución, y en la que se dictaron varias leyes de "nacionalización". En el cambio de posiciones pesó la guerra con el Imperio brasileño y la firma del tratado comercial y de amistad con Inglaterra. Las leyes de creación de un Banco Nacional, de Presidencia y de Capitalización,

---

[16] Ravignani (1837-1839: 1320).
[17] Ravignani (1837-1839: 237).
[18] Souto (2008: 175-193).

todas tendientes a la organización de un Estado nacional, se concentraron en
un solo año (1826), mientras se discutía la Carta constitucional. Sin embargo,
las leyes de 1826 iban a generar fuertes debates y rechazos en el seno del
Congreso, donde ya era clara la división entre "federales" y "unitarios".

La Constitución sancionada por el Congreso, el 24 de diciembre de 1826,
comienza por ratificar la independencia de la "nación argentina" de toda
dominación extranjera, la naturaleza republicana de su gobierno y el carácter
católico, apostólico y romano de su religión, y declara que su forma de
gobierno es "representativa republicana, consolidada en unidad de régimen".
Aun así crea en cada capital de provincia "un consejo de administración",
para velar sobre la prosperidad de la provincia y sus particulares. A diferencia
de la Constitución de 1819, por esta cláusula las provincias preservaban la
propia administración de sus recursos, pero perdían sus soberanías. Tal como
había establecido la Ley Fundamental, se dispuso asimismo que la nueva
Constitución fuera sometida al "examen y libre aceptación de la capital y
provincias"; circunstancia que llevó al inmediato rechazo de la carta por las
provincias de Mendoza, La Rioja, Córdoba y Santiago del Estero, y a la posterior disolución del Congreso en medio de la guerra con el Imperio del
Brasil y en el interior.

REFLEXIONES FINALES

Las dificultades para pensar una asociación política en el momento en
que las ciudades que se desprendieron de las antiguas capitales de las gobernaciones de intendencia y que, basadas en los principios del consentimiento
y de la nueva representación política aspiraban a constituirse en Estados
autónomos, quedaron crudamente planteadas en el Congreso Constituyente
de 1824-1827. El proceso iniciado en 1820 con la caída del poder central y
la afirmación en proclamas y Constituciones provinciales de la "soberanía
originaria" de los pueblos, ponía al descubierto una doble herencia: por una
parte, el efecto perdurable de la crisis de acefalía de 1808, que colocó a las
ciudades y sus jurisdicciones en el centro de la escena política; por el otro, el
surgimiento de nuevos ordenamientos estatales que se limitaban al ámbito
de los pueblos ahora llamados provincias por la redefinición de sus regímenes representativos. No es entonces difícil figurarse, aunque vale la pena
insistir en ello, que en el imaginario de los diputados aquel proceso constituyente —como se desprende del conjunto de los debates— estuvo, por el simple

hecho de estar en sus inicios, plagado de dudas, incertidumbres y ambigüedades. Las tensiones entre las representaciones de pueblos (soberanías de ciudad), nuevos Estados (soberanías de provincias) y Estado-nación (soberanía del Río de la Plata) se superponían y envolvían una y otra vez a los diputados en interminables discusiones en el seno del Congreso.

En tal sentido, la soberanía del pueblo cuando era invocada en plural —"los pueblos"— constituyó no sólo un principio legitimador del poder, sino también un factor concurrente con la expresión "soberanía de la nación" más frecuentemente asimilada a unidad. El *poder constituyente*, pese a haber dictado una Constitución, carecía de voluntad legítima. Pero asimismo la afirmación de una soberanía nacional habría de identificarse a comienzos del siglo XIX más a Estado-nación como asociación política "independiente y soberana" regida por un "gobierno general", que a Estado en tanto personificación jurídica de una nación abstracta. Es decir, los unitarios no fueron tales por adscribir a una concepción jurídica de la nación que se desarrollaría plenamente más adelante, sino por afirmar el principio de indivisibilidad de la soberanía junto al rol rector de un Estado que por medio de la "transacción" debía "nacionalizar" a los pueblos. Ésta sería la concreta mediación que le permitió, por ejemplo, al mismo Gorriti, quien sostenía con firmeza la calidad de apoderado del representante provincial fundándose en "el derecho de los pueblos a consentir", a optar por la forma de Estado unitaria, pero también a un Agüero —el más cercano a sostener una soberanía de la nación como soberanía de Estado desvinculada de los concretos pueblos—, a proponer un modo de acción gradual que, al acelerarlo, entre otras circunstancias, llevó al fracaso del proyecto constitucional.

BIBLIOGRAFÍA

ADELMAN, Jeremy (1999): *Republic of Capital: Buenos Aires and the legal transformation of Atlantic world*. Stanford: Stanford University Press.

AGÜERO, Alejandro (2010): "La justicia penal en tiempos de transición. La República de Córdoba, 1785-1850", en Carlos Garriga (coord.): *Historia y Constitución. Trayectos del constitucionalismo hispano*, México: Instituto de Investigaciones Dr. José María Luis Mora.

ANNINO, Antonio (coord.) (1995): *Historia de las elecciones en Iberoamérica, siglo XIX*, Buenos Aires: Fondo de Cultura Económica.

BRAGONI, Beatriz/MATA DE LÓPEZ, Sara (2007): "Militarización e identidades políticas en la revolución rioplatense", en *Anuario de Estudios Americanos*, vol. 64, n° 1.

BARRIERA, Darío (2010): *La justicia y las formas de la autoridad. Organización política y justicia locales en territorios de frontera. El Río de la Plata, Córdoba, Cuyo y Tucumán, siglos XVIII y XIX.* Rosario: ISHIR CONICET/Red Columnaria.

BELLINGERI, Marco (coord.) (2000): *Dinámicas de antiguo régimen y orden constitucional. Representación, justicia y administración en Iberoamérica. Siglos XVIII-XIX.* Torino: Otto Editore.

Biblioteca de Mayo. Colección de obras y documentos para la historia argentina (1960), Tomo X. Buenos Aires: Senado de la Nación.

BOTANA, Natalio (1991): *La libertad política y su historia.* Buenos Aires: Editorial Sudamericana.

CANDIOTI, Magdalena (2008): "Fueros, jueces y jurados: el debate público en torno a la reforma judicial rivadaviana", en *Papeles de trabajo.* Revista electrónica del Instituto de Altos Estudios Sociales de la Universidad General San Martín, año 2, n° 3, Buenos Aires, junio, en <http://www.idaes.edu.ar/papelesdetrabajo/paginas/Documentos/03_4_Art%C3%ADculo_Magdalena_Candioti.pdf>.

CANSANELLO, Carlos Oreste (2003): *De súbditos a ciudadanos. Ensayos sobre las libertades en los orígenes republicanos. Buenos Aires, 1810-1852.* Buenos Aires: Imago Mundi.

CHIARAMONTE, José Carlos (1997): *Ciudades, provincias y estados: Los orígenes de la nación Argentina (1800-1846).* Buenos Aires: Ariel.

— (2006): *Nación y Estado en Iberoamérica. El lenguaje político en tiempos de las independencias.* Buenos Aires: Editorial Sudamericana.

DI MEGLIO, Gabriel (2006): *¡Viva el bajo pueblo! La plebe urbana y la política entre la Revolución de Mayo y el rosismo.* Buenos Aires: Prometeo Libros.

ENTIN, Gabriel (2009): "Les formes de la république: monarchie, crise et révolution au Río de la Plata", en Morelli, Federica; Thubaud, Clément; Verdo, Geneviève (comps.): *Les Empires atlantiques des Lumières au libéralismo (1763-1865).* Nantes: Université de Nantes.

FRADKIN, Raúl (2008): *¿Y el pueblo dónde está? Contribuciones para una historia popular de la revolución de independencia en el Río de la Plata.* Buenos Aires: Prometeo Editores.

— (2009): *La ley es la tela de araña. Ley, justicia y sociedad rural en Buenos Aires, 1780-1830.* Buenos Aires: Prometeo Libros.

GARAVAGLIA, Juan Carlos (2004): "Manifestaciones iniciales de la representación en el Río de la Plata: la revolución en la laboriosa búsqueda de la *autonomía del individuo (1810-1812)*", en *Revista de Indias,* LXIV, 231.

GOLDMAN, Noemí/SOUTO, Nora (1997): "De los usos de los conceptos de 'nación' y la formación del espacio político en el Río de la Plata (1810-1827)", en *Secuencia,* nueva época (Instituto Mora, México), núm. 37, enero–abril.

— (2000): "Libertad de imprenta, opinión pública y debate constitucional en el Río de la Plata (1810-1827)", en *Prismas, Revista de historia intelectual* (Quilmes, Argentina), n° 4.

— (2006): "El debate sobre las *formas de gobierno* y las diversas alternativas de asociación política en el Río de la Plata", en José M. Portillo (coord.), "El primer constitucionalismo hispanoamericano", monográfico de *Historia Contemporánea* (Universidad del País Vasco), II, núm. 33.

— (ed.) (2008, réed. 2010): *Lenguaje y Revolución. Conceptos políticos clave en el Río de la Plata, 1780-1850.* Buenos Aires: Prometeo.

HALPERÍN DONGHI, Tulio (1961): *Tradición política española e ideología revolucionaria de Mayo.* Buenos Aires: Eudeba.

— (1985): *Reforma y disolución de los imperios ibéricos 1750-1850. Historia de América Latina, 3.* Madrid: Alianza Editorial.

HERRERO, Fabián (2009): *Federalistas de Buenos Aires 1810-1820. Sobre los orígenes de la política revolucionaria.* Buenos Aires: Ediciones UNLa.

MARCHIONNI, Marcelo (2006): "La redefinición de los espacios políticos en el proceso revolucionario. Salta en las primeras décadas del siglo XIX", en *Historia Regional. Estudios de casos y reflexiones teóricas.* Salta: CEPUHA/EDUNSa.

MARTÍNEZ, Ignacio (2010): "De la monarquía católica a la nación republicana y federal. Soberanía y patronato en el Río de la Plata, 1753-1853", en *Secuencia*, Instituto Mora, México, n° 76 (enero-abril).

MATA DE LÓPEZ, Sara (2002): "La guerra de independencia en Salta y la emergencia de nuevas relaciones de poder", en *Andes*, n° 13, Salta, CEPHIA, Argentina.

MYERS, Jorge (2002): "Julián Segundo de Agüero (11776-1851). Un cura borbónico en la construcción del nuevo Estado", en Calvo, Nancy; Di Stefano, Roberto y Gallo, Klaus (coords.): *Los curas de la revolución. Vidas de eclesiásticos en los orígenes de la nación.* Buenos Aires: Emecé.

MOLINA, Eugenia (2009): "La reconfiguración de la elite local durante el proceso revolucionario en Mendoza (Argentina), 1810-1820. Un análisis a partir de los funcionarios subalternos de justicia", en *Secuencia*, Instituto Mora, México, 73 (enero-abril).

PAZ, Gustavo (2004): "La hora del Cabildo: Jujuy y su defensa de los derechos del 'pueblo' en 1811", en F. Herrero (comp.): *Revolución, política e ideas en el Río de la Platas durante la década de 1810.* Buenos Aires: Ediciones Cooperativas.

PORTILLO VALDÉS, José María (2006): *Crisis atlántica. Autonomía e independencia en la crisis de la monarquía hispana.* Madrid: Fundación Carolina/Centro de Estudios Hispánicos e Iberoamericanos/Marcial Pons.

RAVIGNANI, Emilio (comp.) (1937-1939): *Asambleas Constituyentes Argentinas.* Buenos Aires: Casa Jacobo Peuser, 7 vols.

ROMANO, Silvia (2002): *Economía, sociedad y poder en Córdoba. Primera mitad del siglo XIX.* Córdoba: Ferreyra Editor.

ROLDÁN, Darío (2003): "La cuestión de la representación en el origen de la política moderna. Una perspectiva comparada (1770-1830)", en Hilda Sabato y Alberto Lettieri (comps.): *La vida política en la Argentina del siglo XIX.* Buenos Aires: Fondo de Cultura Económica.

SALAS, Rubén Darío (1998): *Lenguaje, Estado y Poder en el Río de la Plata (1816-1827)*. Buenos Aires: Instituto de Investigaciones de Historia del Derecho.

SOUTO, Nora (2008): "Unidad/Federación", en Goldman, Noemí (ed.): *Lenguaje y Revolución. Conceptos políticos clave en el Río de la Plata, 1780-1850*. Buenos Aires: Prometeo.

TAU ANZOÁTEGUI, Víctor (2001): *El poder de la costumbre. Estudios sobre el derecho consuetudinario en América hispana hasta la emancipación*. Buenos Aires: Instituto de Investigaciones de Historia del Derecho.

TAU ANTOÁTEGUI, Víctor/MARTIRÉ, Eduardo (2003): *Manual de Historia de las Instituciones Argentinas*. Buenos Aires: Ed. Histórica, 7ª edición actualizada.

TEDESCHI, Sonia (1993): "Los últimos años de una institución colonial: el cabildo de Santa Fe y su relación con otros espacios político-institucionales entre 1819 y 1832", en *Revista de la Junta Provincial de Estudios Históricos de Santa Fe*, LIX, Santa Fe, Argentina.

TERNAVASIO, Marcela (2002): *La Revolución del voto. Política y Elecciones en Buenos Aires, 1810-1852*. Buenos Aires: Siglo XXI.

— (2004): "Construir poder y dividir poderes. Buenos Aires durante la 'feliz experiencia' rivadaviana", en *Boletín del Instituto de Historia Argentina y Americana "Dr. Emilio Ravignani"*, Tercera serie, núm. 2.

— (2007): *Gobernar la Revolución. Poderes en disputa en el Río de la Plata, 1810-1816*. Buenos Aires: Siglo XXI.

TIO VALLEJO, Gabriela (coord.) (2011): *La república extraordinaria. Tucumán en la primera mitad del siglo XIX*. Rosario: Prohistoria.

VERDO, Geneviève (2006): *L'Indépendence argentine entre cités et nation (1808-1821)*. Paris: Publications de la Sorbonne.

ZORRAQUÍN BECÚ, Ricardo (1966): "El proceso constitucional de 1815 a 1819", en *IV Congreso Internacional de Historia de América*. Buenos Aires: Academia Nacional de la Historia.

OS SENTIDOS DE CÁDIS EM PORTUGAL E NO BRASIL DE 1820 A 1823

Márcia Regina Berbel
Universidade de São Paulo

O JURAMENTO DA CONSTITUIÇÃO ESPANHOLA NO RIO DE JANEIRO

A Constituição de Cádis foi jurada por D. João VI no Rio de Janeiro em 21 de abril de 1821 e esteve em vigor durante 24 horas. O episódio integra um dos momentos mais conflituosos e polêmicos no período que antecede a proclamação da Independência: a chamada manifestação da Praça de Comércio. As atribuições conferidas à reunião, que se estendeu por todo o dia, são motivo de polêmica entre os diversos autores que abordaram o tema. É certo que os eleitores escolhidos nas comarcas do Rio de Janeiro estavam presentes e foram convocados para indicar os deputados da província às Cortes portuguesas, reunidas em Lisboa desde janeiro de 1821. Além disso, após inúmeras controvérsias, a reunião deveria sancionar um governo para a Regência do Príncipe D. Pedro e assim consolidar o retorno de D. João a Portugal. No entanto, os manifestantes, que formaram uma pequena multidão, exigiram o juramento da Constituição espanhola de 1812, enviaram uma delegação ao Rei com nomes para o novo governo, cercaram os portos da cidade e, ao final, a reunião foi violentamente dissolvida e todas as decisões tomadas no dia 21 foram anuladas em 22 de abril.

A manifestação da Praça do Comércio expressou conflito entre diversos projetos divulgados na sede da monarquia desde o início do ano. As primei-

ras análises historiográficas, feitas no século XIX ou início do XX, destacaram
as diferenças entre os ministros de D.João VI[1]. As divergências oscilavam entre
dois pólos e implicavam em diferentes níveis de aceitação da nova ordem
constitucional. Todos preferiam a presença da família real no Rio de Janeiro,
mas os mais conservadores propunham o retorno do Príncipe a Lisboa com
o objetivo de controlar o movimento liberal na península. No extremo opos-
to estavam aqueles que preferiam a divulgação de novas Bases para a Constituição e a adesão aos princípios já anunciados pela revolução iniciada no
Porto em agosto de 1820. No entanto, até mesmo os ministros partidários da
adesão ao movimento constitucional pretendiam frear o ímpeto revolucio-
nário, mas pensavam que a legitimação das Cortes permitiria a concretização
de dois importantes objetivos: afastar a influência da Constituição espanhola
de 1812, já assumida como referência direta pelos constituintes portugueses
desde a divulgação dos mesmos critérios eleitorais em dezembro de 1820 e,
paralelamente, consolidar princípios constitucionais mais moderados antes
que os deputados divulgassem qualquer definição.

A divisão dos ministros e o silêncio do monarca já haviam provocado
uma manifestação em 26 de fevereiro de 1821 e forçado o juramento à
Constituição que deveria ser feita em Portugal. Nesse protesto de fevereiro,
os participantes invalidaram dois decretos de D. João VI, representado por D.
Pedro na Praça do Rossio. O primeiro estabelecia o retorno do Príncipe
com poderes para interferir no processo constituinte e criava uma Comissão,
indicada pelo Rei, dedicada a redigir uma Constituição para o Brasil. O
segundo decreto, do dia 23, indicava os integrantes da referida Comissão:
eram homens estreitamente ligados à Corte joanina desde 1808. Nesses termos, os dois decretos visavam controlar a revolução peninsular com a presença de D.Pedro e, paralelamente, isolavam a América de qualquer possível
influência vinda do movimento liberal europeu. As medidas representaram
vitória de uma das citadas alas ministeriais, acirraram os confrontos e geraram uma manifestação pública. Assim, anulando os dois decretos e exigindo
o juramento da Constituição a ser elaborada em Lisboa, o ato público do dia
26 teria inaugurado a "aceitação do novo regime"[2], de acordo com algumas
interpretações, por ter assegurado o processo constituinte na Europa e a
observação de uma mesma Constituição em todas as partes da Monarquia.

---

[1] Destacamos consulta às seguintes obras: Varnhagen (1916), Oliveira Lima (1945 e
1972), Monteiro (1981), Souza (1960).

[2] Prado Júnior (1972: 47).

No entanto, como foi dito, a Constituição espanhola de 1812 foi exigida e aclamada na manifestação de abril de 1821. Cabe a pergunta: o que pretendiam os manifestantes da Praça do Comércio? A exigência da Constituição espanhola não parece ter sido o principal motivo da manifestação mas, ainda assim, o juramento feito em abril foi muitas vezes reprovado e sempre esteve associado às cenas de violência que tomaram a Praça no dia 21 de abril e que já se esboçavam desde fevereiro. Naquele momento, o Conde de Palmela, ministro derrotado de D. João, referiu-se ao texto como "um monstro de política". E finalmente, a avaliação negativa integrou parte das análises historiográficas como demonstra a apreciação feita por Oliveira Lima: "a antecipada aprovação da Constituição que as Cortes de Lisboa viessem a elaborar e que teria seguramente por modelo a Constituição de 1812, fora imposta a Dom João VI por agitadores de quartel e de rua que para tanto amotinaram tropa e populaça"[3]. E sobre o texto de Cádis, ele afirma: "poderia ser um fetiche para os espíritos abertos à doutrina da soberania popular, mas não assegurava afinal no Estado ultramarino aquilo que já passara a ser, expressa ou latente, sua aspiração comum e formava a base do seu desenvolvimento no porvir – a independência"[4].

Assim, no interior das mais antigas interpretações sobre o processo que levou à proclamação da Independência, o juramento do texto espanhol no Rio de Janeiro perdia importância: para alguns autores, o novo regime já havia sido inaugurado no mês de fevereiro e dispensou a aceitação da Constituição espanhola e, para outros, este possível novo regime certamente inspirava-se no modelo de Cádis mas, em última instância, teria sido usado como ardil contra as inevitáveis e naturais aspirações pela independência.

As mais recentes interpretações buscam outras formas de explicação. Lucia Maria Bastos Pereira das Neves enfatiza que o governo de D. João VI procurou evitar a adoção da Constituição de Cádis desde o início da revolução em Portugal e explica a ação de D. Pedro em fevereiro: "em verdade, o comparecimento de D. Pedro no Rossio, aceitando em nome de seu pai, as exigências dos revoltosos de nomear um novo governo e de jurar a Constituição que viesse de Lisboa, evitou tanto a implementação da Constituição espanhola até a entrada da nova Constituição portuguesa, como acontecera na Bahia, quanto à formação de uma Junta governativa de nomeação popular, como já havia a baiana e a paraense"[5]. Nesses termos, a autora relembra

---

[3] Oliveira Lima (1972: 12).
[4] Oliveira Lima (1972: 22).
[5] Neves (2003: 249).

que a referência aos termos da constituição espanhola acompanhou o movimento português de 1820, concretizou-se na adesão paraense em 1 de janeiro de 1821 e na formação da junta baiana no mês de fevereiro. Esses fatos, ocorridos antes de qualquer pronunciamento do monarca quanto à legitimidade das Cortes e antes de qualquer determinação dos deputados sobre os governos da América, forçavam o caminho de um "novo regime" português que, na prática, reproduzia os termos espanhóis. Dessa forma, a ação de D. Pedro em fevereiro teria separado os dois processos para garantir a moderação no âmbito da monarquia portuguesa.

Assim, a retomada do movimento, durante os meses de março e abril, buscaria a verdadeira aceitação do novo regime e que deveria corresponder à imediata vigência da ordem constitucional, já experimentada em Portugal e garantida pela referência provisória ao texto de Cádis. Nesses termos, a independência pleiteada no Rio de Janeiro de 1821 seria resguardada com a adoção das mesmas garantias constitucionais e teria um duplo significado: instituições fortes contra o "despotismo" e união com o Reino europeu em igualdade de condições.

Além disso, os conflitos tradicionalmente verificados entre os ministros de D. João VI representam apenas uma pequena parte dos inúmeros choques movidos por interesses sociais diversos. Cecília Helena de Salles Oliveira observa que a manifestação de 26 de fevereiro foi "resultado de cuidadosas negociações e apresentava-se como uma reação às tratativas que a nobreza emigrada e os negociantes mais abastados da cidade realizavam para obstaculizar as pressões no sentido da regeneração da monarquia"[6]. Essa "reação" aglutinava várias pessoas e grupos sob a designação de "constitucionais" e não visualizava a separação entre os Reinos de Portugal e Brasil, pois "os mentores do movimento no Rio de Janeiro estavam articulados aos liberais vintistas portugueses"[7]. Esses homens queriam afastar a Corte do Rio de Janeiro mas, principalmente, queriam eliminar o controle que "a nobreza imigrada e os negociantes mais abastados" exerciam sobre cargos e sobre uma possível Comissão encarregada das leis para o Brasil. As cuidadosas articulações envolveram o Príncipe em uma tentativa de evitar qualquer tipo de repressão[8]. Assim, a ação de D.Pedro esteve em consonância com as aspirações dos "constitucionais" vintistas do Rio de Janeiro que, na luta contra os interesses solda-

[6] Oliveira (1999: 108).
[7] Oliveira (1999: 108).
[8] Oliveira (1999: 124).

dos pelo antigo regime, buscavam aliança com os liberais peninsulares e independência face ao despotismo, mas não incluiu a aceitação da Constituição espanhola e o reconhecimento das juntas já formadas no Pará e na Bahia.

Salles Oliveira salienta que a reunião de abril estava prevista para o dia 22 e destinava-se à escolha dos deputados do Rio de Janeiro para as Cortes de Lisboa. Um edital antecipou a reunião para o dia 21, na tentativa de evitar a chegada de todos os eleitores da província e, além disso, atribuiu novas funções aos eleitores: deveriam sancionar um decreto, previamente assinado, que determinava a partida de D.João para Lisboa, as atribuições do governo do Príncipe como Regente no Rio de Janeiro, e a relação das pessoas que deveriam compor o novo governo. Os mesmos articuladores da manifestação de fevereiro mobilizaram tropas, regimentos e manifestantes e fizeram com que a multidão aclamasse a Constituição espanhola de 1812, pois "não estavam dispostos a aceitar que pela mediação da Regência de D. Pedro, seus principais adversários continuassem na direção dos negócios públicos".[9] De acordo com a autora, a Constituição espanhola tinha os dispositivos necessários para concretizar alguns objetivos pleiteados por esse grupo: 1) o poder soberano pertencia aos cidadãos e isto poderia evitar leis e composição de governo que perpetuasse a política do grupo dominante desde 1808; 2) a separação de poderes limitaria a ação de D. Pedro como Executivo na Regência, impedindo-o de fazer leis ou distribuir privilégios; 3) a constituição garantia direitos individuais e de propriedade, além da liberdade de imprensa e extinção da censura e, assim, protegia a ação do grupo 4) previa a organização de um Conselho de Estado para fiscalizar atos de ministros e magistrados; 5) diferenciava funções da Câmara Municipal, governo provincial e governo do Reino e, dessa forma, afastava o Regente da gerência municipal e provincial[10]. A "populaça" (soldados, empregados públicos, artesãos, comerciantes, pequenos proprietários, homens pobres) acompanhou a manifestação na expectativa de melhorar e atualizar o pagamento de soldos e salários, diminuir a cobrança de impostos e atender um rol de reivindicações contraditórias. Mobilizados pelos constitucionais, passaram a agir independentemente e questionaram, inclusive, a presença do Regente. A multidão escapou ao controle de qualquer grupo e a manifestação foi dissolvida por ordem de D. Pedro, que se valeu dos regimentos da divisão portuguesa[11].

[9] Oliveira (1999: 140).
[10] Oliveira (1999: 141 e 142).
[11] Oliveira (1999: 143 e 144).

Dessa forma, a imediata adoção dos princípios inscritos na Constituição espanhola garantiria a vigência da nova ordem, integraria a Regência de D. Pedro nos termos já aprovados em Lisboa e atenderia as exigências dos constitucionais do Rio de Janeiro: garantiria, assim, independência (face ao "despotismo") e união com o Reino de Portugal. No entanto, as garantias previstas pelo texto de Cádis estiveram em vigor apenas durante o dia 21 e não impediram a efetivação do governo de D. Pedro nos moldes pensados inicialmente. A Regência instalada no Rio de Janeiro foi motivo de constantes atritos com as Cortes de Lisboa, mas juramento e revogação da Constituição não iniciaram e tampouco encerraram a influência de Cádis sobre o processo constitucional português durante os anos de 1820 a 1823.

CONSTITUIÇÃO DE CÁDIS: UMA AMEAÇA PARA OS BRAGANÇA

A complexidade dos processos de independência foi muitas vezes obscurecida diante da necessidade de legitimar a formação dos novos Estados americanos. As interpretações forjadas durante o século XIX, e diretamente atadas a este objetivo, tiveram a função de verdadeiras "prisões historiográficas", de acordo com a expressão utilizada por Mônica Quijada[12] e, durante muito tempo, alimentaram formulações que, de alguma forma, conferiram um certo grau de naturalidade a uma suposta luta pela independência empreendida nas antigas colônias americanas contra as respectivas dominações metropolitanas.

A reflexão sobre as relações no interior da monarquia portuguesa às vésperas da proclamação da independência do futuro Império do Brasil incorpora elementos que dificultam essa tese puramente reativa: a corte e a centralidade do governo transferiram-se para o Rio de Janeiro em 1808, o antigo e "genérico Brasil"[13] transformou-se em Reino reconhecido pelo Congresso de Viena em 1815, o Príncipe D. Pedro permaneceu no Rio de Janeiro quando a Corte retornou a Lisboa em 1821 e a luta pelo reconhecimento da Regência deste Reino transformou-se em ação legitimadora para o anúncio do Império em 1822. Ação e reação ocorreram no interior de uma linha de continuidade que irradiava da antiga colônia e se consolidou com a permanência da dinastia de Bragança até o final do século XIX. A sepa-

---

[12] Quijada (2005).

[13] Expressão inscrita no discurso do então ministro de Ultramar, D.Rodrigo de Sousa Coutinho, em 1796.

ração dos Reinos da monarquia e a formação do Império do Brasil foram antecedidas por contestações que se espalharam pelos dois lados do Atlântico, evidenciando uma complexa teia que soldava interesses e insatisfações na Europa e na América.

O conjunto de reivindicações apresentadas nos anos de 1821 e 1822, em Portugal e na América portuguesa, revela um profundo questionamento do Antigo Regime e que os registros coevos apontam como "despotismo". As possíveis fórmulas para correção dos diversos abusos cometidos pelo governo da monarquia circulavam pelo Atlântico desde finais do século XVIII. Em 1820, os já denominados liberais portugueses inspiravam-se em soluções implementadas pelo Império britânico após a independência das treze colônias, criticavam e aperfeiçoavam os experimentos franceses iniciados em 1789 e observavam atentamente o que ocorria no interior da monarquia espanhola desde 1808. Esses liberais haviam aprendido nas primeiras décadas do século que as Constituições eram registros do nascimento de novas organizações nacionais e registravam a busca de soluções para equacionar diversos descontentamentos decorrentes de uma crise que ultrapassava os marcos da monarquia lusa.

Os liberais portugueses observaram o conjunto da experiência atlântica desde finais do século XVIII mas, seguramente, inspiraram-se diretamente nas proposições vindas da Espanha. A revolução portuguesa iniciou em agosto de 1820 em estreita sintonia com os acontecimentos da Espanha, onde o movimento liberal, retomado desde o mês de janeiro, já havia recolocado a Constituição de Cádis em vigor no dia 9 março e contava com a reunião de deputados em Cortes desde o mês de julho. A vigência da Constituição de 1812 anunciava, como se sabe, a soberania de uma nação hispânica que se espalhava pelos dois hemisférios e, assim, previa uma representação americana escolhida a partir de critérios eleitorais já previamente definidos. Em 1820, porém, boa parte da América espanhola já se declarava dissidente e a discussão sobre a aplicação dos termos constitucionais transformava-se em negociação para conservar as províncias ainda unidas à Monarquia[14].

Os liberais de Portugal estiveram em contato com os da Espanha desde o início de 1820 e, em março, já identificavam "um estado de fermentação nada equívoco, à vista dos pasquins que nestes dias tem aparecido em várias partes desta capital"[15]. Em abril, o representante diplomático espanhol, D.

---

[14] Ver Frasquet (2008).

[15] Ofício de 18 de março de 1820, in Luz Soriano, História da Guerra Civil, 3ª. época, tomo VI, pp.187/88 (doc. 38-A) p. 453.

José Maria Pando, relatou o encontro com um dos representantes liberais portugueses e futuro líder da revolução do Porto e que, de acordo com o depoimento de Pando, mostrava-se disposto a explorar a disposição dos governantes espanhóis:

> o exemplo de Nápoles sugeriu a idéia de adotar desde logo a Constituição espanhola, salvo as modificações que se julguem convenientes as Cortes que serão imediatamente congregadas pela Junta. Não se trata agora de reunião a Espanha. Os direitos da Casa de Bragança serão respeitados, se conviesse em reinar constitucionalmente em Portugal (...) No caso em que a Família Real não quisesse admitir a Constituição nem regressar a Portugal, não estariam muito longe de inclinar-se à união com a Espanha. (...) a opinião daquelas províncias está decidia a sacudir um jugo tão duro como vergonhoso e que existe uma grande corrente inclinada à fusão completa de ambos os países[16].

Às vésperas do pronunciamento do Porto, em 2 de agosto, Pando relatou novo encontro com os representantes do Porto e tudo indica que, nesse momento, os liberais portugueses esperavam o auxílio militar espanhol para concretizar a revolução.

Durante esses meses, acalentou-se a idéia de uma União Ibérica constitucional. O silêncio da Corte do Rio de Janeiro fazia pensar em alternativas diante de uma possível escolha pela permanência do governo luso em terras brasileiras e a idéia só foi totalmente descartada em fevereiro de 1821 quando, como já foi referido, D. Pedro aceitou a futura Constituição portuguesa em nome de seu pai. Nesses termos, esclarece-se o temor quanto ao juramento feito no Pará e na Bahia e a necessidade de afastar a Constituição Cádis: frente às resistências do Rei português, a adesão dessas províncias poderia efetivar uma união liberal entre partes significativas dos dois Impérios.

O apelo para a América portuguesa havia sido lançado em novembro de 1820, quando os revolucionários peninsulares adotaram as instruções eleitorais espanholas inscritas na Constituição de Cádis: definiam que "a base da representação nacional é a mesma em ambos os hemisférios", que a proporcionalidade passava a ser o total de indivíduos da nação e que a unidade eleitoral para escolha dos deputados era a "província". No entanto, os sinais da união com os liberais espanhóis apareciam na adoção da mesma identificação nacional, pois as instruções eleitorais adotadas pelos portugueses repetiam que a base para a eleição dos deputados "é a população composta dos indiví-

---

[16] Apud Alexandre (1993: 458).

duos que pelas duas linhagens são oriundos dos domínios espanhóis" e o artigo 21 definia condições para identificar os "cidadãos nas Espanhas"[17].

O juramento de D. Pedro em fevereiro freou o processo que, no entanto, foi retomado no Rio de Janeiro em abril de 1821. Os clamores pela Constituição espanhola no dia 21 de abril soaram como insubordinação extremada e forçaram a partida do Rei para Lisboa. No entanto, a revogação da Constituição no dia 22 esclarecia que as futuras adesões provinciais na América portuguesa deveriam ocorrer sob a Regência do Príncipe que, em nome do poder central, resguardaria os direitos da dinastia de Bragança.

CONSTITUIÇÃO DE CÁDIS: SUGESTÃO DE UM NOVO PACTO PARA A MONARQUIA PORTUGUESA

As primeiras adesões americanas ao constitucionalismo anunciado pela revolução do Porto escaparam ao controle do governo joanino e atenderam ao apelo lançado pela Junta de governo formada em Portugal, incumbida, desde novembro de 1820, da convocação das Cortes com base nos princípios inscritos na Constituição espanhola de 1812. O movimento de adesão consolidou-se com a formação de juntas locais de governo que, tanto no Pará quanto na Bahia, visaram à aglutinação de representantes dos mais diversos vetores políticos e setores sociais e, neste aspecto, repetiram a fórmula dos movimentos junteiros hispânicos. No entanto, a formação desses governos não respeitava os termos inscritos na Constituição de Cádis e, por isso, faziam lembrar várias das proposições hispano-americanas derrotadas durante os trabalhos constituintes de 1810-1812. Dessa forma, as juntas formadas na América fugiam também ao controle dos liberais de Portugal.

O capítulo III da Constituição de 1812 regulamenta a formação dos "governos políticos" das províncias e define que residirá em um "chefe superior" nomeado pelo Rei. O chefe nomeado, verdadeiro responsável pelo governo e acompanhado do antigo "intendente", do Antigo Regime, deveria presidir uma junta provincial formada por mais sete membros eleitos de acordo com os critérios já definidos para a escolha dos deputados às Cortes gerais[18]. As

---

[17] Santos, Clemente José dos. *Documentos para a História das Cortes Gerais da Nação Portuguesa*, tomo I, (1820-1825), Lisboa (1883: 84-94).

[18] Constituição de Hespanha. "Do Governo das Províncias e Deputações Provinciais". Lisboa: Impressão Régia, 1820. Capítulo II.

funções eram definidas de forma a restringir a ação desses homens aos assuntos da administração política interior e a presença do intendente, ao lado de um chefe escolhido pelo Rei, efetivava o controle central e militar da ação desses governantes. Os termos escolhidos para essa regulamentação visaram o fortalecimento do poder central em 1810-1812 frente à efetivação das juntas soberanas na Europa durante as invasões napoleônicas e na América autonomista e insurgente. Os representantes americanos questionaram essas definições em Cádis e, agora, em 1821, travavam em Madri uma violenta luta pela autonomia dessas deputações provinciais e estabeleciam uma plataforma que acompanhou a proclamação da independência do México: separação do mando civil e militar, afastamento do chefe político nomeado pelo poder central, eleições gerais para todos os membros da deputação, ampliação de funções para as deputações na gerência de recursos e na elaboração de leis específicas[19].

As juntas formadas na América portuguesa retomavam os termos desse debate. No Pará, após a adesão ao chamado liberal, a junta foi formada em 1º. de janeiro de 1821, antes do início das sessões das Cortes em Lisboa, e na Bahia de 10 de fevereiro, antes que se efetivasse qualquer regulamentação dos deputados para os governos ultramarinos. Nos dois casos, a adesão ao movimento liberal implicou no afastamento das autoridades do Antigo Regime, os capitães generais nomeados por D. João VI, e que antes concentravam toda autoridade civil e militar nas antigas capitanias. Sem qualquer regulamentação além dos termos de Cádis, os novos governos foram integralmente eleitos, dispensaram nomeação do governo central (de Lisboa ou do Rio de Janeiro) e geraram diversos confrontos com os militares alinhados com a antiga ordem[20].

O juramento de D. Pedro em fevereiro de 1821 e a partida de D. João no mês de abril alteraram os termos das outras adesões, como já foi referido, e os episódios verificados em Pernambuco forneceram os termos para uma nova regulamentação. Ante a formação das juntas de governo no Pará e na Bahia e, principalmente, depois do juramento à Constituição feito por D. João VI em fevereiro, o capitão general de Pernambuco, Rego Barreto, aderiu prontamente ao regime de Lisboa. Em março, proclamou as bases da futura Constituição, ordenou a escolha dos eleitores em todas as paróquias de Pernambuco, presidiu as eleições das quais saíram os representantes da

---

[19] Chust (1999: 29-78).
[20] Ver Berbel (1999: cap.2).

província nas Cortes e foi o primeiro a providenciar a partida dos eleitos para Lisboa, em excelentes condições de viagem[21].

Assim, inaugurava-se outra forma de adesão. Liderada por um capitão nomeado pelo governo do Rio de Janeiro e feita depois do juramento de D. João à Constituição, os episódios expressavam obediência ao Rei português. Além disso, Rego Barreto continuava como governador da província e se recusava à formação de uma Junta nos moldes daquelas formadas no Pará e na Bahia. Um novo governo provincial só foi efetivado na capital, em Recife, no final de agosto de 1821, sob pressão do movimento da vila pernambucana de Goiana, que, formando uma junta rebelde e buscando apoio dos deputados de Lisboa, fazia aberta oposição à autoridade do governador[22].

As circunstâncias forçavam uma definição das Cortes portuguesas sobre os governos de Ultramar e a discussão sobre o tema iniciou já em agosto de 1821 com a presença dos primeiros representantes do Brasil: os sete deputados eleitos em Pernambuco. O debate seguiu até o final do mês de setembro e levou à aprovação do decreto aprovado em 1 de outubro. A política aprovada neste momento buscava reencontrar os termos da Constituição de Cádis e de suas instruções em alguns pontos fundamentais: invalidava qualquer poder central (Executivo ou Legislativo) além daquele instalado em Lisboa, extinguia a Regência de D. Pedro e todos os órgãos instalados no Rio de Janeiro desde 1808 e, como conseqüência, exigia o retorno do Príncipe para Portugal. Mas, paralelamente, inovava em alguns outros aspectos: reconhecia as juntas já inteiramente eleitas como legítimos governos das províncias da América (inclusive a de Pernambuco) e destituía todos os capitães generais nomeados pelo antigo regime. Os episódios de Pernambuco esclareciam que o governo de D. Pedro no Rio de Janeiro serviria de importante apoio para

---

[21] Berbel (1999).

[22] O movimento de Goiana ocorreu por iniciativa de Felipe Mena Calado da Fonseca, português e antigo escrivão da correição do Ceará, e Manuel Clemente Cavalcanti de Albuquerque, ambos prisioneiros em 1817, e contou com o apoio dos senhores de engenho da redondeza. Formou uma Junta de governo em 29 de agosto de 1821 que se declarava fiel a D. João VI, governo constitucional temporário e dizia agir de acordo com as Cortes Gerais da Nação Portuguesa, sem intuito de separação. Era formada por: Dr. Francisco de Paula Gomes dos Santos, Joaquim Martins da Cunha Souto Maior, Antonio Máximo de Sousa, Manuel Silvestre de Araújo, João Carlos de Melo e Albuquerque, José Camelo Pessoa de Melo, Padre Manuel dos Reis Curado, Bernardo Pereira do Carmo, capitão José Vitoriano Delgado de Borba Cavalcanti de Albuquerque e capitão José Joaquim Coelho Lopes de Castro. Cf. Oliveira Lima: p. 88-96.

a resistência dos capitães governadores contra a efetivação de uma nova ordem e, assim, temendo a manutenção dessa antiga estrutura de governo, os liberais de Portugal preferiram reconhecer as juntas eleitas já instaladas em algumas províncias, mas, como contraponto, o decreto de outubro criava o cargo de governador das armas que, independente da junta de governo, deveria ser nomeado pelo poder central.

Dessa forma, o conhecido decreto foi uma tentativa de fortalecer o poder dos liberais frente à dinastia de Bragança e frente ao movimento junteiro que se espalhava na América portuguesa. Os termos dessa regulamentação são sensivelmente diferentes daqueles verificados na Constituição de Cádis mas, no interior de uma situação que evoluía rapidamente para o descontrole, procuravam manter o cerne da política gaditana. Tal como ocorrera na Espanha, os liberais de Portugal só reconheciam centralidade dos poderes Executivo, Legislativo e Judiciário nos órgãos instalados na Europa e negavam qualquer tipo de delegação ou representação sediada na América. Enfrentavam assim o governo instalado no Rio de Janeiro, mas inviabilizavam também qualquer efetivação da soberania no âmbito das juntas provinciais. Estas últimas seriam inteiramente eleitas e conviveriam com um governador das armas nomeado pelo poder central e, nesses termos, mando civil e militar estavam devidamente separados, tal como queriam os hispano americanos. No entanto, o envio de um "braço armado" do poder central para exercer poderes paralelos aos da junta eleita serviram de motivo para a intensificação dos conflitos e alimentou o enfrentamento entre os governos instalados em Lisboa e no Rio de Janeiro.

A Constituição de Cádis na formação do Império do Brasil

O conflito entre os governos instalados em Lisboa e no Rio de Janeiro tornou-se irremediável entre os meses de janeiro e junho de 1822. Em janeiro, D. Pedro anunciou sua desobediência ao decreto aprovado pelas Cortes em outubro de 1821 e declarou que permaneceria no Brasil com o intuito de governar um Reino jamais formalizado pelos constituintes de Lisboa. A declaração do Príncipe, seguida da formação de um ministério e de ações para o reconhecimento nas diversas províncias do Brasil, foi defendida pelos deputados de São Paulo nas Cortes como uma forma mais complexa de adesão à Monarquia portuguesa, mas jamais admitida pela maioria dos deputados portugueses. Estes últimos entendiam que o Executivo só poderia ser exercido pelo Rei e seus ministros, diretamente submetidos às Cortes, e não admitiam qualquer delegação para uma Regência no Rio de Janeiro ou, ainda que parcialmente, para o governo eleito nas províncias. Em 3 junho de 1822, D. Pedro evocou a necessidade tantas vezes apontada pelos deputados do Brasil e, para a confecção de leis adaptadas às circunstâncias da América, convocou a eleição de deputados para formação de uma Assembléia "brasileira". O chamado foi feito ainda como mais uma forma de integração à Monarquia portuguesa mas, na prática, correspondeu a uma declaração de independência, pois já era sabido que os liberais de Lisboa, tal como os de Cádis ou de Madri, jamais admitiriam a efetivação de dois fóruns para exercício do Legislativo.

A convocação resultou na reunião da já denominada Assembléia Geral Constituinte e Legislativa do Império Brasil a partir de abril de 1823. Os episódios do segundo semestre de 1822 consagraram a separação dos dois reinos da monarquia portuguesa, com a emissão de declarações de independência desde o mês de agosto e a posterior proclamação de D. Pedro como Imperador. Assim, os deputados reunidos em 1823 revelavam o empenho na construção de uma saída liberal e constitucional que pudesse inserir um novo Estado independente na ordem internacional, mas afirmação e legitimação da Independência deveriam ocorrer dentro e fora dos marcos territoriais previamente definidos pela colonização portuguesa. O envio de deputados para a elaboração da constituição do Império revelava uma aceitação que apenas se esboçava nas diversas províncias, mas que não bastava para consolidar a unidade interna, ainda questionada por conflitos de diversas naturezas que atormentavam os deputados reunidos no Rio de Janeiro[23].

Dessa forma, os deputados deveriam tratar cuidadosamente das definições referentes aos governos provinciais. A questão foi abordada na discussão sobre

[23] A adesão das Províncias do Reino do Brasil ao Império foi uma construção política que envolveu acordos entre os grupos políticos locais e os do Rio de Janeiro e, internamente, a reorganização das elites no governo de cada Província. A adesão não foi garantida apenas pela via da negociação e, em muitos casos, necessitou da intervenção armada: Lord Cochrane foi encarregado do Maranhão e do Pará e o francês Labatut era responsável pelo controle da Bahia. Importante destacar que diversos desses conflitos envolveram a participação popular. Sobre os conflitos no Maranhão: Assunção, Mathias Röhrig (2005). Sobre os conflitos em Pernambuco: Mello (2004); Bernardes (2005); Santos da Silva (2006). Sobre os conflitos no Pará: Coelho Geraldo Mártires (1993); Machado (2005); Machado (2006). Sobre os conflitos na Bahia: Graham (2005); Wisiak (2005). Sobre os conflitos em Minas Gerais: Clocet da Silva (2005). Sobre os conflitos em São Paulo: Dolhnikoff (2005).

o decreto que, aprovado em 14 de outubro de 1823, acompanhou a constituição outorgada em 1824 e norteou a legislação das primeiras décadas do século XIX no Brasil. Mas o acerto de contas para uma Independência baseada em uma Constituição, que pudesse garantir a adesão de todas as províncias do Brasil, exigia a revisão das deliberações feitas em Lisboa: elas não haviam assegurado a unidade da monarquia e tampouco garantiram a ordem interna e essa revisão implicou em um retorno aos termos aprovados em Cádis, pois isto possibilitava o resgate de possíveis soluções abandonadas naquele momento.

O debate iniciou com a apresentação de três projetos com alguns pontos em comum e todos pretendiam a revogação do decreto aprovado pelas Cortes de Lisboa em setembro de 1821. A discussão foi feita, no entanto, com base na proposta apresentada pelo antigo deputado paulista nas Cortes de Lisboa: Antonio Carlos de Andrada. Como todos os demais, o texto iniciava com a determinação de abolir as "Juntas Provisórias de Governo, estabelecidas nas Províncias do Brasil, por Decreto das Cortes de Lisboa de setembro de 1821" e, para atingir esse objetivo, o deputado propunha um retorno aos termos da Constituição espanhola de 1812. Antonio Carlos explicou sua nova posição:

> entregar a muitas cabeças a administração é lembrança que só veio à razão em delírio dos franceses. Antes dos infelizes anos de 1789 e 1790, nação alguma tinha caído em tal absurdo (...) Estava reservada aos franceses uma inovação tão perigosa, mas eles mesmos bem depressa destruíram os altares que tinham erguido e reduziram a administração de cada Departamento à unidade, reservando para a pluralidade só o que demandava exame e juízo.

E, em seguida, lembrou do modelo apresentado pela Constituição de Cádiz:

> A Nação Espanhola que copiou tão absurdamente muitos erros dos franceses, guardou-se bem de os imitar a este respeito e colocou à testa da administração das províncias, administradores únicos com o nome de chefes políticos.

Por fim, adiantava uma explicação para a adoção das Juntas em Lisboa:

> os regeneradores de Portugal que quiseram à força adotar para seu país instituições que lhe não quadravam caíram no despropósito de propor administrações policéfas nas províncias[24].

---

[24] Diário da Assembléia Geral Constituinte e Legislativa do Império do Brasil, Brasília, Edições do Senado Federal, vol.6, tomo 1, pp.124/125 (D.A.G.C.).

Alguns deputados questionaram os argumentos acima e buscaram disso-
ciar a presente situação conflituosa das províncias dos possíveis objetivos
estabelecidos no Decreto de outubro:

> as desordens de que se queixam algumas províncias não provém do Decreto das
> Cortes de Portugal que instituiu os Governos, provém da sua forma, provém do
> defeito intrínsico da Constituição. As Cortes o que fizeram foi aprovar o sistema
> que os Povos haviam escolhido ... Quando as províncias abraçaram o sistema
> constitucional entraram a considerar-se isoladamente e segregadas do poder
> supremo e nomearam seus governos provinciais sem dependência e conexão
> com as outras províncias. O povo de cada uma se julgou Soberano ... O tempo
> era de revolução ... e daqui veio que em geral os Governos das Províncias eram
> integrados pelos mesmos que o nomearam[25].

Diante dessas considerações, Antonio Carlos ponderava que a manutenção de governos locais deliberativos e eleitos formaria "pequenas republica-
zinhas com seus presidentes, e é o que não quero"[26]. O decreto finalmente
aprovado baseou-se no projeto de Antonio Carlos com algumas modificaçõ-
es. Expressou a opinião da maior parte dos deputados reunidos no Rio de
Janeiro mas, refletindo as opiniões da fração minoritária, foi alvo de severas
críticas em diversas províncias, e integrou as insatisfações que geraram a Confederação do Equador[27].

O decreto foi imediatamente entendido como "centralista" e essa definição integrou boa parte das interpretações divulgadas pela historiografia brasileira. No entanto, como referimos anteriormente, o revogado decreto de
Lisboa recebeu a mesma apreciação quando aprovado e enviado para as pro-

---

[25] Idem, tomo I, p. 157.

[26] Ibidem, sessão de 21 de junho de 1822, p. 268.

[27] Em Pernambuco, no mês de dezembro de 1823, os deputados da província que
participaram da Assembléia Legislativa chegaram ao Recife. Em 6 de junho de 1824,
uma sessão pública foi realizada para examinar o decreto imperial que mandava jurar o
projeto da Constituição outorgada. Em seu voto, Frei Caneca apresentava uma série de
críticas ao projeto, dentre elas, afirmava sobre a organização dos governos das províncias:
"Os conselhos das províncias são uns meros fantasmas para iludir os povos; porque deven-
do levar suas decisões à assembleia geral e ao executivo conjuntamente, isto bem nen-
hum pode produzir às províncias [...]" As insatisfações uniram várias províncias do Nor-
deste na oposição ao Império, de curta vida, mas que se auto denominou Confederação
do Equador.- Apud: Bernardes, Denis Antônio de Mendonça, "A ideia de pacto social e
o constitucionalismo em Frei Caneca", p. 16. In: Conferência proferida no Instituto de
Estudos Avançados da USP em 14/06/96. Disponível em: <www.iea.usp.br/artigos>.

víncias do Brasil. Tratava-se, na verdade, de propostas diferentes para atingir objetivos semelhantes. Os deputados optaram por não alterar sensivelmente o método eleitoral já definido em Lisboa para a formação dos órgãos provinciais, mas limitaram as deliberações pertinentes a essa participação "popular", entendida como nefasta herança dos "infelizes anos de 1789 e 1790". Alinhavam-se, já nesse momento anterior à outorga de 1824, às necessidades previstas pela ordem restauradora do Congresso de Viena, mas, como pretendemos ressaltar, resgataram a política inscrita na Constituição de Cádis para atingir os termos da desejada moderação.

Bibliografía

Alexandre, M.Valentim (1993): *Os Sentidos do Império*. Porto: Afrontamento.

Assunção, Mathias Röhrig (2005): "Miguel Bruce e os 'horrores da anarquia' no Maranhão, 1822-1827", em Jancsó, István (org.): *Independência: História e Historiografia*. São Paulo: HUCITEC.

Berbel, Márcia Regina (1999): *A Nação como Artefato – Deputados do Brasil nas Cortes Portuguesas 1821-1822*. São Paulo: Hucitec

Benardes, Denis Antonio de Mendonça (2005): "Pernambuco e sua área de influência: um território em transformação (1780-1824)", em Jancsó, István (org.): *Independência: História e Historiografia*. São Paulo: HUCITEC.

Chust, Manuel (1999): *Las Cortes de Cádiz, ideas y acción. La cuestión nacional americana en las Cortes de Cádiz (1810-1814)*. Valencia: UNED.

Clcet da Silva, Ana Rosa (2005): "Identidades políticas e a emergência do novo Estado nacional", em Jancsó, István (org.): *Independência: História e Historiografia*. São Paulo: HUCITEC.

Coelho, Geraldo Mártires (1993): *Anarquistas, demagogos e dissidentes - A imprensa liberal no Pará de 1822*. Belém: Edições CEJUP.

Dolhnikoff, Miriam (2005): "São Paulo na Independência", em Jancsó, István (org.): *Independência: História e Historiografia*. São Paulo: HUCITEC.

Frasquet, Ivana (2008): *Las Caras del Águila. Del liberalismo gaditano a la republica federal mexicana (1820-1824)*. Castellón de la Plana: Universitat Jaume I.

Graham, Richard (2005): "'Ao mesmo tempo sitiantes e sitiados'. A luta pela subsistência em Salvador (1822-1823)", em Jancsó, István (org.): *Independência: História e Historiografia*. São Paulo: HUCITEC.

Oliveira Lima, Manuel de (1945): *D. João VI no Brasil*. Rio de Janeiro: José Olímpio.

— (1972): *Movimento da Independência (1821-1822)*. São Paulo: Melhoramentos.

Machado, André Roberto de Arruda (2005): "As esquadras imaginárias. No extremo norte, episódios do longo processo de independência do Brasil", em Jancsó, István (org.): *Independência: História e Historiografia*. São Paulo: HUCITEC.

— (2006): *A quebra da mola real das sociedades: a crise política do antigo regime português na província do Grão-Pará (1821-25)*. Tese defendida na Faculdade de Filosofia, Letras e Ciências Humanas da Universidade de São Paulo

MELLO, Evaldo Cabral de (2004): *A outra independência: o federalismo pernambucano de 1817 a 1824*. São Paulo: Editora 34.

MONTEIRO, Tobias (1981). *História do Império: Elaboração da Independência*. Belo Horizonte/São Paulo: Itatiaia/EDUSP.

NEVES, Lúcia Maria Bastos Pereira das (2003): *Corcundas e Constitucionais – A cultura política da Independência (1820-1821)*. Rio de Janeiro: Faperj/Editora Revan.

OLIVEIRA, Cecília H. L. S. (1999): *A Astúcia Liberal - Uma relação de mercado e projetos políticos no Rio de Janeiro (1820-1824)*. Bragança Paulista: Edusf/Icone.

PRADO JUNIOR, Caio (1972): *Evolução Política do Brasil*. São Paulo: Brasiliense.

QUIJADA, Mónica (2005): *Modelos de interpretación sobre las independencias hispanoamericanas. Lecciones sobre federalismo*. México/Zacatecas: Consejo Nacional de Ciencia y Tecnologia/Universidad Autónoma de Zacatecas.

SANTOS DA SILVA, Luiz Geraldo (2006): "O avesso da independência: Pernambuco (1817-1824)", em Malerba, Jurandir (org.): *A Independência Brasileira – Novas Dimensões*. Rio de Janeiro: Editora FGV.

SOUZA, Otávio Tarquínio (1960): *História dos Fundadores do Império*. Rio de Janeiro: José Olympio.

VARNHAGEN Francisco Adolfo (1916): *História da Independência*. Rio de Janeiro: RIHGB.

WISIAK, Thomas (2005): "Itinerário da Bahia na independência do Brasil (1821-1823)", em Jancsó, István (org.): *Independência: História e Historiografia*. São Paulo: HUCITEC.

SOBERANÍA Y ORDEN EN LA BANDA ORIENTAL DEL URUGUAY. ESPACIOS DE FRONTERA Y TIEMPOS DE REVOLUCIÓN

Ana Frega
Universidad de la República, Uruguay

A fines del siglo XVIII la extensión de la "Banda Oriental" era objeto de controversia. A diferencia de la historiografía de corte nacionalista, que sostiene que el arco formado por los ríos Uruguay y de la Plata delimitaba una unidad geográfica que prefiguraba la nación y el Estado uruguayos, los actuales estudios han demostrado que las configuraciones posibles eran múltiples[1]. Tres jurisdicciones —la intendencia de Buenos Aires y las gobernaciones de Montevideo y de Misiones— reclamaban derechos sobre un territorio que no tenía límites claros. A ello se sumaba la Corona portuguesa, que sostenía que las "fronteras naturales" de los dominios lusitanos en Brasil se extendían hasta el Río de la Plata. En el marco de la crisis de la monarquía española, las autoridades locales ensayaron distintas vías para asegurar la frontera, a la par que los gremios de hacendados y comerciantes asentados en los dos puertos principales del Río de la Plata —Buenos Aires y Montevideo— reclamaron mayores privilegios, territorio y jerarquía institucional. Españoles, orientales,

---

[1] Entre los principales exponentes de la tesis nacionalista pueden mencionarse Bauzá [1895-1897], Blanco Acevedo [1922] y Pivel (1952, 1975). Para una revisión crítica de la misma véase, por ejemplo, Real de Azúa (1990). Sobre los límites territoriales véase Islas (2009).

portugueses, porteños y brasileños ejercieron su dominio en distintas partes de la Banda Oriental entre 1810 y 1830. Fueron reconocidas cinco Constituciones: la de Cádiz (en 1812), las bases constitucionales del Reino Unido de Portugal, Brasil y Algarves (en 1821), la del Imperio de Brasil (en 1824), la de las Provincias Unidas (en 1827) y la del Estado Oriental del Uruguay (en 1830). Entre 1813 y 1820 se formularon proyectos de organización provincial y nacional de cuño confederal republicano, que se concretaron parcialmente en el "Sistema de los Pueblos Libres", con José Artigas como "protector". En 1828, se acordó la formación de un "Estado libre e independiente" en la "Provincia de Montevideo, llamada hoy Cisplatina". Esa Convención Preliminar de Paz, suscrita por la República de las Provincias Unidas del Río de la Plata y el Imperio de Brasil con la mediación de Gran Bretaña, sentó las bases para la formación del Estado Oriental del Uruguay. El artículo se propone examinar las "soberanías en lucha" en la Banda Oriental durante la coyuntura revolucionaria. El abordaje proyecta una mirada de conjunto, buscando las líneas de continuidad y de ruptura de los proyectos políticos ensayados en un contexto regional e internacional altamente conflictivo.

Lecturas locales de la "retroversión de la soberanía"

La renovación historiográfica en el abordaje de las revoluciones de independencia ha puesto el acento en el carácter compuesto o plural de la monarquía española —una reunión de reinos, provincias, pueblos— y en los significados de la reasunción de la soberanía[2]. El debate político generado ante la crisis de 1808 no tuvo como centro la alternativa de mantener la fidelidad a Fernando VII o independizarse de España, sino la definición acerca de cuáles serían las autoridades y cómo se organizarían los territorios americanos ante la acefalía del trono. Entre las opciones podían contarse el reconocimiento de un solo gobierno superior en ambos hemisferios, el mantenimiento de los virreinatos, capitanías y gobernaciones existentes "en separación y con regímenes propios y adecuados a sus particulares intereses", la posibilidad de que en cada jurisdicción se diera una lucha por reajustar límites, fronteras y jerarquías, o bien una combinación de ellas[3].

---

[2] Véase Guerra (1992), Annino (1994), Chiaramonte (1997, 2004) y Portillo (2006), entre otros.

[3] Ferreiro (1939: 9).

Construido y administrado con criterio exterior, el Estado colonial había dejado a los diversos territorios que lo integraban expuestos a poderes desiguales y con intereses diferentes. Como ha mostrado José Carlos Chiaramonte, durante el proceso revolucionario se formaron en el Río de la Plata "regiones-provincias", organizadas en torno a una ciudad y el área rural de su jurisdicción, que llegaron a expresarse como "soberanías independientes"[4]. Si bien la retroversión de la soberanía al pueblo apareció en esa crisis de autoridad como el fundamento de la nueva legitimidad, se trataba de varias "soberanías en lucha entre sí": las de los pueblos, las de las provincias y las "de los nuevos centros que aspiraban a ser nacionales"[5]. En el Río de la Plata se sumaban también las Coronas de Portugal y Gran Bretaña. Aunque los distintos bandos acordaban con el principio general −retroversión de la soberanía al pueblo ante la ausencia del rey−, diferían en el nivel de desagregación territorial que defendían. La formación de nuevos sujetos soberanos motivó debates donde la argumentación política o jurídica expresaba los intereses de los distintos grupos sociales que estaban disputándose el poder.

Los "fieles y leales vasallos" de Montevideo

En la ciudad de Montevideo, que por su posición y jerarquía podía oficiar como "cabecera" de la Banda Oriental, triunfó en 1810 el bando leal al Consejo de Regencia, sostenido por la fuerza de la marina y los españoles europeos. Aspiraban a concretar reclamos que venían realizando desde fines del siglo XVIII, tales como elevar la Gobernación a la categoría de Intendencia, ampliar el territorio abarcando por lo menos desde el este del río Uruguay hasta los límites con Brasil, y mejorar los privilegios del comercio de la plaza[6]. La instalación en Montevideo de la primera junta en América del Sur en setiembre de 1808 había posibilitado una experiencia de gobierno autónomo respecto a la capital, período en el cual se buscó también que los pueblos de la Banda Oriental dependientes de la Intendencia de Buenos Aires reconocieran la autoridad montevideana[7]. Las instrucciones dadas en 1810 al diputado enviado a las Cortes de Cádiz, el capellán de las Brigadas Veteranas

---

[4] Chiaramonte (1991, 1997).
[5] Annino (1994: 250-251).
[6] Pivel (1952), Sala/Rodríguez/De la Torre (1967).
[7] Pivel (1963), Frega (2007, a).

del Real Cuerpo de Artillería del Río de la Plata, Rafael de Zufriategui, reiteraron estas aspiraciones localistas. Sin pronunciarse sobre los principios que debía contener la Constitución, Zufriategui debía pedir la "creación de Intendencia o Capitanía General en esta banda" y "la devolución de los terrenos ocupados por los Portugueses desde la Paz de Olivenza", así como apoyo militar y económico para luchar contra los insurgentes[8]. Los territorios mencionados comprendían las llamadas Misiones Orientales entre los ríos Uruguay e Ibicuy, así como otras poblaciones y guardias fronterizas ubicadas más al sur, ocupadas en 1801. La vigencia de la Constitución de Cádiz fue breve y abarcó casi exclusivamente al recinto amurallado de Montevideo. Fue publicada y jurada en septiembre de 1812, pocos días antes de la formalización de un nuevo asedio a la ciudad, y culminó con la capitulación en junio de 1814 ante las tropas de las Provincias Unidas. Si bien el representante de Montevideo había dado su voto para la aprobación de la Constitución, su posición no se alineó con la de los diputados americanos en las Cortes, discrepando con la "liberalidad" de sus proposiciones. El cumplimiento de los decretos sobre aplicación del sufragio indirecto para la renovación del cabildo generó reparos de parte del cuerpo capitular. En una comunicación reservada del 17 de octubre de 1812 al capitán general, Gaspar de Vigodet, el cabildo advertía sobre los "muy funestos resultados" de una elección popular: "es factible que caigan estos primeros empleos de la república en personas sospechosas, y desafectas al sagrado sistema que sigue la generalidad de este fiel Vecindario"[9]. También se opusieron a la conformación de las diputaciones provinciales que mantuvieran la capital en Buenos Aires, y aguardaban a la "división más conveniente del territorio español" que anunciaba el artículo 11° de la Constitución. De todas formas, en diciembre de ese año se procedió a convocar a los vecinos que estuvieran "en el lleno de los derechos de ciudadano" a la votación de electores para el nombramiento del nuevo cabildo[10]. Durante el Trienio Liberal en España, y aun cuando la Provincia Oriental estaba bajo control lusitano, un grupo de españoles europeos radicado en Montevideo y en Río de Janeiro promovió la representación en Cortes, reclamó la creación de una "Capitanía General de la Banda Oriental

---

[8] Citado en Gallinal (1920: 171-172).

[9] CNAA (1966: 43-47).

[10] Un edicto del 20 de diciembre de 1812 comunicó la fecha de las elecciones y el número de electores por cuartel. En el Archivo General de la Nación, Montevideo, existe copia mecanografiada del expediente de la votación realizada en el cuartel n° 1 (Fondo Pivel Devoto, Caja 19, carpeta 59).

del río Paraná" con centro en Montevideo y solicitó el envío de una expedición armada para recuperar el territorio. En esa ocasión advirtió sobre la necesidad de contemplar adecuadamente la participación americana en la representación nacional. Según el diputado Francisco de Borja Magariños, en comunicación del 28 de agosto de 1821 al secretario de Estado y de Despacho de Ultramar, no hacerlo "alarmaría a todos", dado que en la década revolucionaria "cada Ciudad, villa y pueblo se ha[bía] declarado soberano e Independiente"[11]. Ante la falta de respuestas de la metrópoli el "partido realista" fue perdiendo peso y adoptando posiciones más pragmáticas. El cónsul británico en Montevideo informó a comienzos de 1825 que, a pesar de sus fuertes prejuicios contra los brasileños, "the Old Spaniards" reconocían "the mildness moderation and security they enjoy under that government"[12]. Según el cónsul, aquellos con mayor poderío económico apoyaban el partido favorable al Imperio, aunque no reconocieran a Brasil derecho alguno sobre el territorio.

"LIBERTAD Y UNIÓN"

En las poblaciones de la Banda Oriental dependientes de la Intendencia de Buenos Aires el reconocimiento inicial a la Junta debió ceder ante la presión de las partidas militares enviadas por Montevideo. A comienzos de 1811 se inició el levantamiento armado en las zonas rurales con participación de un amplio espectro social, promovido por liderazgos locales que luego se unificaron en torno al capitán de Blandengues José Artigas. En mayo de ese año las tropas orientales pusieron sitio a la ciudad de Montevideo, incorporándose poco después el contingente militar enviado por el gobierno de Buenos Aires al mando del coronel José Rondeau. Si bien el movimiento se inició bajo la regencia de la Junta, el armisticio celebrado en octubre de 1811 entre los gobiernos de Buenos Aires y Montevideo, por el cual se concedía a los "realistas" el control de todos los pueblos de la Banda Oriental y algunos de la rivera occidental del río Uruguay, marcó diferencias sobre los alcances de la reasunción de la soberanía, y generó una relación conflictiva

---

[11] Citado en Frega (2009: 36-39).
[12] The National Archives, Londres, FO 51/1, fs. 156-179. Thomas S. Hood a George Canning, Montevideo, 31 de enero de 1825. Traducción al español en Barrán; Frega y Nicoliello (1999: 61-77).

con los gobiernos revolucionarios de Buenos Aires durante toda la década de 1810. En un oficio dirigido a la Junta del Paraguay el 7 de diciembre de 1811, Artigas denunció que el acuerdo se había suscrito sin el consentimiento de los orientales: "por una desgracia fatal, no tenían en él [en el Gobierno Superior] los orientales un representante de sus derechos imprescriptibles"[13]. En ese mismo oficio, Artigas dio cuenta de que previo a la firma del armisticio se había realizado una "asamblea de ciudadanos", quienes "representaron" que "de ninguna manera podían serles admisibles los artículos de la negociación" y lo declararon a él "su general en jefe". En agosto del año siguiente, un oficio de los jefes del Ejército Oriental al cabildo de Buenos Aires anunciaba que tras el armisticio había quedado "roto el lazo (nunca expreso) que ligó á él [el Gobierno Superior] nuestra obediencia" y habían celebrado "el acto solemne, sacrosanto siempre de una constitución social"[14]. Este "pacto de sociedad" o de "asociación", presentado por los protagonistas como origen de la Provincia Oriental, difiere de la formación de nuevos sujetos soberanos en otros lugares del Río de la Plata, donde el proceso fue a partir de antiguas ciudades "cabecera" de jurisdicción. El nivel de desagregación llegó a los pueblos, villas y lugares, que albergaban la base social del movimiento.

A diferencia del ejemplo paraguayo —"Independencia" de la "Provincia del Paraguay de la de Buenos Aires", manteniendo relaciones de amistad y auxilio recíproco contra quienes se opusieran "a los progresos de nuestra justa Causa, y común Libertad"[15]—, el jefe de los orientales se presentó como una alternativa de unión de los pueblos y provincias frente al "sistema de unidad" impulsado por los gobiernos de Buenos Aires. Recogía reclamos de orden político, territorial o socio económico contra la capital del antiguo virreinato. Desde Buenos Aires, los partidarios del régimen centralista y de la indivisibilidad de la soberanía agitaron los fantasmas de la "anarquía" y el "desorden social"[16].

---

[13] CNAA (1965: 73-82).

[14] CNAA (1968: 47-50). Entre la abundante bibliografía sobre el proyecto político del artiguismo se encuentran Petit Muñoz (1956), Beraza (1967), Reyes Abadie/Bruschera/Melogno (1969) o Frega (2007, b). Véase también Halperin Donghi (1979) y Chiaramonte (1997).

[15] "Convención entre las Exmas. Juntas Gubernativas de Buenos-Ayres y del Paraguay", Asunción, 12 de octubre de 1811, accesible en: <http://tratados.cancilleria.gob.ar/tratado_archivo.php?id=2259&tipo=1>.

[16] Chiaramonte (1997), Ternavasio (2007), Goldman (2008).

Las ideas artiguistas reconocían múltiples influencias. Las nociones de contrato, así como los derechos y obligaciones a ellos asociados, formaban parte integral de la vida cotidiana. La actividad económica, la vida comunitaria, la fe religiosa estaban cruzadas por ellas. Recogían referencias a una igualdad primigenia de raíz cristiana, *iusnaturalista* y contractualista, y dialogaban con el republicanismo clásico y las experiencias revolucionarias contemporáneas. Entre las referencias doctrinarias más próximas se encuentran los artículos publicados por Mariano Moreno en la *Gazeta de Buenos-Ayres* –especialmente la serie "Sobre el Congreso convocado y Constitución del Estado" aparecida entre 1º de noviembre y el 6 de diciembre de 1810– y la obra publicada en Filadelfia en 1811 por Manuel García de Sena, *La independencia de la Costa firme justificada por Thomas Paine treinta años ha*, que traducía escritos de Paine y textos políticos fundamentales de la revolución angloamericana. Es necesario subrayar la apropiación selectiva y la reelaboración de estas ideas que realizó el artiguismo. Por ejemplo, defendió la multiplicidad de soberanías o el mantenimiento de los cabildos como expresión representativa de los pueblos, propios de un contexto donde los cuerpos colectivos tradicionales seguían reclamando sus fueros y estatutos particulares.

En 1813, según el historiador uruguayo Eugenio Petit Muñoz, quedó expuesto el proceso a seguir para la constitución de un nuevo orden político: "de la soberanía particular de los pueblos a las soberanías provinciales, de las soberanías provinciales a la confederación, de la confederación al Estado Federal"[17]. En el campamento de Tres Cruces, delante de la ciudad de Montevideo sitiada, se reunió en abril de 1813 un congreso con la participación de "vecinos emigrados de aquella Plaza, los habitantes de sus extramuros, y los Diputados de cada uno de los pueblos de la Banda Oriental del Uruguay". El acta del 5 de abril expresó la constitución formal de la Provincia Oriental "como provincia compuesta de Pueblos Libres", y estableció que "la confederación defensiva y ofensiva de esta banda con el resto de las Provincias Unidas" era la condición para el reconocimiento de la Soberana Asamblea Constituyente que estaba sesionando en Buenos Aires[18]. En la oración inaugural del congreso Artigas había indicado que el propósito era la "salvaguardia general al derecho Popular", lo que "ni por asomos se acerca á una Separación nacional"[19]. En otras palabras, se trataba de una asociación voluntaria en la cual esos cuerpos territo-

---

[17] Petit Muñoz (1956: 185, 197-198).
[18] CNAA (1974: 78-80).
[19] CNAA (1974: 67-70).

riales conservaban todo poder o derecho no delegado expresamente, así como la capacidad de ratificar o rechazar lo actuado por sus representantes. Entre otras cosas, reclamaban el derecho a tener una "Constitución territorial" y "sancionar la general de las Provincias Unidas", así como el establecimiento de la división de poderes y frenos constitucionales al "despotismo militar", que aseguraran "inviolable la Soberanía de los Pueblos"[20]. Independencia de España y de la familia de los Borbones, libertad civil y religiosa "en toda su extensión imaginable", alianzas ofensivo-defensivas entre las provincias y forma de gobierno republicana complementaban el proyecto político allí expresado. La defensa de la "soberanía de los pueblos" hundía sus raíces en la tradición de la monarquía española y en las argumentaciones del Derecho Natural y de Gentes. Si bien planteaba una ruptura con la metrópoli –"toda conexión política" entre las colonias y "el Estado de la España" debía ser disuelta, según el art. 1° de las referidas instrucciones–, la defensa de las "soberanías particulares" podía encontrar adhesiones entre aquellos que mantuvieron su fidelidad a Fernando VII. Ése fue el caso del presbítero José Manuel Pérez Castellano, descendiente de los primeros pobladores de Montevideo, graduado en la Universidad de Córdoba y miembro por el cuerpo eclesiástico de la Junta montevideana formada en setiembre de 1808. En 1813, tras la no admisión de los diputados orientales en la Asamblea, una negociación dio por resultado la convocatoria a un nuevo congreso. Pérez Castellano fue electo diputado por la villa de la Concepción de Minas y pese a sus intentos para excusarse –lo había logrado en ocasión del Congreso de Tres Cruces meses antes– participó en el Congreso en la Capilla de Maciel. "Desde que faltó la persona del rey, que era el vínculo que á todos nos unía y subordinaba, han quedado los pueblos acéfalos y con derecho á gobernarse por sí mismos"[21]. Así se expresaba al aseverar que la Banda Oriental tenía el mismo derecho "para substraerse al gobierno de Buenos Aires" que el que éste había ejercido con respecto a la "metrópoli en España".

En 1813 habría circulado un proyecto de Constitución que debía ser acordado por los pueblos "que forman la Provincia Oriental del Uruguay, en convención"[22]. En sus dos terceras partes, el articulado retomaba con pequeñas

---

[20] CNAA (1974, a: 103-104). Copia autenticada por Artigas de las Instrucciones dadas a los diputados que debían concurrir a la Asamblea, fechada delante de Montevideo, 13 de abril de 1813.

[21] CNAA (1974a: 245-262).

[22] CNAA (1974b: 277-290). Se desconoce la autoría de este proyecto que llegó a manos de Andrés Villalba, encargado de negocios español en Río de Janeiro, a comienzos de 1815. González (1962: 347-379).

variantes la Constitución de Massachussetts de 1780 y otros textos de la revolución de las colonias angloamericanas, presentando la mayor originalidad en
la atribución de poderes de representación a los cabildos –tres individuos de
cada cabildo conformarían la Sala de Representantes–, cuyos miembros deberían ser "elegidos en pública plaza y en voz alta por cada habitante que tenga
derecho a votar en todo el distrito que abrace cada Jurisdicción" (Capítulo 3º
"Sobre los Representantes", artículos 1 y 2). En el marco de la provisionali-
dad institucional derivada de la prolongación de la guerra, los cuerpos capitulares mantuvieron su antigua respetabilidad y, al generalizarse en 1815 el nombramiento por colegios electorales con representación territorial, aumentaron
su legitimidad como "cabeceras" de jurisdicción. Además, el cabildo de Montevideo asumió los poderes de gobernador intendente, mientras que el título
de "protector" otorgado a Artigas fue asimilado al de capitán general[23].

El "Sistema de los Pueblos Libres"

El programa de abril de 1813 sintetizó demandas no sólo de la naciente
Provincia Oriental, sino de otras ciudades y pueblos del antiguo virreinato.
Reaccionaba ante la orientación unitaria y centralista de los gobiernos con
sede en Buenos Aires y cuestionaba el decreto de la Asamblea Constituyente
que había proclamado la "soberanía de la nación" y resuelto que los diputados representaban al "todo de las provincias unidas colectivamente"[24].

El "Protectorado", la "Liga Federal", el "Sistema de los Pueblos Libres",
como se ha denominado habitualmente al espacio que reconoció en José
Artigas su "protector", fue una construcción inestable, con avances y retroce-
sos al calor de la lucha contra el Directorio de las Provincias Unidas, las tropas portuguesas que en 1816 avanzaron sobre la Provincia Oriental y las rea-
lineaciones de fuerzas al interior de las nacientes provincias. Entre 1814 y
1815 obtuvo apoyos en los pueblos del Entre Ríos, Corrientes, las Misiones,
Santa Fe y Córdoba. A fines de abril de 1815, Artigas convocó un Congreso
para sancionar "la concordia general que una, y ligue de un modo firme, y

---

[23] Frega (2007b: 226-242). En 1815, cuando los orientales obtuvieron el control de
la provincia, se convocó a los pueblos a elegir diputados para un congreso a realizarse en
Capilla Nueva de Mercedes, sobre el río Negro. El mismo no se concretó por conflictos
entre José Artigas y el cabildo de Montevideo, así como por el fracaso de las negociaciones con los enviados del gobierno de las Provincias Unidas en junio de ese año.

[24] Ravignani (1937: t. I, 20-21).

duradero a todos los Pueblos, y Provincias de todos los Territorios Unidos"[25]. Las instrucciones otorgadas al diputado por Santa Fe, Pascual Diez de Andino, con fecha de 14 de junio de 1815, reconocían la necesidad de hallar "un centro, en que reunidas todas las partes de este cuerpo político, se forme un todo sobre el que pueda influir directamente esa Cabeza o autoridad", pero "sin que por esto los Pueblos unidos pierdan la mas mínima prerrogativa de sus derechos"[26]. La legitimidad de la asociación se basaba en el consentimiento, en la voluntad de los asociados –los pueblos y provincias–, y esos vínculos asociativos, por lo menos en teoría, debían poder ser redefinidos en todo momento. Los grupos dirigentes locales procuraban contrarrestar las pretensiones de supremacía del gobierno de la antigua capital virreinal y aspiraban a afirmar su poder en el territorio de su "región-provincia".

Las alianzas se sustentaban en la capacidad de José Artigas, nombrado "protector de los Pueblos Libres", para hacer frente a los embates centralistas, pero diferían en los alcances y los objetivos. En la interpretación radical de la soberanía de los pueblos que el artiguismo impulsaba, todas las poblaciones, incluso los pueblos de indios, tenían iguales derechos y representación. Esto generó fricciones con las élites provinciales que, a su vez, eran objeto de presiones militares o misiones negociadoras enviadas por el gobierno de las Provincias Unidas.

El conflicto ocurrido en Corrientes en 1814 ilustra lo anterior. El 29 de marzo, Artigas se había dirigido al cabildo a los efectos de promover la convocatoria a un congreso provincial presidido por el ayuntamiento: los diputados debían declarar "la independencia y libertad de la provincia", instalar un gobierno y formalizar "su precisa liga con los demás pueblos del territorio y con nosotros, declarándome yo su protector"[27]. El cabildo de Corrientes obstaculizó la convocatoria a los pueblos. En nota a Artigas fechada el 23 de abril argumentaba que "los Campestres" eran partidarios

> de la independencia absoluta de todos los Partidos entre sí, de manera que la Jurisdicción de esta Ciudad quede repartida en tantos *aduares* independientes quantos son ellos, quitando el centro común de relaciones y dependencia relativa al centro que debe unirlos para que el todo lleve el verdadero nombre de Provincia nuevamente constituida[28].

[25] CNAA (1994: 222-223).
[26] CNAA (1994: 225-227).
[27] CNAA (1981: 15).
[28] CNAA (1981: 47-49).

Para las élites representadas en el cabildo, una cosa era redefinir las relaciones con la antigua capital y otra muy diferente poner en riesgo su poder en el territorio en la provincia que estaban constituyendo. Con fecha de 28 de abril, Artigas contestó al cabildo reafirmando la necesidad de realizar el congreso para "plantar un orden fijo, y obstruir así los pasos a las convulsiones". Así como había contestado a los "ciudadanos rurales" que "en medio de todas las pretensiones debía mantenerse el orden, respetando á las autoridades constituidas", indicaba al cabildo que de no reunirse el congreso, "los pueblos clamarían viendo usurpados sus derechos en oprobio del dogma de la revolución y yo [Artigas] no hallaría justificaciones que alegar delante de ellos y de V.S. por un atentado de tal tamaño"[29]. Las instrucciones dadas al diputado de Santa Lucía de los Astos ilustran acerca de los conflictos étnicos y sociales, así como de los recursos económicos que estaban en juego. Además de pedir su libertad, los "Naturales" exigían intervenir directamente en el gobierno, así como recuperar las tierras y los ganados que pertenecían al pueblo y que estaban siendo explotados por particulares[30].

En 1820, los resultados contrastantes de la guerra contra los portugueses en la Provincia Oriental y contra las tropas del Directorio de las Provincias Unidas derivaron en una división del Protectorado. Los gobernadores de Buenos Aires, Santa Fe y Entre Ríos acordaron en Capilla del Pilar reconocer el pronunciamiento de la "nación" en favor de la federación y convocar un congreso para resolver la forma de gobierno que debía regirlos, invitando a Artigas a sumarse a la iniciativa en calidad de "capitán general de la Banda Oriental". En respuesta a ese pacto, que consideraban violatorio a los intereses comunes, los jefes militares y representantes políticos de Misiones, Corrientes y Provincia Oriental reunidos en Ávalos renovaron la alianza "ofensiva y defensiva por la libertad e independencia de estas provincias", reiteraron que conservaban el derecho a "la libre elección de sus gobiernos" y "su administración económica, según los principios de la federación", y reconocieron al jefe de los orientales "como el protector de su libertad", invitando a las demás provincias a unirse a la liga[31]. Al poco tiempo de haber formalizado este "pacto de confederación" fueron derrotados por las tropas de Entre Ríos, que asumieron el control de Corrientes y Misiones formando la efímera República Entrerriana. Artigas ingresó a Paraguay en setiembre de 1820 donde permaneció hasta su muerte, treinta años más tarde.

[29] CNAA (1981: 54-57).
[30] CNAA (1981: 89-90).
[31] Transcripto en Bruschera (1971: 181-185).

La búsqueda del "orden"

La revolución había conmovido la totalidad del orden social existente. Las élites orientales apoyaron la acción de las huestes artiguistas para desplazar a los españoles europeos de sus posiciones de poder político y económico, así como para concretar la formación de una provincia unificando los territorios al este del río Uruguay. Pero se distanciaron de las ideas del jefe de los orientales que podían poner en riesgo lo ya obtenido, prolongar la guerra o contemplar cierto igualitarismo social. Pocos meses después de los planteos autonomistas formulados en el Congreso de Tres Cruces, el vicepresidente del gobierno provincial, Dr. Bruno Méndez, expuso el cambio de posición de las élites ante las presiones ejercidas por el gobierno de Buenos Aires. Méndez se dirigió en agosto de 1813 al presbítero Dámaso A. Larrañaga, encargado de negociar una salida política al rechazo de los diputados orientales. En la carta le manifestó su convicción de que había que evitar "los diferentes choques que tiene una revolución" siguiendo "la máxima de utilidad común, que enseña que las masas chicas" —en este caso, la Provincia Oriental— "deban unirse a las mayores". Consideraba que las provincias debían obedecer a la "autoridad suprema" y dejar en manos de la Asamblea General la decisión sobre la organización política. La legitimidad de las resoluciones de la Asamblea derivaba, en su opinión, del hecho de que "cada Provincia hubiese concurrido delegándole sus poderes originarios". Méndez se alegraba de haber "encontrado docilidad en nuestro Paysano Artigas" y haber controlado a los opuestos "a la unidad"[32]. Si bien la argumentación reconocía la existencia de soberanías provinciales y su capacidad de establecer lazos de unión, presentaba grandes diferencias con la postura artiguista. En aras de la conservación del orden debía prestarse obediencia al centro o autoridad suprema, renunciando a las garantías del pacto recíproco. Este planteo fue reiterado con pequeñas variantes a lo largo del período y aún después de 1830. Encontraba fundamentos teóricos en el Derecho Natural y de Gentes —la delegación de los "poderes originarios" en la Asamblea otorgaba un consentimiento tácito a lo allí actuado— y en las lecturas conservadoras de las experiencias revolucionarias recientes. Expresaba, en ese contexto, un profundo temor ante la subversión del orden social que la revolución había desatado.

Desde la perspectiva de aquellos grupos que concentraban la riqueza local, los cargos políticos y la administración, el reconocimiento de la autoridad de

---

[32] CNAA (1974: 182-184).

Artigas sólo podía fundamentarse en el temor a la "plebe". En 1815, el cabildo de Montevideo lo expuso con claridad tras un conato para hacerse con el poder. En un oficio a Artigas fechado el 15 de junio de 1815, declaraba:

> ¿quién con más acierto que V. E. podrá dirigir las armas: gobernar este naciente estado, hacerle tocar su libertad y su felicidad á un mismo tiempo? Desengañémonos Señor, estamos reducidos a la rigurosa alternativa de, o someternos a una deplorable anarquía, [o] exigir de V. E. esta protección. Sin ella será la Provincia Oriental el ludibrio de las demás-La víctima de la revolución[33].

El apoyo dado a Artigas era transitorio. Se mantendría mientras cumpliera el papel de mitigador de los efectos "no deseados" de la revolución, o hasta tanto las élites lograran crear, o construir mediante alianzas, un sistema defensivo que no dependiera del jefe de los orientales.

Entre la experiencia monarquica y la unión a las Provincias Unidas

En 1816, la Corona portuguesa envió un "ejército pacificador" sobre la Provincia Oriental, argumentando que procuraba resguardar los territorios brasileños del avance de la "anarquía" artiguista. En la sesión del 23 de enero de 1817, tres días después de la entrada triunfal en Montevideo de las tropas comandadas por Carlos Federico Lecor, el cabildo resolvió enviar una diputación a Río de Janeiro a efectos de pedir la incorporación al Reino de Portugal. Como se lee en el acta, el cuerpo capitular sostenía estar habilitado para una gestión de esa naturaleza por tener "la representación de los Pueblos de esta banda oriental" y entendía que Su Majestad Fidelísima, "por sus virtudes, por la dulzura de su gobierno, por la posición relativa de esta Provincia con el Reino de Brasil y por la conformidad de Religión, usos, idioma y costumbres" era el único capaz de "restablecer el sosiego, el orden y la opulencia a este desgraciado territorio"[34]. Los diputados regresaron a Montevideo sin una respuesta concreta. Entre los planes de la Casa de Braganza figuraba la coronación del infante Sebastião de Bourbon y Bragança[35]. En

---

[33] CNAA (1987: 27-28).
[34] Archivo General de la Nación (1941: 326-330).
[35] Pérez (1960: 34-39).

1818, ante las noticias del posible envío de una expedición española de reconquista, el cabildo de Montevideo realizó una nueva representación ante JoãoVI reafirmando su decisión de "constituir con la sucesión de los tiempos una parte del grande Imperio Lusitano, o un Estado independiente bajo el Gobierno de un príncipe de la Augusta familia de Braganza"[36].

En la visión de las élites, si bien buscar la independencia en 1810 había sido "una empresa gloriosa, justa y necesaria", "el vértigo del federalismo [había abierto] enteramente las puertas a la anarquía, y a la guerra civil". De esta forma se expresaba el Dr. Nicolás Herrera desde su exilio en Río de Janeiro en 1815, concluyendo: "la América no puede gobernarse por sí misma, le falta edad, y madurez, y jamás estará tranquila mientras no tenga al frente una persona que imponga á los Pueblos por la Majestad del Trono"[37].

A partir de 1820, en una coyuntura marcada por las revoluciones liberales en la Península Ibérica y las posiciones proclives a la independencia en Brasil se replanteó la discusión acerca del destino político de la Banda Oriental. En julio de 1821 se reunió un Congreso General Extraordinario en Montevideo[38]. En las deliberaciones se hizo hincapié en la imposibilidad de constituirse en nación independiente o de aliarse a las provincias del antiguo virreinato, así como en el carácter liberal y constitucional de la monarquía portuguesa. La resolución unánime fue por la incorporación al "Reino Unido de Portugal, Brasil y Algarves, Constitucional" con ciertas condiciones, tales como la conservación del territorio como "un estado separado" fijando sus límites, el mantenimiento de sus leyes, fueros y costumbres, en tanto no se opusieran a la Constitución general, la reserva de los empleos para los habitantes de la provincia, la exoneración de prestar servicio militar fuera del territorio y el establecimiento de garantías para la libertad, la seguridad y la propiedad. Además, se aceptaron "las bases de Constitución acor-

---

[36] Archivo General de la Nación, Buenos Aires, SalaVII, Fondo Andrés Lamas, Legajo 48. Copia de la Representación a S.M. sobre varios particulares relativos a la seguridad de esta Provincia, Montevideo, 26 de septiembre de 1818, 7 fs.

[37] CNAA (1998: 21-26). Nicolás Herrera nació en Montevideo en 1774. Se graduó de abogado en España. En 1808 fue testigo de la crisis de la monarquía, participó en las Cortes de Bayona y realizó gestiones ante la Junta Central. Hasta su muerte en 1833 formó parte de los círculos de poder y ocupó importantes cargos en los gobiernos de las Provincias Unidas, de la Provincia Cisplatina y del Estado Oriental del Uruguay.

[38] Sobre el Congreso Cisplatino, las corrientes de opinión y las repercusiones en la región véanse, entre otros, Arcos Ferrand [ca. 1925], Pivel (1936), Alonso et al. (1970), Campos de Garabelli (1972) y Real de Azúa (1990).

dadas por el Congreso General de la Nación [portuguesa]", se reclamó tener representación en dicho Congreso y se nombró un síndico procurador del Estado o de los Pueblos para velar por el cumplimiento de esas condiciones hasta que el texto constitucional entrara en vigencia[39].

En 1822, la división de las tropas luso-brasileñas ante la independencia de Brasil cambió el escenario[40]. Los leales al rey João VI permanecieron en Montevideo y los partidarios del emperador Pedro I se ubicaron en la campaña hasta que, tras dos años de sitio y negociaciones, el 27 de febrero de 1824 Lecor se reinstaló en Montevideo. En octubre de 1822, en varios pueblos se aclamó como "emperador constitucional" a Pedro I y se resolvió entrar "en la gran Confederación del Brasil" bajo las mismas bases establecidas en 1821 respecto a Portugal[41]. En Montevideo, por su parte, se procuró organizar un levantamiento armado, solicitando el apoyo a los antiguos jefes artiguistas, así como a las provincias de Buenos Aires, Entre Ríos, Santa Fe y Corrientes, que a comienzos de 1822 habían celebrado un tratado de alianza.

Si bien la "incorporación y confederación de la Provincia al Imperio de Brasil" era presentada por sus partidarios como el medio "para poner término a los males de la revolución"[42], se sentían voces que reclamaban más libertades. El Dr. Nicolás Herrera, en carta fechada en octubre de 1822 a su cuñado, el Dr. Lucas Obes, señalaba que el mantenimiento de las leyes de la provincia que se había puesto como condición para la incorporación se refería a las "leyes administrativas", pero no a "la misma forma de gobierno establecida por la antigua Metrópoli para sostener el sistema colonial". En ese sentido, protestaba por la conservación del cargo de capitán general ocupado por Lecor:

> Si la Asamblea General separa los ramos de Justicia, Policías, Hacienda y Comercio de la Autoridad del Jefe Militar, en las Provincias del Imperio, aquí no deben estar unidos á ella; no solo porque sería monstruoso; sino porque se creería [que] siendo el Jefe militar portugués, que se hacía con las Bellísimas intenciones con que lo hacía el Gobierno de Madrid[43].

---

[39] Transcripto en Pivel (1936: 300–305).

[40] Sobre la independencia brasileña en el contexto platense puede consultarse Pimenta (2002, 2007).

[41] Arcos Ferrand (1976: 81 82).

[42] Acta de la reunión del ayuntamiento de Canelones, cabecera del departamento homónimo lindante con Montevideo, junto a los jueces territoriales, vecinos propietarios, hacendados y comerciantes de esa jurisdicción, en abril de 1823. Citado en Campos de Garabelli (1972: 456–457).

[43] Citado en Campos de Garabelli (1972: 467–468).

Si bien Herrera participaba de la idea de "la falta de elementos para un Gobierno civil", entendía necesario que se conformara una junta a partir del voto de los pueblos o los cabildos: "los Pueblos recibirían con menos disgusto las órdenes de sus elegidos"[44]. En agosto de 1823, Herrera reforzó el reclamo: "nuestros enemigos gritan por todas partes que esto es Conquista y que nunca verán Gobierno liberal"[45]. En mayo de 1824 el cabildo de Montevideo juró la Constitución brasileña. Si bien la provincia contó con representación parlamentaria, no se pusieron en práctica las disposiciones constitucionales para la administración y economía de las provincias, ni se respetaron las condiciones de la incorporación[46].

En abril de 1825 se reinició la lucha por la independencia en la Banda Oriental, comandada por el antiguo jefe artiguista, el general Juan Antonio Lavalleja. El historiador José Pedro Barrán resaltó que no se mencionara a Artigas en las convocatorias del ejército patriota, dando cuenta del "miedo a la revolución social" entre las élites[47]. La descripción realizada por el cónsul británico a comienzos de 1825 en el informe ya citado es ilustrativa de los "fantasmas de la anarquía". Dentro del bando "patriota"

> the majority of these are partisans of Artigas and his officers, whose system is total independence of all other countries, a destruction or division of rank and property, and equality upon the basis of making all equally poor; [...] they are attached to a military life, are loud talkers of liberty and independence, but which they only understand as a liberty to commit all sorts of excesses with impunity; and independence of all authority but that which they voluntarily concede to Military chiefs.

"The better class of Patriots, inhabitants of towns", continuaba Hood, "incline to join the federation of Buenos Aires". Sin embargo, ante el temor de una nueva guerra de guerrillas, "the great part of this class are passive, and in a short time by conciliatory and soothing government they will become assimilated with the Brazilians".

En agosto de 1825 se reunió por primera vez una Sala de Representantes de la Provincia, aprobando dos leyes fundamentales: la independencia del Reino de Portugal, del Imperio del Brasil y de "cualquier otro del universo", y

---

[44] Campos de Garabelli (1972: 470).
[45] Campos de Garabelli (1972: 471).
[46] Pivel (1949: 452).
[47] Barrán (1986: 65-77).

la unión a las Provincias Unidas del Río de la Plata[48]. Los argumentos en favor de la unión, al igual que los esgrimidos por los "abrasilerados", aludían a la necesidad de unirse a una "masa mayor" que garantizara el orden. A ellos se sumaban el pasado común –"siempre perteneció por los vínculos más sagrados que el mundo conoce"– y la voluntad de los pueblos "desde el primer periodo de nuestra regeneración política"[49]. El Congreso de las Provincias Unidas aceptó la reincorporación, el Imperio brasileño le declaró la guerra, y ambos contendientes solicitaron la mediación de Gran Bretaña. Desde Montevideo, los "abrasilerados" fomentaron la desconfianza hacia los nuevos aliados. "Los Pueblos alucinados [...] en desdoro del carácter Oriental se sometieron al yugo de los Porteños", lucía un remitido firmado por "El verdadero patriota oriental"[50]. En otros artículos se calificaba a los "porteños" como "revoltosos", "facciosos" y "anarquistas", epítetos que antes habían sido aplicados a los artiguistas.

La Sala de Representantes de la Provincia Oriental se afilió a las posturas unitarias impulsadas en Buenos Aires[51]. En julio de 1826 trató la consulta sobre la forma de gobierno enviada por el Congreso Constituyente el 21 de junio del año anterior[52]. La amplia mayoría optó por no "prevenir el juicio" del Congreso con su opinión, y reiteró los diplomas dados a sus diputados en Buenos Aires, donde se habían incluido la aspiración a "la forma republicana representativa en el gobierno" y "la facultad [...] de admitir o no la Constitución que presente el Congreso". Se compartía el criterio de que se trataba de "opiniones ilustrativas y de ningún modo decisivas", ya que de otra manera "quedaría eludida la amplitud de poderes con que se reunieron sus miembros para constituir la Nacional"[53]. La Comisión que examinó el texto cons-

---

[48] Sobre el debate historiográfico acerca del significado de esas leyes, véanse, entre otras obras, Blanco Acevedo [1922], Pivel (1975), Barrán (1986), Real de Azúa (1990) y Frega (2009).

[49] *Actas* (1920: 7-8).

[50] *Semanario Mercantil de Montevideo*, 2 de setiembre de 1826. El periódico se editó en Montevideo entre 1826 y 1829, siendo su redactor José Raimundo Guerra, quien había sido el apoderado de Montevideo para gestionar la legitimidad de la Junta de 1808 y se desempeñaba como síndico procurador del cabildo de Montevideo.

[51] El análisis de la labor de la Sala de Representantes excede a la extensión de este trabajo. Merece destacarse la aprobación en julio de 1826 de una ley otorgando garantías a las personas, la propiedad, la industria, consignando los delitos de injuria, calumnia y sedición y amparando la libre expresión del pensamiento. El último artículo, referido a la libertad de cultos, fue suprimido por "inoportuno". *Actas* (1920: 110-111, 120-124).

[52] Lo enviado en consulta por el Congreso se encuentra en Ravignani (1937: t. I, 1370 y t. II, 17-54).

[53] *Actas* (1920: 125-129).

titucional en marzo de 1827 estuvo de acuerdo en la "unidad de régimen" que se proponía para la "República Argentina", resaltando que al "sistema federal" se le había "querido atribuir una excelencia que él mismo no tiene"[54]. Las voces discrepantes que se oyeron en la sala (tres de veinte) aludieron a la escasa presencia de diputados, ya que faltaba, por ejemplo, la representación de Montevideo o Colonia que estaban bajo la autoridad brasileña. Argüían que esa falta de consentimiento equivalía a hacer una usurpación de los derechos de esas poblaciones y, como solución, proponían resignar en el Congreso la decisión de aceptar o no la Constitución[55]. El 10 de abril de 1827 se manifestó a los pueblos la aprobación del texto constitucional: "los principios de orden que hoy practicamos contribuirán a construir el país y a cerrar para siempre la revolución"[56]. A pesar del auspicioso anuncio, la situación política varió en pocos meses. Tras la renuncia del presidente Bernardino Rivadavia y el ascenso del partido federal, el Congreso de las Provincias Unidas se autodisolvió el 18 de agosto de 1827, recomendando la dirección de la guerra y las relaciones exteriores a la Legislatura y la Gobernación de la Provincia de Buenos Aires[57]. La Provincia Oriental dio su aprobación el 20 de setiembre, reservándose la "facultad de aprobar los tratados de paz, amistad y comercio, en la parte que le fuere concerniente, sin cuyo requisito no podrá el Ejecutivo ratificarla". También efectuó un llamado "al más pronto establecimiento de una Representación Nacional"[58]. Al día siguiente, la Sala de Representantes aprobó una ley por la cual la Provincia Oriental reasumía "la parte de soberanía de la que se había desprendido al incorporar sus diputados al Congreso General Constituyente" y disponía que hasta tanto no hubiera "un cuerpo representativo y ejecutivo nacional", cualquier autoridad militar que en el territorio de la provincia infringiera sus leyes, sería responsable ante el Ejecutivo y Legislatura provinciales[59]. La ley había sido motivada por un conflicto de poderes con Lavalleja, quien se desempeñaba como general en jefe del Ejército Republicano de acuerdo con el nombramiento hecho por el gobernador de Buenos Aires. A los pocos días, Lavalleja disolvió la Sala de Representantes y tomó el mando de la Provincia Oriental.

[54] *Actas* (1920: 339-342).
[55] *Actas* (1920: 342-356); Cuadro (2009).
[56] *Actas* (1920: 413-414).
[57] Ravignani (1937: t. III, 1264-1265).
[58] *Actas* (1920: 428-430).
[59] *Actas* (1920: 431-434).

En 1828 la mediación británica logró que se aceptara la paz sobre la base de la independencia de la Banda Oriental[60]. Las partes contratantes se obligaban a "defender la independencia e integridad" del nuevo Estado, se reservaban el derecho de revisar su futura Constitución y se comprometían a prestar auxilio al gobierno legal en caso de guerra civil hasta cinco años después de jurada la carta constitucional. A partir de esa fecha, la Provincia pasaría a quedar "considerada en estado de perfecta y absoluta independencia". El texto fijaba las condiciones para el retiro de las tropas, decretaba el "perpetuo y absoluto olvido de todos y cualesquiera hechos y opiniones políticas" pasados y establecía la convocatoria inmediata a elecciones de representantes, encargados de elegir un gobierno provisorio y redactar una Constitución[61]. Un artículo adicional estableció la libertad de "la navegación del Río de la Plata, y de todos los otros que desaguan en él" para las Provincias Unidas y el Imperio de Brasil por un lapso de quince años.

1830. Conclusión de una etapa

"La Constitución política del Estado no es otra cosa por ahora más que la de establecer las bases sobre las que debe cimentarse sucesiva y gradualmente la organización social"[62].

Tras dos décadas de guerra y revolución, luego de una independencia a la que se había llegado no tanto por convicción acerca de las posibilidades reales de existencia del nuevo Estado, sino por los perjuicios ocasionados por la prolongación de la guerra, las presiones del mediador y la inexistencia de otra alternativa más favorable, la Constitución aparecía como un proyecto de futuro[63]. Era, en sí misma, la institución de un nuevo orden[64].

---

[60] Frega (2009).

[61] Alonso Criado (1876: 58-64).

[62] *El Universal*, Montevideo, 6 de junio de 1829. El periódico se editó entre 1829 y 1838, bajo la dirección del entonces teniente coronel retirado Antonio Díaz (1789-1861).

[63] Integraron la Asamblea Constituyente miembros de los distintos partidos de opinión que se habían enfrentado en la última guerra. Si bien los trabajos de Pivel (1956), Real de Azúa (1961) y Villa y Mendive (1980) brindan algunas pistas sobre los orígenes sociales y actuación de los constituyentes, falta aún investigar la composición del grupo de poder y las facciones que lo integraban en el proceso de concreción de la "absoluta independencia" y los primeros años de la República.

[64] Sobre el papel otorgado a las Constituciones véase Goldman (2008: 35-49).

La *Constitución de la República Oriental del Uruguay*[65] fue sancionada el 10 de septiembre de 1829 y jurada el 18 de julio de 1830, luego de que los comisarios de las Provincias Unidas y del Imperio de Brasil aprobaran el texto. Los constituyentes procuraron equilibrar el "ejercicio de la libertad" con la afirmación de un "gobierno fuerte y duradero", tomando como fuentes las Constituciones que habían estado vigentes en la Banda Oriental, así como otros textos americanos y, a través de todos ellos, las ideas fundamentales de la Constitución de los Estados Unidos, la declaración de Derechos del Hombre y el Ciudadano, la Constitución francesa de 1791 y los textos napoleónicos, entre otros[66]. La Constitución definió el Estado como "la asociación política de todos los ciudadanos" (art. 1º), consagró que la soberanía "en toda su plenitud existe radicalmente en la nación" (art. 4) y estableció la forma "representativa republicana" de gobierno (art. 13), delegando el ejercicio de la soberanía en los poderes legislativo, ejecutivo y judicial (art. 14). La religión del Estado era la católica, apostólica y romana (art. 5), sin pronunciarse a texto expreso acerca del culto de los habitantes. La ciudadanía –natural y legal– abarcaba a gran parte de los "hombres libres", pero se suspendía el ejercicio de la misma a los sectores populares[67]. Contó con un capítulo especial de derechos individuales de los ciudadanos y habitantes de la República. En la Constitución se afirmaron la concepción de la soberanía indivisible y la organización centralista del Estado, dejando atrás los planteos que defendían la soberanía de los pueblos y las formas confederales. También se recogió el viraje conservador posrevolucionario expresado, entre otros, en el utilitarismo de Jeremy Bentham y las prevenciones frente al carácter ilimitado de la soberanía del pueblo expuestas por Benjamin Constant[68].

[65] *Constitución de la República Oriental del Uruguay* (1829). Montevideo: Imprenta Republicana.

[66] Pivel (1955); Gros Espiell (1986: 45-60).

[67] Entre las causales de suspensión figuraban la "condición de sirviente a sueldo, peón jornalero, simple soldado de línea, notoriamente vago" y "por no saber leer ni escribir, los que entren al ejercicio de la ciudadanía desde el año de mil ochocientos cuarenta en adelante" (art. 11).

[68] Pivel (1955); Real de Azúa (1961); Villa y Mendive (1980). Pivel señala también la influencia de algunos exponentes del Trienio Constitucional español como Ramón Salas y sus *Lecciones de Derecho Público Constitucional para las Escuelas de España* (1821), así como de las traducciones y comentarios que tanto ese autor como José Joaquín de Mora (quien intervino en la redacción de la Constitución chilena de 1828) habían hecho de la obra de Bentham (1955: 14-22).

La crisis metropolitana y la compleja situación platense habían propiciado en la Banda Oriental distintos proyectos de organización política. Las alineaciones de fuerzas políticas y sociales no se expresaron sólo en el enfrentamiento inicial entre "europeos" y "americanos". Se alternaron o combinaron con otras identidades –orientales, porteños, "abrasilerados", etc.–, en el apoyo a distintas formas de organización política y en torno a los intereses sociales y económicos que oponían a las "clases propietarias", sin distinción de lugar de origen, con los "infelices" o el "populacho". La posición geográfica de la Banda Oriental, con un puerto de ultramar que cumplía un importante papel militar y comercial en el Río de la Plata y con fronteras terrestres con los dominios luso-brasileños, contribuyó a que las élites hispano-criollas pudieron recurrir a "fuerzas externas" para afirmar el "orden", o bien inclinarse por la opción de la "absoluta independencia".

El establecimiento del Estado Oriental del Uruguay no supuso el fin de la "lucha de soberanías" ni tampoco la instauración del "orden". Implicó complejos equilibrios y acuerdos entre los distintos "partidos", en una región que se vio envuelta nuevamente en invasiones extranjeras y guerra civil.

Bibliografía

Actas de la H. Junta de Representantes de la Provincia oriental (años 1825-26-27) (1920). Montevideo: El Siglo Ilustrado.

Alonso, Rosa; Sala, Lucía; Rodríguez, Julio y De la Torre, Nelson (1970): *La oligarquía oriental en la Cisplatina*. Montevideo: Ediciones Pueblos Unidos.

Alonso Criado, Matías (1876): *Colección Legislativa de la República Oriental del Uruguay. Años 1825-1875*. Montevideo: s. e., tomo I.

Annino, Antonio (1994): "Soberanías en lucha", en Annino, Antonio; Castro Leiva, Luis y Guerra, François-Xavier (dirs.): *De los Imperios a las Naciones: Iberoamérica*. Zaragoza: IberCaja.

Archivo General de la Nación (1941): *Acuerdos del extinguido Cabildo de Montevideo*. Montevideo: s.e., vol. 15.

Arcos Ferrand, Luis (1976 [ca. 1925]): *La cruzada de los Treinta y Tres*. Montevideo: Ministerio de Educación y Cultura, Biblioteca Artigas.

Barrán, José Pedro (1986): "La independencia y el miedo a la revolución social en 1825", en *Revista de la Biblioteca Nacional*, nº 24.

Barrán, José Pedro; Frega, Ana y Nicoliello, Mónica (1999): *El Cónsul Británico en Montevideo y la independencia del Uruguay. Selección de los informes de Thomas Samuel Hood (1824-1829)*. Montevideo: Universidad de la República.

BAUZÁ, Francisco (1929 [1895-1897]): *Historia de la dominación española en el Uruguay*. Montevideo: Talleres El Demócrata, 3 tomos.

BERAZA, Agustín (1967): *El pueblo reunido y armado*. Montevideo: Ediciones de la Banda Oriental.

BLANCO ACEVEDO, Pablo (1975 [1922]): *La independencia nacional*. Montevideo: Ministerio de Educación y Cultura, Biblioteca Artigas.

BRUSCHERA, Óscar (1971): *Artigas*. Montevideo: Biblioteca de Marcha, 2ª. ed.

CAMPOS DE GARABELLI, Martha (1972 y 1978): *La revolución oriental de 1822-1823. Su génesis*. Montevideo: Junta Departamental de Montevideo, tomo I. Montevideo: Junta de Vecinos, tomo II.

CHIARAMONTE, José Carlos (1991): *Mercaderes del Litoral. Economía y sociedad en la provincia de Corrientes, primera mitad del siglo XIX*. Buenos Aires: Fondo de Cultura Económica.

— (1997): *Ciudades, provincias y Estados: Orígenes de la Nación Argentina (1800-1846)*. Buenos Aires: Ariel.

— (2004): *Nación y Estado en Iberoamérica, El lenguaje político en tiempos de las independencias*. Buenos Aires: Sudamericana.

— (2010): *Fundamentos intelectuales y políticos de las independencias. Notas para una nueva historia intelectual de Iberoamérica*. Buenos Aires: Teseo.

[CNAA] COMISIÓN NACIONAL "ARCHIVO ARTIGAS" (1965, 1966, 1974 a, 1974 b, 1981, 1987, 1994, 1997): *Archivo Artigas*. Montevideo: Monteverde, tomos VI, VII, XI, XII, XIX, XXI, XXVIII y XXIX. (1998): *Archivo Artigas*. Montevideo: Ecler, tomo XXX.

CUADRO, Inés (2009): "La crisis de los poderes locales. La construcción de una nueva estructura de poder institucional en la Provincia Oriental durante la guerra de independencia contra el Imperio del Brasil (1825-1828)", en Frega, Ana (coord.): *Historia regional e independencia del Uruguay. Proceso histórico y análisis crítico de sus relatos*. Montevideo: Ediciones de la Banda Oriental.

FAVARO, Edmundo (1957): *El Congreso de las Tres Cruces y la Asamblea del Año XIII. Antecedentes y consecuencias*. Montevideo: Instituto Histórico y Geográfico del Uruguay.

FERREIRO, Felipe (1939): *Ideas e ideales de los partidos y tendencias que actúan en el campo de lo político del Reino de Indias de 1808 a 1810*. Buenos Aires: Talleres Gráficos Jacobo Peuser Ltda.

FREGA, Ana (2007a): "La Junta de Montevideo de 1808", en Chust, Manuel (coord.), *1808. La eclosión juntera en el mundo hispano*. México: Fondo de Cultura Económica/El Colegio de México.

— (2007b): *Pueblos y soberanía en la revolución artiguista. La región de Santo Domingo Soriano desde fines de la colonia a la ocupación portuguesa*. Montevideo: Ediciones de la Banda Oriental.

FREGA, Ana (coord.) (2009): *Historia regional e independencia del Uruguay. Proceso histórico y análisis crítico de sus relatos*. Montevideo: Ediciones de la Banda Oriental.

GALLINAL, Gustavo (1920): "La Constitución española de 1812 en Montevideo", en *Revista del Instituto Histórico y Geográfico del Uruguay*, n° 1.

GOLDMAN, Noemí (ed.) (2008): *Lenguaje y revolución: conceptos políticos clave en el Río de la Plata, 1780-1850*. Buenos Aires: Prometeo.

GONZÁLEZ, Ariosto (1962): *Las primeras fórmulas constitucionales en los Países del Plata (1810-1814)*. Montevideo: Barreiro y Ramos, 2ª. ed. aumentada.

GROS ESPIELL, Héctor (1986): *Esquema de la evolución constitucional del Uruguay*. Montevideo: FCU.

GUERRA, François-Xavier (1992): *Modernidad e independencias. Ensayos sobre las revoluciones hispánicas*. Madrid: Mapfre.

HALPERIN DONGHI, Tulio (1979): *Revolución y guerra. Formación de una élite dirigente en la Argentina criolla*. México: Siglo XXI, 2ª ed. corregida.

ISLAS, Ariadna (2009): "Límites para un Estado. Notas controversiales sobre las lecturas nacionalistas de la Convención Preliminar de Paz de 1828", en Frega, Ana (coord.): *Historia regional e independencia del Uruguay. Proceso histórico y análisis crítico de sus relatos*. Montevideo: Ediciones de la Banda Oriental.

PÉREZ, Joaquín (1960): "Artigas, San Martín y los proyectos monárquicos en el Río de la Plata y Chile (1818-1820)", en *Revista Histórica*, tomo XXX, n° 88-90.

PIMENTA, João Paulo G. (2002): *Estado e nação no fim dos impérios ibéricos no Prata (1808-1828)*. São Paulo: Hucitec/Fapesp.

— (2007): *Brasil y las independencias de Hispanoamérica*. Castellón de la Plana: Universitat Jaume I.

PIVEL, Juan E. (1936): "El Congreso Cisplatino (1821)", en *Revista del Instituto Histórico y Geográfico del Uruguay*, tomo XII.

— (1949): "Uruguay independiente", en Ballesteros y Beretta, Antonio (dir.): *Historia de América y de los pueblos americanos*. Barcelona: Salvat.

— (1952): *Raíces coloniales de la revolución oriental de 1811*. Montevideo: Monteverde.

— (1955): "Las ideas constitucionales del Dr. José Ellauri. Contribución al estudio de las fuentes de la Constitución uruguaya de 1830", en *Revista Histórica*, tomo XXIII, n° 67-69.

— (1956): *Historia de los partidos y de las ideas políticas en el Uruguay. Tomo II. La definición de los bandos, 1829-1838*. Montevideo: Medina.

— (1963): *La Junta Montevideana de Gobierno de 1808, Contribución documental*. Montevideo: Museo Histórico Nacional.

— (1975): "Prólogo", en Pivel Devoto, Juan E. (comp.), *La independencia nacional*. Montevideo: Ministerio de Educación y Cultura, Biblioteca Artigas.

PORTILLO, José María (2006): *Crisis atlántica. Autonomía e independencia en la crisis de la Monarquía hispana*. Madrid: Centro de Estudios Hispánicos e Iberoamericanos/Marcial Pons.

RAVIGNANI, Emilio (dir.) (1937): *Asambleas Constituyentes Argentinas*. Buenos Aires: Instituto de Investigaciones Históricas/Facultad de Filosofía y Letras, tomos I, II y III.

REAL DE AZÚA, Carlos (1961): *El patriciado uruguayo*. Montevideo: Asir.

— (1990): *Los orígenes de la nacionalidad uruguaya*. Montevideo: Arca/Ediciones del Nuevo Mundo.

REYES ABADIE, Washington/BRUSCHERA, Óscar/MELOGNO, Tabaré (1969): *El ciclo artiguista*. Montevideo: Universidad de la República, 4 volúmenes.

SALA, Lucía; RODRÍGUEZ, Julio y TORRE, Nelson de la (1967): *Evolución económica de la Banda Oriental*. Montevideo: Ediciones Pueblos Unidos.

TERNAVASIO, Marcela (2007): *Gobernar la revolución. Poderes en disputa en el Río de la Plata, 1810-1816*. Buenos Aires: Siglo XXI Editores.

VILLA, Óscar/MENDIVE, Gerardo (1980): *La prensa y los constituyentes en el Uruguay de 1830*. Montevideo: Biblioteca Nacional.

SOBRE LOS AUTORES

ANTONIO ANNINO. Catedrático de Historia de América Latina en la Universidad de Florencia y profesor afiliado de la División de Historia en el Centro de Investigación y Docencia Económicas de México. Entre otras obras ha publicado *La revolución novohispana, 1808-1821* (coord., 2010); en colaboración con Rafael Rojas *La independencia. Los libros de la Patria* (2008); en coordinación con François Xavier Guerra *Inventando la Nación. Iberoamérica siglo XIX* (2003); *Historia de las elecciones en Iberoamérica, siglo XIX* (coord., 1995) y *Dall'insurrezione al regime. Politiche di massa e strategie istituzionali a Cuba 1953-1965* (1984).

MARCELA TERNAVASIO. Catedrática de Historia de Argentina en la Universidad Nacional de Rosario e investigadora del Consejo de Investigaciones Científicas y Técnicas (CONICET). Entre otras obras ha publicado *La revolución del voto. Política y elecciones en Buenos Aires, 1810-1852* (2002); *La correspondencia de Juan Manuel de Rosas* (2005); *Gobernar la revolución. Poderes en disputa en el Río de la Plata, 1810-1816* (2007); *Historia de la Argentina, 1806-1852* (2009); *El pensamiento de los federales* (2009); y, en colaboración con Hilda Sabato, Luciano de Privitellio y Ana Virginia Persello, *Historia de las elecciones en la Argentina 1805-2011* (2011).

CLÉMENT THIBAUD. Doctor en Historia por la Universidad de París I-Sorbona. Profesor titular de Historia Contemporánea en la Universidad de Nantes, investigador del CNRS-EHESS. Entre sus publicaciones en español destacan *La Academia de Charcas y la Independencia de América (1776-1809)* (2011); *La Majestad de los Pueblos* (2010), con María Teresa Calderón; y *Repúblicas en armas. Los ejércitos bolivarianos en las guerras de Independencia de Colombia y Venezuela* (2003). Editó con Federica Morelli y Geneviève Verdo, *Les empires atlantiques entre Lumières et libéralisme (1763-1865)* (2009) y con María Teresa Calderón, *Las revoluciones en el mundo atlántico: una perspectiva comparada* (2006).

INÉS QUINTERO. Magíster y doctora en Historia, profesora titular de la Universidad Central de Venezuela e individuo de número de la Academia Nacional de la Historia. Entre sus libros destacan *Antonio José de Sucre. Biografía política* (1998; 2006); *La Conjura de los Mantuanos* (2002; 2008); *La criolla principal, María Antonia Bolívar, la hermana del Libertador* (2003; 2009); *El último marqués* (2005); *Francisco de Miranda* (2006); *El marquesado del Toro 1732-1851. (Nobleza y Sociedad en la Provincia de Venezuela)* (2009); *El relato invariable: Independencia, mito y nación* (2011); *El fabricante de peinetas. Último romance de María Antonia Bolívar* (2011).

ÁNGEL RAFAEL ALMARZA. Licenciado y magíster en Historia por la Universidad Central de Venezuela. Cursa el Doctorado en Historia en la Universidad Nacional Autónoma de México. Profesor agregado de la Universidad Simón Bolívar. Entre sus publicaciones destacan *19 de abril de 1810. Último acto de fidelidad al rey de España* (2010) y *Chacao desde sus orígenes hasta nuestros días. Historias de un Municipio* (2008).

FEDERICA MORELLI. Doctora en Historia Moderna y Contemporánea por la Scuola Superiore Sant'Anna, Pisa y profesora-investigadora de Historia Moderna de la Universidad de Turín. Es autora de numerosos estudios sobre las independencias americanas, especialmente sobre Ecuador. Entre sus publicaciones destacan *Territorio o Nación. Reforma y disolución del espacio imperial en Ecuador, 1765-1830* (2005) y *Les empires atlantiques des Lumières au libéralisme, 1763-1865* (con Clément Thibaud y Geneviève Verdo, 2010).

MANUEL CHUST. Doctor en Historia y catedrático de Historia de América Latina en la Universitat Jaume I de Castellón, España. Entre sus libros destacan *La cuestión nacional americana en las Cortes de Cádiz* (1999) y, como coautor, *Las independencias en América* (2009). Sus últimos libros como editor son *1808. La eclosión juntera en el mundo hispano* (2007); *Los colores de las independencias iberoamericanas* (2008); *Las independencias iberoamericanas en su laberinto* (2010).

IVANA FRASQUET. Doctora por la Universitat Jaume I de Castellón y profesora de Historia Contemporánea en la Universidad de Valencia. Sus trabajos se centran en el estudio histórico del liberalismo en la primera mitad del siglo XIX en México y España, así como la construcción de ambos Estados nacionales en esa época. Es autora de *Las caras del águila. Del liberalismo gaditano a la república federal mexicana, 1820-1824* (2008) y coautora de *Las independencias en América* (2009).

GABRIELLA CHIARAMONTI. Doctora en Letras Modernas por la Universidad de Padua y profesora asociada de Historia de América Latina en la misma universidad. Es especialista en historia político-institucional del Perú en el siglo XIX, con particular referencia a los debates, las normas y las prácticas relativas a la ciudadanía política y a los procesos electorales. Sobre este tema ha publicado *Ciudadanía y representación en el Perú (1808-1860). Los itinerarios de la soberanía* (2005).

MARTA IRUROZQUI. Doctora en Historia de América por la Universidad Complutense de Madrid y máster en Historia Andina por FLACSO-sede Ecuador. Es investigadora científica del Consejo Superior de Investigaciones Científicas (CSIC), Madrid. Entre sus principales publicaciones destacan *La armonía de las desigualdades. Elites y conflictos de poder en Bolivia, 1880-1920.* (1994); *"A bala, piedra y palo". La construcción de la ciudadanía política en Bolivia, 1826-1952* (2000); *La ciudadanía en debate en América Latina* (2005); *La razón de la fuerza y el fomento del derecho. Conflictos jurisdiccionales, ciudadanía armada y mediación estatal (Tlaxcala, Bolivia, Norpatagonia, siglo XIX)* (junto a Mirian Galante y María Argeri, 2011).

ANA MARÍA STUVEN. Doctora en Historia por la Universidad de Stanford, profesora titular del Instituto de Historia de la Pontificia Universidad Católica de Chile y directora del Programa de Historia de las Ideas Políticas de la Universidad Diego Portales de Santiago de Chile. Entre sus principales publicaciones destacan *La seducción de un orden: las elites y la construcción de Chile en las polémicas culturales y políticas del siglo XIX* (2000); *Chile disperso. El país en fragmentos* (2007); en colaboración con Carmen McEvoy (editoras), *La República Peregrina. Hombres de armas y letras en América del Sur, 1800-1884* (2007).

NOEMI GOLDMAN. Doctora en Historia por la Universidad de París 1 Pantheón-Sorbona. Profesora de Historia Argentina en la Facultad de Filosofía y Letras de la Universidad de Buenos Aires e Investigadora del CONICET en el Instituto de Historia Argentina y Americana "Dr. Emilio Ravignani". Entre sus obras más recientes figuran *Lenguaje y Revolución. Conceptos políticos clave en el Río de la Plata, 1780-1850* (ed. 2008). Participó en la edición del *Diccionario político y social del mundo iberoamericano. Conceptos políticos en la era de las revoluciones, 1750-1850* (Javier Fernández Sebastián [dir.] 2009).

MÁRCIA REGINA BERBEL. Doutora em História Econômica pela Universidade de São Paulo e professora de História Ibérica no Departamento de

História da mesma universidade. Autora da tese *A Nação como Artefato*, publicada em 1999, dedica-se a temas referentes à Independência do Brasil e suas relações com o mundo hispânico.

ANA FREGA. Doctora en Historia por la Universidad de Buenos Aires y profesora titular del Departamento de Historia del Uruguay de la Facultad de Humanidades y Ciencias de la Educación (Universidad de la República, Uruguay). Entre sus obras se cuentan *Pueblos y soberanía en la revolución artiguista. La región de Santo Domingo Soriano desde fines de la colonia a la ocupación portuguesa* (2007) y, como coordinadora y autora, *Historia regional e independencia del Uruguay. Proceso histórico y análisis crítico de sus relatos* (2009).